宋 微 ◎ 著

合作共赢

共建中非命运共同体研究

中国出版集团

研究出版社

图书在版编目 (CIP) 数据

合作共赢：共建中非命运共同体研究 / 宋微著 . --
北京：研究出版社，2020.10
ISBN 978-7-5199-0669-6

Ⅰ. ①合… Ⅱ. ①宋… Ⅲ. ①"一带一路"－国际合
作－研究－中国、非洲 Ⅳ. ① F125.54

中国版本图书馆 CIP 数据核字 (2020) 第 054269 号

出 品 人：赵卜慧
选题策划：刘春雨
责任编辑：刘春雨

合作共赢：共建中非命运共同体研究

HEZUO GONGYING : GONGJIAN ZHONGFEI MINGYUN GONGTONGTI YANJIU

宋 微 著

研究出版社 出版发行

（100011 北京市朝阳区安华里 504 号 A 座）

河北赛文印刷有限公司 新华书店经销

2020 年 10 月第 1 版 2020 年 10 月北京第 1 次印刷
开本：710 毫米 ×1000 毫米 1/16 印张：17.25
字数：255 千字

ISBN 978 － 7 － 5199 － 0669 － 6 定价：58.00 元

邮购地址 100011 北京市朝阳区安华里 504 号 A 座
电话（010）64217619 64217612（发行中心）

序

宋微博士的《合作共赢：共建中非命运共同体研究》的出版可谓恰逢其时。当下，世界被一场突如其来的新冠疫情袭击，非洲与其他大陆一样正遭受着这场史无前例的灾难。新冠疫情对每个人一样，不论是贫者还是富者，对各个国家都是一样，不论是南方还是北方，对各种肤色的人群都是一样，无论你是黑色、白色、黄色或棕色。面对这个共同的威胁，人类只有团结携手，才能共御疾病。这样，"人类命运共同体"由一种提法或战略变成了不可回避的现实选择。

宋微博士的新作梳理了新中国成立以来中非关系的主要脉络，从理论、政策和展望三个层面分析中国与非洲合作共赢的历史与现实。本书的可取之处在于以合作共赢为主线，理论与实践相结合，不仅从理论层面分析了中非合作的时代特征，也从政策层面剖析了中国在多领域对非洲援助以及各方的评价与困惑，并对中非合作的未来前景提出了自己的看法。最后，作者还以四个案例作为附录，对中非合作的四种形式（对外援助、发展贷款、直接投资和对外贸易）进行了分析。

改革开放以来，中国对非政策受到新时期战略决策的影响，已逐步完成了意识形态从强调到弱化、交流领域从单一到多元、合作性质从注重经济援助到强调互利双赢的三重转变，最后达成建立"中非命运共同体"的共识。在"理论篇"，作者将中非合作置于国际政治的大格局中，对中国政府和领导人在不同阶段提出的国际战略进行了分析，从"三个世界"理论，到"两个市场、两种资源"，从互助互利和共同繁荣再到"正确义利观"的提出和共建"中非命运共同体"。作者指出："提出构建'中非命运共同体'，体现了中国与非洲国家之间战略关系的提升、共同利益的拓展、双边互信的加深，中国对时代发展脉络的深刻把握。加强南南合作，打造中非命运共同体，是时代之需，也是中非人民之需。"这种视野反映了作者厚重的知识背景和对国际关系的深刻理解。

在"政策篇"，作者认为"中国对非援助是中非关系的最重要内容"，并阐述了"国际规训"、国内困惑和援助有效性等三个方面。作者认识到，中国对非援助从经济上促进了非洲农业的发展，支持了非洲基础设施建设和一体化发展，推动了中非医疗卫生合作；从政治上支持了非洲国家的独立自强，提高了非洲自主发展能力。在经济上，对非援助推动了中国开放经济的发展，既带动了中国在非洲的资源开发，也扩大了中国对非投资，还带动了中国企业"走出去"。在政治上，对非援助有力配合了中国的外交战略，不仅帮助中国打破了外交孤立，还有力配合了中国的对外战略。我在 2006 年发表的《论"中国崛起"语境中的中非关系——兼评国外的三种观点》一文中提出了一个观点："非洲需要中国，中国更需要非洲。"[1] 宋微博士的研究似乎进一步证实并说明了这一辩证关系。

在"展望篇"，作者分析了"一带一路"倡议与非洲发展战略的对接，提出在面对全球保护主义的严峻形势下应积极培育非洲市场。我们知道，"一带一路"倡议尝试用资本、贸易和人员将世界联系起来，非洲可以发挥更重要的作用。从中国方面看，最初，"一带一路"涉及的 65 个国家只包括埃及这个唯

---

① 李安山：《论"中国崛起"语境中的中非关系——兼评国外的三种观点》，《世界经济与政治》2006 年第 11 期。

一的非洲国家。后来，中国政府提出非洲国家是"一带一路"的"自然延伸"。2017 年王毅外长访问马达加斯加时提出，两国应利用 2015 年中非合作论坛成果推动"一带一路"倡议下的国际合作。这一战略选择在习近平主席 2018 年会见马达加斯加总统埃里（Hery Rajaonarimampianina）时达成共识。① 从非洲国家看，从最初的观望到逐步理解，最后主动要求加入"一带一路"建设，中国与 37 个非洲国家和非洲联盟签署了"一带一路"谅解备忘录。② 非洲在"一带一路"的建设中作用重大。非洲既是亚欧海上交流的重要枢纽和中转站，也正在成为亚洲国家重要的投资和贸易伙伴。"一带一路"可以为中国和非洲合作伙伴带来政治、经济、社会和文化等方面的共同利益。因此，相互了解和相互学习至关重要。

最后，我想与同仁分享自己在研究中非关系时的两点体会：实事求是和互相学习。鉴于殖民主义的影响，非洲人在国际关系的处置上非常敏感。从宋微博士的研究中看到，中国与非洲的共建双方受益良多，既有经济上的丰硕收益，也有政治上的密切配合。学术界在分析中非合作时，却总喜欢强调中国对非洲的经济援助，或注重中国对非洲发展的模式引导。非洲智者提醒："千万别试图告诉非洲人到底哪里出了问题，或他们该如何'治好'自己。如果你非要'提供救赎'，那么抑制你内心的这种渴望。"各国都有自己的国情，合作应该双方平等互相尊重，这不仅应该表现在态度上，更应该表现在行动上。桑给巴尔总统琼布曾经极度信任中国医疗队，他将自己的行程告知负责医疗保健的中国医生，将正在批阅的文件展示给中国翻译看。1972 年 4 月，桑给巴尔总

---

① 《习近平会见马达加斯加总统埃里》，新华网，http://www.xinhuanet.com/world/2018-09/05/c_1123383299.htm。

② 《中国与非洲 37 国及非洲联盟签署共建"一带一路"谅解备忘录》，中华人民共和国中央人民政府网，http://www.gov.cn/xinwen/2018-09/08/content_5320263.htm。

统卡鲁姆遇刺后街上实行戒严，但对中国人例外。[①] 为什么会建立起这种信任呢？关键在于互相尊重。在双方文化交流合作过程中，非洲诸多方面也值得中国借鉴。例如，非洲人对人与自然之间应保持平衡的理念和面对生活的乐观精神，非洲处理人际关系中的包容和宽厚，非洲人民有着牢固的作为人类社会主要维系纽带的家族观念，非洲国家在处理边界问题的灵活技巧，为世界做出巨大贡献的非洲文化元素如音乐、舞蹈、绘画、雕刻等。有的非洲国家（如卢旺达）在探讨具有自身特点的国家治理经验并卓有成效。这些都值得我们借鉴和学习。

宋微博士主要从事非洲研究和国际发展合作政策方面的研究，近年来成果丰硕，得益于她的知识积累、勤于思考、理论联系实际以及与国际学术界的交流。我相信，随着研究的深入，她对国际关系的研究必将取得更大的成绩。

是为序。

李安山

中国非洲史研究会会长

联合国教科文组织《非洲通史》（9—11卷）国际科学委员会副主席

北京大学国际关系学院亚非研究所教授

2020年4月

---

① 江苏省卫生厅编：《辉煌的足迹——江苏省援外医疗队派遣四十周年纪念文集》，江苏科学技术出版社2004年版，第46页、60页。

目 录
CONTENTS

理论篇

政策篇

展望篇

附：案例篇

理论篇

2018 年 9 月的中非合作论坛北京峰会是中国当年举办的规模最大、外国领导人出席最多的主场外交。截至峰会召开，中国已经与 53 个非洲国家建立了外交关系。中非关系是新中国成立以来，中国构建的最重要的外交关系之一，兼具双边和多边的双重性质。

　　站在新的历史起点上，梳理中非关系的发展历程，无论是在宏观国际关系研究领域，还是在微观外交政策分析领域，都具有一定的学术价值。

　　第一，对于中非关系的持续稳定发展具有重要意义。随着中非关系的深入发展，推动非洲国家的经济社会发展成为中国制定对非政策中必然要考量的重要内容。本书对中国对非洲发展援助政策的深入研究有助于中国总结现行对非援助的优势和弊端，在改进和完善的基础上继续推动中非合作的健康发展。

　　第二，对于中国与美国等大国关系的良性发展具有重要意义。在 21 世纪的国际舞台上，美国是世界上最大的发达国家，中国是世界上最大的发展中国家。中美之间的关系已经超越了双边关系的范畴。随着中国在非洲影响力的上升，非洲逐渐成为中美两国之间合作与竞争的重要场所。本书对中国对非发展援助体系的分析，有助于找到中美在非洲发展援助领域的利益交汇点，从而避免冲突，促进合作。

　　第三，有助于优化和改善中国的国际减贫实践，从而提升中国的国际形象，以便更好地参与国际合作。21 世纪以来，推动最不发达国家的减贫进程已经成为国际交流与合作的重要内容。研究中国对非援助的有效性，有助于中国参与全球国际发展援助的进程，增强中国在国际发展领域的话语权。

第一章 提出"三个世界"理论

第二次世界大战将老牌的西方殖民国家集体削弱，发展中国家掀起了民族解放运动的高潮。新中国成立后，党和国家第一代领导人首先将中国定位为发展中国家的一员，与正在进行民族独立自强的亚非拉国家同属第三世界。因此，在确定外交原则时，中国将加强与第三世界的团结合作作为中国外交的基本立足点，而这也是发展中非关系的逻辑起点。

第一节 支持非洲国家民族解放

第二次世界大战结束后，以美苏为中心的两大国际阵营开始了长达40余年的冷战。亚非拉的民族解放运动蓬勃发展，成为两极格局下的一股新兴力量。针对这一人类历史上前所未有的壮举，中国领导人宣布无私支持发展中国家的民族独立自强，并在丰富的实践经验基础上形成了"三个世界"划分的思想。

一、非洲国家独立急需外部支持

20世纪50年代末60年代初，非洲大陆反对殖民主义、争取民族解放的斗争蓬勃发展，新独立国家纷纷诞生。面对相继诞生的非洲民族主义国家，英、法等原宗主国在被迫承认的同时，试图通过对外援助继续维持既得利益，美、苏两国也加紧渗透和争夺。在此背景下，这些新独立的非洲国家急需寻找新的支持和帮助。

　　而新中国当时尚未恢复在联合国的合法席位，国际影响力有限，导致一些非洲国家对新中国了解甚少。1955年召开的亚非万隆会议为中非双方增进了解创造了机遇。该会议由印度尼西亚、缅甸等5国发起召开，中国等29个国家参加。会议召开前，5个发起国发表联合公报指出，亚非会议召开的目的是：促进亚非各国之间的亲善与合作，探讨和促进相互与共同的利益，建立和促进友好与睦邻关系；讨论与会各国之间的社会、经济和文化问题；讨论对亚非国家人民具有特别利害关系的问题，例如有关民族主权的问题和种族主义以及殖民主义的问题；讨论亚非国家和他们的人民在世界上的地位，以及他们对于促进世界和平与合作所能做出的贡献。① 中国高度重视该会议，参会立场是应积极地肯定和表达亚非国家和人民的共同愿望和要求，而不应该陷入关于社会制度和意识形态的争论。一些西方国家和敌对势力竭力诋毁和破坏会议召开，在会议召开前夕他们策划了暗害周恩来总理、破坏亚非会议的政治阴谋——"克什米尔公主号"事件，导致乘坐该专机的8名中国工作人员全部遇难。② 该事件尽管无法阻挡中国代表团与会，但却震惊了亚非人民，使他们对中国的立场和处境有了初步的了解。

　　面对万隆会议期间一些参会国的攻击和质疑，中国代表团提倡"求同存异、协商一致"的原则，赢得了亚非国家的广泛赞誉。周恩来着重指出："在亚非国家中是存在不同的思想意识和社会制度的，但这并不妨碍我们求同和团结。第二次（世界）大战后，亚非两洲兴起了许多独立国家，一类是共产党领导的国家，一类是民族主义者领导的国家……我们这两类国家都是从殖民主义的统治下独立起来的，并且还在继续为完全独立而奋斗。我们有什么理由不可以互相了解和尊重、互相同情和支持呢？"③ 这一发言赢得了会场一片掌声。接下来会议讨论了民族主权、种族主义、民族主义和反殖民主义斗争、世界和平等一系列问题，最终通过了以中国提出的"和平共处五项原则"为基础的《和平相处友好合作十项原则》——"一、尊重基本人权、尊重联合

① 中央人民广播电台国际部编：《中国外交40年》，沈阳出版社1989年版，第75—76页。
② 齐鹏飞：《中国共产党与当代中国外交（1949—2009）》，中共党史出版社2010年版，第327页。
③ 中央人民广播电台国际部编：《中国外交40年》，沈阳出版社1989年版，第80页。

国宪章的宗旨和原则；二、尊重一切国家的主权和领土完整；三、承认一切种族的平等，承认一切大小国家的平等；四、不干预或干涉他国的内政；五、尊重每一国家按照联合国宪章单独地或集体地进行自卫的权利；六、不使用集体防御的安排来为任何一个大国的特殊利益服务，任何国家不对其他国家施加压力；七、不以侵略行为或侵略威胁或使用武力来侵犯任何国家的领土完整或政治独立；八、按照联合国宪章，通过如谈判、调停、仲裁或司法解决等和平方法以及有关方面自己选择的任何其他和平方法，来解决一切国际争端；九、促进相互的利益和合作；十、尊重正义和国际义务。"中国在亚非会议的积极表态和基本政策立场赢得了广大亚非国家的认可，使他们对中国关于国家民族的态度有了基本的把握，为进一步发展中非关系创造了条件。

中国将亚非拉人民的民族解放运动视为反对帝国主义、殖民主义和霸权主义的基本力量，因此中国决不为自身利益牺牲非洲国家的根本利益。1954年10月，阿尔及利亚掀起了反对法国殖民统治、争取民族独立的斗争。中国对阿尔及利亚的民族解放斗争给予了大量的物资援助并严厉谴责法国对阿尔及利亚人民的镇压。1958年，阿尔及利亚宣布独立，立即获得了中国的承认。1958年12月，毛泽东主席对来访的阿尔及利亚军备和供应部长说："阿尔及利亚对整个世界贡献很大，（中国）应该表示支持，因为你们在反对帝国主义，跟我们的斗争一样。这是我们的国际义务。"[1] 1961年，后来成为法国总统的密特朗参议员访华，带来了戴高乐总统的亲笔信。戴高乐在信中表示，法国愿意考虑与中国建交，但条件是中国必须放弃对阿尔及利亚的支持。尽管对于当时的中国来说，中美关系紧张对抗、中苏关系日益恶化，改善与法国的关系对于中国的对外战略极为重要；但是，毛泽东主席却回绝了密特朗带来的建交条件，陈毅外长则干脆地说："我们对中法建交可以等待，但我们对阿尔及利亚人民在政治、经济和军事上的支持将一直持续到他们的独立斗争取得最后胜利为止。"毛泽东在会见阿尔及利亚客人时说，中法建交"有两个条件，一个是要同蒋介石断绝外交关系，一个是不能干涉我们援助你们，

---

[1] 王泰平编：《中华人民共和国外交史（第二卷）》，世界知识出版社1998年版，第114页。

如果它把干涉我们援助你们当作一个条件，我们不干"。[①] 1962 年，法国正式
承认阿尔及利亚独立。此后中国才与法国启动了建交谈判。

对于非洲民族解放运动急需的国际政治支持，中国的表态都是积极和明
确的。例如，1957 年 3 月，加纳宣布独立，中国立即致电祝贺，并派遣国务
院副总理聂荣臻元帅作为政府特使参加加纳独立庆典。1958 年 10 月，几内亚
宣布摆脱法国殖民统治，正式独立，中国领导人在第一时间致电祝贺并予以
正式承认。1963 年 5 月，非洲独立国家首脑举行会议，成立了"非洲统一组
织"，并通过了《非洲统一组织宪章》，中国在第一时间向会议致电祝贺。此
外，亚非万隆会议还强烈谴责南非殖民当局残暴的种族歧视政策，并号召国际
社会对南非当局进行外交和经济抵制。尽管中国早在 1960 年 7 月就断绝了与
南非当局的一切经济联系，但为响应国际号召，中国政府于 7 月发表声明：中
国政府"将继续不同南非殖民当局发生任何经济贸易关系，不论是直接的，或
者是间接的。中国政府对南非殖民当局进行外交和经济制裁，支持南非人民正
义斗争的立场，是坚定不移的"。[②] 1964 年初，刚果（金）人民爆发了大规模
的武装起义反对美国扶植的阿杜拉政府，遭到了美国和原宗主国比利时的联
合出兵镇压。毛泽东主席于 1964 年 11 月发表了《支持刚果（金）人民反对美
国侵略的声明》，指出"刚果人民的正义斗争不是孤立的。全中国人民支持你
们"。[③] 这一立场鲜明的政府声明极大地鼓舞了刚果（金）人民的反抗斗争。

二、对非关系"五项原则"与经济援助"八项原则"

中国领导人将支持非洲人民争取和维护民族独立、发展民族经济的正义
事业，当作中国人民应尽的国际义务。因此，中国对于非洲民族解放和独立
事业也给予了实实在在的经济支持。

1963 年 12 月 14 日至 1964 年 2 月 29 日，周恩来总理应邀访问亚非十四
国，在中国和非洲国家关系史上具有里程碑意义。在访问阿拉伯联合共和国

---

① 《人民日报》1960 年 5 月 18 日。
② 谢益显主编：《中国当代外交史（1949—2009）》，中国青年出版社 2009 年版，第 174 页。
③ 谢益显主编：《中国当代外交史（1949—2009）》，中国青年出版社 2009 年版，第 173 页。

期间，周恩来总理提出了中国政府在处理同所有非洲国家关系时的"五项原则"。具体内容如下：中国支持非洲人民反对帝国主义、争取和维护民族独立的斗争；支持非洲各国政府奉行和平中立的不结盟政策；支持非洲人民用自己选择的方式实现团结和统一的愿望；支持非洲国家通过和平协商解决彼此之间的争端；主张非洲国家的主权应当得到所有其他国家的尊重，反对来自任何方面的侵犯和干涉。[①]这"五项原则"旗帜鲜明地反帝反殖，是中国对非洲国家外交战略和外交政策的重要宣示，其意识形态的针对性十分明确。周恩来总理指出，这"五项原则"是"和平共处五项原则"和"万隆会议十项原则"的具体运用，是万隆精神的发扬光大。[②]这一明确的立场原则获得了非洲国家的认可和欢迎。

随后，周恩来总理在同加纳总统恩克鲁玛会谈时，首次提出了《中国对外经济技术援助八项原则》，这"八项原则"至今仍是指导中国对外援助的根本原则，是一条不容僭越的"政策红线"。"八项原则"的主要内容是：一、中国政府一贯根据平等互利的原则对外提供援助，从来不把这种援助看作单方面的赐予，而认为援助是相互的。二、中国政府在对外提供援助的时候，严格尊重受援国的主权，绝不附带任何条件，绝不要求任何特权。三、中国政府以无息或者低息贷款的方式提供经济援助，在需要的时候延长还款期限，以尽量减少受援国的负担。四、中国政府对外提供援助的目的，不是造成受援国对中国的依赖，而是帮助受援国逐步走上自力更生、经济上独立发展的道路。五、中国政府帮助受援国建设的项目，力求投资少，收效快，使受援国政府能够增加收入，积累资金。六、中国政府提供自己所能生产的、质量最好的设备和物资，并且根据国际市场的价格议价。如果中国政府所提供的设备和物资不合乎商定的规格和质量，中国政府保证退换。七、中国政府对外提供任何一种技术援助的时候，保证做到使受援国的人员充分掌握这种技术。八、中国政府派到受援国帮助进行建设的专家，同受援国自己的专家享受同样的物质待遇，不容许有任何特殊要求和享受。

---

① 中共中央文献研究室：《周恩来外交文选》，中央文献出版社 1990 年版，第 387 页。
② 齐鹏飞：《中国共产党与当代中国外交（1949—2009）》，中共党史出版社 2010 年版，第 260 页。

在访非期间，周恩来总理根据上述"八项原则"，每到一个国家差不多都要谈定一笔援助，帮助非洲人民发展民族经济，帮助解决人民日常生活必需品。例如，几内亚盛产竹子，但不会编织，中国就派专家帮助他们学习编织技术；马里人民爱喝茶，过去一直都从中国进口茶叶，中国便派去茶叶专家，帮助马里人民自己种植和炒制茶叶。① 应加纳的要求，中国答应增加长期无息贷款 800 万加纳镑，连同 1961 年已承诺而尚未使用的 700 万加纳镑，共 1500 万加纳镑，以支持加纳七年发展计划。②

在《中国对外经济技术援助八项原则》的指导下，中国对非洲的援助规模不断扩大。例如，在阿尔及利亚争取独立斗争期间，中国提供了价值 7000 多万元人民币包括物资、军火和现汇的各类援助。1974 年，布迈丁总统访华时回顾这一段中阿关系说：在革命斗争的年月里，阿尔及利亚战士用的枪炮、盖的毛毯、穿的衣服是中国送的，中国是世界上第一个同阿尔及利亚革命战士缔结国与国之间协定的国家。③ 1964 年，马里财政拮据，法国和苏联乘机向马里逼债、施压，同时国内反对势力也借机兴风作浪，企图颠覆政权，在向法国、美国求援碰壁后，马里总统凯塔请求中国提供 800 万美元紧急财政援助，用以偿还对法国运输公司的欠款和其他债务。为了帮助马里顶住内外压力，中国完全满足了马方的援助要求。④ 1965 年，法国以给马里 200 亿马里法郎现汇为诱饵，要求马里取消本国货币、重返西非货币联盟。在遭到马里拒绝后，法国不仅停止了每年给马里的 600 万美元财政补贴，还逼马里偿还 12 亿马里法郎（合 480 万美元）的运输费和石油贸易欠款，马里国内亲西方势力趁机向政府施压。在这紧要关头，中国及时回应马里政府的请求，向马里提供 800 万美元的现汇援助，随后无偿赠送 3000 吨粮食、352 吨烟叶，并派遣经济考察组全面研究马里的经济形势，帮助找出一条克服经济困难的长期途径。⑤ 中国同毛里塔尼亚于 1967 年 2 月签署经济技术合作协定，中国

---

① 中央人民广播电台国际部编：《中国外交 40 年》，沈阳出版社 1989 年版，第 100 页。
② 王泰平编：《中华人民共和国外交史（第二卷）》，世界知识出版社 1998 年版，第 163 页。
③ 王泰平编：《中华人民共和国外交史（第二卷）》，世界知识出版社 1998 年版，第 115 页。
④ 王泰平编：《中华人民共和国外交史（第二卷）》，世界知识出版社 1998 年版，第 167 页。
⑤ 王泰平编：《中华人民共和国外交史（第二卷）》，世界知识出版社 1998 年版，第 168—169 页。

向毛里塔尼亚提供了一笔 2000 万法郎的无息贷款，承担水稻试验站、水利工程、打井工程各一项，还赠送"青年之家""文化之家"各一座，1968 年 4 月中国开始向毛里塔尼亚派遣医疗队。[①] 中国的援助和支持对推动非洲国家民族经济发展起到了重要作用。

在对非援助的过程中，中国严格执行"五项立场"和"八项原则"发展中非关系，坚持绝不进行意识形态输出。例如，尽管中国为援建坦赞铁路向坦桑尼亚提供了大规模的贷款，在坦桑尼亚向中国表示要走社会主义道路时，中国领导人的回答仍然是客观和中立的。在坦桑尼亚总统尼雷尔于 1968 年 6 月第二次访华期间，针对尼雷尔谈到坦桑尼亚通过《阿鲁沙宣言》确定走社会主义道路问题，周恩来总理指出：坦桑尼亚经济还不发达，民族民主革命还未完成，现在实际上只能为社会主义做准备。中国建设社会主义虽已快 19 年了，但仍有许多民族民主革命遗留下来的未了任务。非洲国家如何完成民族民主革命并进行社会主义革命，是一个大课题，也是一个新问题。中国革命能够提供一些原则，但如何把它同非洲情况结合起来，变成非洲的经验，要非洲人民自己去解决。[②]

客观地说，这一时期的中国对非援助都是在自身经济发展还十分困难的情况下进行的，这对中国造成了一定的经济压力。据统计，1956—1977 年，中国向 36 个非洲国家提供了超过 24.76 亿美元的经济援助，占中国对外援助总额（42.76 亿美元）的 58%。20 世纪 70 年代，苏联虽是非洲的第一大军火商，但对非洲的援助却远远少于中国。当时中国对非洲援助达 18 亿美元，相当于苏联援助的 2 倍。迄今为止规模最大的援建项目——坦赞铁路也是在这一时期启动的。而这些项目的立项和实施都主要是从无条件的国际主义出发，以道义和政治为优先考虑，经济效益则较少核算。

三、划分"三个世界"

随着中国与非洲国家关系的展开，中国领导人对于如何处理与其他发展

---

① 王泰平编：《中华人民共和国外交史（第二卷）》，世界知识出版社 1998 年版，第 143 页。
② 王泰平编：《中华人民共和国外交史（第二卷）》，世界知识出版社 1998 年版，第 174 页。

中国家关系的思路也在实践中日臻完善。整体而言，从新中国成立初期的"中间地带"理论，发展到"两个中间地带"，最后成熟于对"三个世界"的划分。

新中国成立初期，中国领导人就充满了世界革命的情怀。毛泽东指出："第二次世界大战的胜利，就是给全世界的工人阶级和被压迫民族的解放事业开辟了更加广大的可能性和更加现实的道路。"[1]1956 年发生的苏伊士运河事件暴露了美国同英法之间的矛盾，毛泽东当即调整了对世界格局的看法，不再将资本主义看成铁板一块，对其各个不同组成部分予以区别对待。"从这个事件可以看出当前斗争的重点。当然，帝国主义国家跟社会主义国家的矛盾是很厉害的矛盾，但是，他们现在是假借反共产主义之名来争地盘。……在那里冲突的，有两类矛盾和三种力量。两类矛盾，一类是帝国主义跟帝国主义之间的矛盾，即美国跟英国、美国跟法国之间的矛盾，一类是帝国主义跟被压迫民族之间的矛盾。三种力量，第一种是最大的帝国主义美国，第二种是二等帝国主义英、法，第三种就是被压迫民族。"[2]20 世纪 60 年代，毛泽东明确地提出了"中间地带"这一概念并将其划分为两个部分。"中间地带国家各式各样，各不相同，但美国统统想把它们吞下去。"[3]"中间地带有两部分：一部分是包括亚洲、非洲和拉丁美洲的广大经济落后国家；另一部分是包括以欧洲为代表的帝国主义国家和发达的资本主义国家。这两部分都反对美国的控制，在东欧多国则发生反对苏联控制的问题。"[4]在毛泽东看来，世界格局已经不是单纯的两个阵营的对立，亚非拉成为反对殖民主义和帝国主义的"第一中间地带"，而中国与中间地带国家具有共同的诉求。

进入 20 世纪 70 年代，世界上各种政治力量经过长期的较量和斗争，发生了剧烈的分化和改组。"一系列亚非国家纷纷取得独立，在国际事务中起着愈来愈大的作用。"而"二战"后出现的社会主义阵营，由于苏联霸权主

---

① 《毛泽东选集》第 4 卷，人民出版社 1991 年版，第 1357—1358 页。
② 《毛泽东选集》第 5 卷，人民出版社 1977 年版，第 341 页。
③ 中共中央文献研究室：《毛泽东外交文选》，中央文献出版社 1994 年版，第 48 页。
④ 中共中央文献研究室：《毛泽东外交文选》，中央文献出版社 1994 年版，第 508 页。

义，"现已不复存在"。同时"由于资本主义发展不平衡的规律，西方帝国主义集团，也已四分五裂"。[①] 面对这种新形势，中国领导人依据列宁关于"我们的时代是帝国主义和无产阶级革命时代"的理论，关于帝国主义发展不平衡的理论，关于帝国主义使全世界分为压迫民族和被压迫民族、而国际无产阶级必须和被压迫民族共同斗争的理论，创造性地提出了"三个世界"理论。1974 年 2 月，毛泽东在会见赞比亚总统卡翁达时，第一次正式对外阐明了该理论。毛泽东说："我看美国、苏联是第一世界，中间派日本、欧洲、加拿大是第二世界。咱们是第三世界。第三世界人口很多，亚洲除了日本都是第三世界，整个非洲都是第三世界，拉丁美洲是第三世界。"[②]

在 1974 年 4 月举行的联合国大会第六届特别会议上，邓小平第一次把"三个世界"理论向国际社会做了介绍。邓小平说："从国际关系的变化看，现在的世界实际上存在着互相联系又互相矛盾着的三个方面、三个世界。美国、苏联是第一世界。亚非拉发展中国家和其他地区发展中国家，是第三世界。处于这两者之间的发达国家是第二世界。"它们当中的一些国家，原是老牌殖民帝国，只是现在力量大大衰弱了，但是，它们"至今还对第三世界国家保持着各种不同形态的殖民主义的关系"。所有第二世界国家的共同特点，从经济上看，虽然实力不如两个超级大国，但都比较发达；从政治上看，它们"都在不同程度上受着这个或那个超级大国的控制、威胁或欺负"，"这些国家都在不同程度上具有摆脱超级大国的奴役或控制，维护国家独立和主权完整的要求"。因此，它们中的一些国家可以成为反帝、反殖、反霸斗争的团结对象。"广大的发展中国家，长期遭受殖民主义、帝国主义的压迫和剥削。它们取得了政治上独立，但都还面临着肃清殖民主义残余势力，发展民族经济，巩固民族独立的历史任务……它们是推动世界历史车轮前进的革命动力，是反对殖民主义、帝国主义、特别是超级大国的主要力量。"而中国属于第三世界国家，为此"中国现在不是，将来也不做超级大国"。[③]

---

① 邓小平 1974 年 4 月 10 日在联大第六届特别会议上的讲话，《人民日报》1974 年 4 月 10 日。
② 谢益显主编：《中国外交史（1949—1979）》，河南人民出版社 1988 年版，第 443 页。
③ 邓小平 1974 年 4 月 10 日在联大第六届特别会议上的讲话，《人民日报》1974 年 4 月 10 日。

"三个世界"理论直接回答了世界格局问题，即哪些国家是对世界和平的最大威胁，哪些是维护世界和平的主要力量，哪些是中国在维护世界和平中可以团结的力量。中国领导人高度肯定了第三世界的战略地位和作用，充分肯定了第三世界在反帝、反殖、反霸斗争中的主力军作用。毛泽东强调中国属于第三世界、强调要加强同第三世界的团结与合作，把永远与第三世界同呼吸、共命运，作为中国独立自主外交的一个根本立足点。历史已经雄辩地证明，它是符合中国长远战略利益的根本大计。[①]

第二节 "被非洲兄弟抬进了联合国"

中国对非洲民族解放运动真诚、无私地支持推动了中非建交，同时中非交往的扩大也有力提升了中国的国际地位和声望。随着新独立的非洲国家不断加入联合国，支持中国恢复联合国合法席位的呼声也一浪高过一浪。最终，我们"被非洲兄弟抬进了联合国"，中国外交格局也随之全面展开。

一、第二次建交高潮

1955 年 4 月召开的万隆会议加深了非洲国家对中国的了解，中国与埃及外交关系的建立就是万隆会议作用的鲜明写照。从出席会议途经仰光的第一次会面，到会议期间的多次会晤，周恩来总理与埃及纳赛尔总统交流了两国的基本情况和对外政策，并就双边关系、亚非国家团结及其他国际问题广泛地交换了意见。双方在开展政治、经济、文化合作和交流，支持亚非国家的反帝反殖斗争等问题上取得了广泛的共识，建立了良好的个人友谊，为发展两国友好关系奠定了良好的基础。[②]万隆会议为中埃双方加深相互了解，化解分歧，凝聚共识发挥了重要的作用，也开启了两国的建交之路。1955 年 5

---

① 颜声毅：《当代中国外交》，复旦大学出版社 2009 年版，第 183 页。
② 马丽萍：《万隆会议与中埃建交》，载《阿拉伯世界》2000 年第 3 期，第 15 页。

月，埃及宗教事务部长巴库里率领的埃及政府代表团访华，双方签署建立外交关系前的第一个协议——《中埃文化合作会谈纪要》。1956 年 5 月，中国与埃及正式建立外交关系，埃及成为第一个与中国建交的非洲国家。[1] 鉴于埃及是非洲重要的支点国家，中埃关系的发展也间接地推动了非洲其他国家重新审视中国、发展对华关系。

在万隆会议期间，周恩来总理带领中国代表团在会议上积极开展外交活动，与埃塞俄比亚、黄金海岸（今加纳）、利比里亚等多个非洲国家和地区的代表开展沟通和对话，增进了双方相互了解，促进了中国与非洲各国双边关系的重要拓展。尤其是周恩来总理提出的希望同亚非独立国家在"求同存异"基础上发展友好关系的愿望，得到了广大发展中国家的理解和认同，中国也由此开启了第二次建交高潮。1958 年 11 月，中国与摩洛哥建交，12 月与阿尔及利亚建交。1959 年，中国分别与苏丹和几内亚建交，其中几内亚是第一个与中国建交的撒哈拉以南非洲国家。1960 年，中国与加纳、马里、索马里三国建交。1961 年，中国与刚果（金）建交。1962 年，中国与乌干达建交。1963 年，中国分别与肯尼亚和布隆迪两国建交。1964 年，中国分别与突尼斯、刚果（布）、坦桑尼亚、中非、赞比亚和贝宁六国建交。1965 年，中国与毛里塔尼亚建交。中国外交事业由此打开了新的局面，取得了新的突破。

中非友好关系在领导人互访和经济技术合作中得到进一步深化。1960 年9 月，几内亚共和国总统塞古·杜尔应中国国家主席刘少奇的邀请，率几内亚国家代表团到中国进行友好访问，这是新中国成立以来非洲国家元首首次访问中国。此后，不少非洲国家领导人访华，包括加纳总统恩格鲁玛、刚果（布）总统马桑巴·代巴、马里总统莫迪博·凯塔、坦桑尼亚总统尼雷尔、乌干达总统奥博特、索马里总统欧斯曼、赞比亚总统卡翁达等。此外，还有很多副总统、政府首脑和议长等高官率团访华。为了"寻求友谊、增进了解、互相学习"，中国国务院总理周恩来于 1963 年 12 月至 1964 年 2 月先后应邀访问了埃及、阿尔及利亚、摩洛哥、突尼斯、加纳、马里、几内亚、苏丹、

---

[1] 刘鸿武、林晨：《中非关系 70 年与中国外交的成长》，载《西亚非洲》2019 年第 4 期，第 54 页。

埃塞俄比亚和索马里十个非洲国家，取得了良好成果，也引起了国际社会强烈反响。中国还先后同几内亚、加纳、马里、刚果（布）、坦桑尼亚等国签订了友好条约，同十多个非洲国家签订了经济技术合作协定、贸易协定、财政援助协定、文化合作协定、海运协定、邮政和电信协定、广播合作协定等一系列协定。① 这些政治经济往来大大加深了双边政治互信，促进了经济互通，深化了中非合作关系。

这一时期的中非建交对双方来讲都具有特殊意义。从当代人类交往史角度看，中非关系之独特，在于这一关系创建伊始就是作为中非双方追求现代复兴事业的一部分而出现的。② 对于非洲国家来说，中国积极支持非洲国家民族独立，通过提供物资援助、现汇援助、技术援助以及成套项目等方式支持非洲国家的自立自强，有力推动了非洲发展中国家的经济发展和人民生活水平提高。而几个世纪以来，非洲一直是欧洲的后院和后花园，是欧洲的度假和狩猎圣地，也是欧洲显示优越感的地方。尽管非洲国家通过自己的力量实现了民族独立，但是他们未能完全摆脱"欧洲版门罗主义"情结的支配和影响。因此，与中国建交可以帮助非洲主动"偏离"西方预设的框架。正如坦桑尼亚总统尼雷尔所言："当代非洲小国林立，国弱民穷，无一国为西方所重，非洲唯有结为体，用一个声音说话才有力量，但非洲仅有内部之团结尚不够，非洲还需与中国这样平等待我之国家建立互助关系，才能提升在国际上的地位。"③ 加纳的一位外交部长也说："非洲国家领导人很赞赏中国的经济技术援助，因为中国的经援优惠，没有附加条件，不干涉受援国的内政，有利于受援国的民族独立。这些对非洲国家是最重要的。"④ 对于中国来说，非洲对中国这样一位伟大而真诚的朋友，也给予了力所能及的帮助。在恢复中华人民共和国的联合国合法席位问题上，非洲成为中国最可靠的盟友和后盾。⑤

---

① 王泰平编：《中华人民共和国外交史（第二卷）》，世界知识出版社1998年版，第153—154页。
② 刘鸿武：《中非交往：文明史的意义》，载《西亚非洲》2007年第1期，第13页。
③ 王逸舟主编：《中国对外关系转型30年》，社会科学文献出版社2008年版，第55页。
④ 王泰平：《新中国外交50年》，北京出版社1999年版，第726页。
⑤ 白孟宸：《中非外交带来的中国旋风》，载《党员文摘》2019年第9期，第34页。

二、中国恢复在联合国合法席位

第二次世界大战结束后，中国以战胜国身份成为联合国的创始会员国、安理会的常任理事国。1949 年中国共产党领导中国人民建立了中华人民共和国。1949 年 11 月 15 日，中央人民政府政务院总理兼外交部长周恩来致电联合国秘书长特里格夫·赖伊，声明"中华人民共和国中央人民政府是代表中华人民共和国全体人民的唯一合法政府"，而所谓的"中国国民政府"已经丧失了合法性，绝对没有代表中国人民的任何资格，因此要求联合国立即取消"中国国民政府代表团"继续代表中国人民参加联合国的一切权利。

然而，美国采取敌视中国的态度，将恢复中华人民共和国在联合国的合法权利搁置。1950—1960 年，美国对于有关国家提出的要求恢复中国在联合国合法席位的提案采取了"暂不讨论"态度。1961 年在第十六届联大上，美国授意新西兰、日本等国代表向联合国提出中国代表权是"重要问题"，必须经过三分之二多数票通过，这样美国就可以通过控制三分之一少数票来阻挠中国重返联合国。

中国为恢复在联合国应有的合法权利，对美国的阻挠行径进行了长期、坚决的斗争。中国的立场是：第一，中国是联合国创始会员国和安理会常任理事国，在联合国的地位和权益是早已解决、不容置疑的，中国在联合国的合法席位和权利理应属于中华人民共和国。必须把国民党集团的代表驱逐出去，恢复中华人民共和国的合法席位。第二，中国主张维护并要求联合国切实执行《联合国宪章》的宗旨和原则，无理剥夺中华人民共和国的合法席位是违背联合国宪章的。只要这种情况不改变，中国就不同联合国发生任何关系，不承担责任，不受其约束。第三，坚持"一个中国"的原则。20 世纪 50—60 年代，中国开展了一系列外交活动，通过发布正式声明、指派联合国机构代表、致函致电联合国秘书长等多种方式争取恢复联合国合法席位。在此期间，苏联、印度、捷克斯洛伐克、阿尔及利亚等正义的国家在这一问题上也给予中国坚定支持。中国在为恢复联合国合法席位而斗争的同时，也致力于恢复在万国邮政联盟、国际电信联盟、联合国粮食及农业组织、联合国教科文组织、世界卫生组织、世界气象组织等国际组织的合法席位和权利，但都因为美国的无理阻挠而未能成功。[1]

随着亚非拉越来越多的国家加入联合国以及中国与广大亚非拉国家的关系不断升温，中国在联合国获得的支持越来越多，联合国投票的形势逐渐发生转变。1965 年 11 月，联大表决阿尔巴尼亚提出的恢复中华人民共和国合法席位提案时，赞成与反对票数相等。1970 年第 25 届联大，针对阿尔巴尼亚、阿尔及利亚等 18 国提出的恢复中国在联合国的合法权利的提案，也获得了多数票支持。但是，这两次投票都因未达到三分之二的多数票而被否决。虽然仍未能取得成功，但可以看出支持中国的声音越来越多，美国及其盟友的阻挠越来越弱。

非洲国家大力支持中国彻底改变了 1971 年第 26 届联合国大会针对"恢复中国在联合国的合法权利的提案"的投票局面。尽管关于恢复中国在联合国的合法权利的提案国从 18 个增加到 23 个，然而在讨论过程中，美国和日本又炮制了一个"两个中国"的提案，也称"双重代表权"提案，即由中国在联合国享有安理会席位，而联合国大会席位则继续归台湾当局，但遭到联大否决。随后，针对 23 国提出的"恢复中国在联合国的合法权利"提案，大会以 76 票赞成、35 票反对、17 票弃权的压倒多数获得通过 2758 号决议，决定恢复中华人民共和国在联合国的一切合法权利，并立即把蒋介石集团的代表从联合国及所属的一切机构中驱逐出去。这 76 张赞成票中有 26 张来自非洲国家，58 张来自第三世界国家。非洲发展中国家在恢复联合国合法席位的重大国际问题上给予了中国重要的支持。这份决议从政治上、法律上、程序上公正彻底地解决了中国在联合国代表权的问题，是中国外交工作的重大突破。[2]

非洲对中国恢复联合国合法权益问题上的有力支持受到了中国领导人的高度赞赏，从而奠定了中非传统友谊历久弥新的基础。毛泽东主席在获悉联大投票结果后曾生动形象地说，"是非洲兄弟把我们抬进去的"。一个"抬"字极其传神地表达了非洲朋友对中国的热情、真诚、欢迎之意。他们发挥了

---

[1] 王泰平编：《中华人民共和国外交史（第二卷）》，世界知识出版社 1998 年版，第 366—387 页。

[2] 齐鹏飞：《中国共产党与当代中国外交（1949—2009）》，中共党史出版社 2010 年版，第 330 页。

重要作用，也表达了中国领导人对非洲朋友的感激之情。这句话深获非洲国家赞赏，长期以来成为反映中非友谊的经典名言，也成了中国人民不忘非洲国家帮助的座右铭。[①]

在恢复联合国的合法席位以后，中国开始逐步参与多边外交活动，在国际事务中发挥更加积极的作用。中国遵守联合国宪章的宗旨和原则，积极参与联合国及其专门机构的政治与安全、经济与发展、社会、人权、教科文等外交活动，为推动世界和平，促进共同发展，加强国际合作发挥了重要作用。中国开始向以联合国及其专门机构为代表的政府间组织派出代表，包括联合国亚洲及太平洋经济社会委员会、联合国开发计划署、联合国工业发展组织、联合国人口活动基金会、联合国粮食及农业组织、世界卫生组织、国际民用航空组织以及国际电讯联盟等。到了 1978 年，中国在联合国绝大多数专门机构的席位都得到恢复。[②]中国以联合国为中心参与各项国际事务，并在重要问题上代表第三世界国家的利益发出声音、表达立场，给联合国注入了新的活力。

中国重返联合国是 20 世纪最具标志性的国际事件，作为世界上最大的发展中国家，中国的加入使得 20 世纪 70 年代国际形势发生了戏剧化的翻转，第三世界国家成为国际舞台上一支独立的政治力量，并开始为争取自身的发展权益集体发声。正如邓小平同志所指出："联合国安全理事会常任理事国，中国算一个，中国这一票是第三世界的，是名副其实地属于第三世界不发达国家的。"[③]例如，1974 年 4 月联合国召开第 6 届特别大会，讨论建立新的国际经济秩序问题。毛泽东主席对出席联大的中国代表团说，要到联合国伸张正义，长世界人民的志气，灭超级大国的威风，要为受到外来干涉、侵略、控制的第三世界摇旗呐喊。[④]中国作为安理会常任理事国之一，坚定不移地反对霸权主义和强权政治，维护世界和平与稳定，在很大程度上冲击了美苏霸

---

① 《毛泽东的非洲情结：病榻上倾吐对非洲朋友的真挚情意》，中国共产党新闻网，2010 年 3 月 18 日，http://dangshi.people.com.cn/GB/144956/11168828.htm。
② 齐鹏飞：《中国共产党与当代中国外交（1949—2009）》，中共党史出版社 2010 年版，第 332 页。
③ 中共中央文献编辑委员会：《邓小平文选》第三卷，人民出版社 1993 年版，第 94 页。
④ 颜声毅：《当代中国外交》，复旦大学出版社 2009 年版，第 191 页。

权地位，推动了国际格局向多极化发展，推动了国际秩序向着公平公正的方向发展。

三、第三次建交高潮

第 26 届联合国大会恢复中国在联合国的合法席位后，中国迎来第三次建交高潮。1971 至 1978 年底共有 52 个国家与中国建立外交关系，其中近一半是非洲国家。1971 年，中国分别与尼日利亚、喀麦隆、塞拉利昂、卢旺达、塞内加尔五国建立外交关系。1972 年，中国分别与毛里求斯、多哥、马达加斯加、乍得等四国建立外交关系。1973 年，中国与布基纳法索建立外交关系。1974 年，中国分别与加蓬、尼日尔、冈比亚等三国建立外交关系。1975 年，中国分别与博茨瓦纳、莫桑比克、圣多美和普林西比、科摩罗建立外交关系。1976 年，中国分别与佛得角和塞舌尔建交。1977 年，中国与利比里亚正式建交。[①]中国的朋友圈、伙伴国进一步扩大。至 1979 年已经有 44 个非洲国家与中国建交。

20 世纪 70 年代，中非关系进入了空前大发展时期。20 世纪 50 年代以来，中国对非政策重点集中在三个方面：支持非洲人民的民族独立运动；与非洲国家在国际舞台联合进行反帝、反殖和反霸斗争；援助非洲国家的经济建设。[②]而这三方面在 20 世纪 70 年代又有了进一步推进。在与中国商谈建交的同时，大多数发展中国家希望中国提供援助，如非洲国家希望中国派出技术人员帮助指导。为满足非洲国家的需求，1971—1974 年，中国先后向塞拉利昂、卢旺达、加纳、多哥、贝宁、扎伊尔［现刚果（金）］、塞内加尔、乍得、上沃尔特（现布基纳法索）、加蓬、马达加斯加、尼日尔共计 12 个国家派出 600 多名农业技术人员[③]。1971—1978 年，成套项目援助支出比前 16 年（1955—1970 年）的总和增加 109%，[④]随着坦赞铁路等大型成套项目进入全面

---

① 中华人民共和国外交部外交史研究室编：《中国外交概览》，世界知识出版社 1987 年版，第 464—469 页。
② 齐鹏飞：《中国共产党与当代中国外交（1949—2009）》，中共党史出版社 2010 年版，第 259 页。
③ 石林主编：《当代中国的对外经济合作》，中国社会科学出版社 1989 年版，第 56—57 页。
④ 石林主编：《当代中国的对外经济合作》，中国社会科学出版社 1989 年版，第 60 页。

建设时期，援助支出急剧增加。为援建坦赞铁路，中国政府向坦桑尼亚、赞比亚两国提供无息贷款 9.8837 亿元人民币，坦赞铁路实际造价超过贷款金额 1.06 亿元人民币，[①] 超出部分由中国政府承担。

接下来的 20 多年来，来自 40 多个非洲国家的 120 多位国家元首和政府首脑访问了中国，210 多位部长级以上官员到中国访问 300 余次。中国也有多位国家领导人、10 多位部长级以上官员访问了非洲 40 多个国家。同时，双方还派出了大量的经贸、体育、教育、军事代表团互访。[②] 中非在平等互利基础上的友好往来成为国际关系的典范。

中非关系的深入发展也促进了中国国际地位的提升，也使得中国与发达国家的关系实现了改善。20 世纪 70 年代除了中日和中美关系实现正常化以外，中国与西欧发达国家的关系也有了极大改善。意大利、奥地利、比利时、冰岛、马耳他、希腊、联邦德国、卢森堡、西班牙、葡萄牙、爱尔兰等国先后与中国建立外交关系，同时中英、中荷外交关系也从代办级升格为大使级。[③] 其中，中国与葡萄牙的建交反映了中国国际地位的提升。葡萄牙占据中国领土澳门数百年，并进行了殖民统治。到了 1974 年，新上台的葡萄牙政府宣布放弃殖民主义，公开承认澳门主权属于中国。1975 年，葡萄牙与台湾当局断交。1976 年，葡萄牙总统恩尼斯在出席联合国大会期间，与时任中国驻联合国代表黄华就中葡建交与澳门问题进行了交谈。经过两年多的洽商，1979 年 2 月，中葡双方在澳门地位问题上达成秘密协议。2 月 8 日，葡萄牙与中国在巴黎正式交换《建交公报》，两国正式建立外交关系。葡萄牙政府发表声明，承认中华人民共和国是中国唯一合法政府，澳门是中国领土不可分割的一部分，在澳门回归中国以前，葡萄牙政府保证严格尊重住在澳门的中国居民的权利。到了 1999 年，中国恢复对澳门行使主权，澳门正式回归祖国。中葡建交和澳门问题的解决，不仅是中国同西方国家关系发展的重要事

---

① 靳辉主编：《当代中国铁路对外经济技术援助》，中国铁道出版社 1996 年版，第 44 页。
② 王逸舟主编：《中国对外关系转型 30 年（1978—2008）》，社会科学文献出版社 2008 年版，第 55 页。
③ 郭伟伟：《当代中国外交研究》，北京理工大学出版社 2011 年版，第 74 页。

件，也是世界非殖民化斗争的重要里程碑，它体现了中华人民共和国中央政府维护国家主权和领土完整所做的努力。

20世纪70年代，中非关系的全面发展不仅加强了第三世界国家间的团结，而且也带动了中国与西方发达国家关系的改善。中国与非洲国家都是第三世界国家，都经历过外来的侵略与殖民。在历史情感上感同身受，在现实利益上有共同的诉求。在各自取得民族独立地位之后，合作共赢就成为大势所趋。中国作为最大的发展中国家，对其他不发达国家真诚相待，倾心援助；而非洲国家也报之以李，在国际舞台上给中国重要的支持。中国国际地位的提升，使得中国外交进一步打开局面，可以与更多国家一道反对霸权主义，推动国际关系的公正化和民主化。也基于此，中非双边关系当之无愧地成为国际交往中平等互利、合作共赢的新型国际关系的典范。

专栏1——台金元外交已是穷途末路

非洲国家布基纳法索24日突然宣布与台湾"断交"。此次"断交"可以看出台湾"金元外交"的局限性，而这也必然导致其走向穷途末路。

首先，与经贸脱钩的援助难以推动项目可持续。台湾对外援助目标极为单一，旨在保持"邦交联盟"，而发展经贸联系并不是其对外援助要实现的目标。2006年，台湾向布基纳法索投入390万美元与德国开展三方合作，以布盛产的红高粱为原料，实验生产医用酒精。该技术于2009年实验成功，而在建厂进行批量生产阶段却戛然而止。可见，不发挥援助的杠杆作用、不动员商业资金的参与，就无法以市场活力盘活援助项目、推动上下游产业集聚，导致援助项目成为"孤岛"。

其次，与经贸脱钩的援助无法夯实双边基础。这种与经贸脱钩的援助模式将台湾与"邦交国"的关系局限为典型的自上而下决策行为，无法动员民间资本的参与。2015年，台布贸易额仅为1300万美元，而同期大陆与布贸易额则达到3.95亿美元。台湾仅有30家小企业在布从事商业活动，而以华为、中兴为代表的600多家大陆企业则正在积极开展与当地企业的合作，创造了当地的"就业奇迹"。这导致台湾与布方的所谓"邦交关系"一直遭到布国内的反对。一些"邦交国"貌似台湾"铁杆"，但买来的"友谊"的基础也必然薄弱。

最后，与台湾对外援助模式不同，大陆对外援助和对外投资、对外贸易三者之间关系密不可分。从外在形式上看，中国的海外形象本身就涵盖援助、投资和贸易三个方面，外界对此的评价也是一致的；从内在功能上看，投资、贸易与援助同为促进经济发展的必要条件，三者逻辑相同、本应互相援引和调动。今年4月，中国国家国际发展合作署正式挂牌，标志着中国对非援助迈上了一个新的台阶，未来在"中非命运共同体"的引领下，将更加聚焦"外援—外资—外贸"三者的有机结合，整合发展筹资资源、扩大发展成果的辐射，助推非洲的减贫和治理现代化进程，为中非关系的健康发展注入持久的活力。

如今，台湾只剩下18个"邦交国"，谁会是下一个与台"断交国"还不得而知，但台湾"金元外交"越走越窄则是必然的趋势。

（载《环球时报》2018年5月26日）

第二章　利用"两个市场、两种资源"

1978 年 12 月，中国共产党召开了十一届三中全会，标志着中国从此进入了改革开放的新时期。中国领导人根据国际形势的变化和中国自身的发展需要，在对国际理念和中国对外政策做出重大调整的同时，也相应地调整了对非外交思想和政策，推动中非关系向更加稳健与务实的方向发展。

第一节　促进共同发展

随着中国将国家重点目标转向"以经济建设为中心"，中国领导人也开始鼓励非洲国家在获得和巩固政治独立后应集中精力发展经济。在此背景下，中非合作的目标也转变为促进双方共同发展。

一、鼓励非洲国家摆脱"乌托邦"式的发展幻想

实施改革开放政策后，中国领导人根据自身探索出的发展经验鼓励非洲伙伴将重点锁定在经济建设上。邓小平一再对来华访问的非洲国家领导人指出，"第二次世界大战后，许多非洲国家都独立了，这为发展创造条件。现在国际形势趋向缓和，世界大战可以避免，非洲国家要用这和平国际环境来发展自己"；"我们都是第三世界国家，要紧紧抓住这个中心，不要丧失时机"；"我和非洲朋友谈到不要搞封闭政策，那样搞不会获得发展。"[①] 邓小平还强调

---

① 中共中央文献编辑委员会：《邓小平文选》第三卷，人民出版社 1993 年版，第 290 页。

非洲国家要根据自己国情制定发展战略。外国的经验可以借鉴，但绝不能照搬，因为世界上的问题不可能都用同一个模式解决。

中国依旧非常重视与非洲国家开展南南合作。邓小平多次对非洲朋友说，第三世界国家要解决发展问题从外部条件来讲，仅仅依靠南北对话和合作不够，还必须开展南南合作。1983年1月13日，时任国家领导人访问坦桑尼亚期间举行记者招待会，宣布了中国对外援助的四项原则：一是遵循团结友好、平等互利的原则，尊重对方主权，不干涉对方内政，不附带任何政治条件，不要求任何特权；二是从双方的实际需要和可能条件出发，发挥各自的长处和潜力，力求投资少、工期短、见效快，力求取得良好的经济效益；三是方式可以多种多样，因地制宜，包括提供技术服务、培训技术和管理人员、进行科技交流、承建工程、合作生产、合资经营等，中国方面对所承担的合作项目负责、守约、保质、重义，中国方面派出的专家和技术人员不要求特殊的待遇；四是目的在于取长补短，互相帮助，以利于增强双方自力更生的能力和促进各自民族经济的发展。"平等互利、讲求实效、形式多样、共同发展"这四项原则的宣示标志着中国对非洲的援助开始从单方向的赠予转变为开展双向合作、促进共同发展。在这一时期，中国为非洲援建了约300个项目，涉及众多领域。例如，中国为毛里塔尼亚建设的友谊港、为埃及援建的"开罗国际会议中心"，以及为肯尼亚援建的大型体育场等。

与前一阶段不同的是，中国在处理对非关系上开始更加务实，邓小平直接提出非洲应根据自身的实际情况发展自己。1989年3月28日，邓小平对访华的乌干达总统穆塞维尼说："我很赞成你们胜利后，不是一下子就搞社会主义。我和许多非洲朋友谈到不要急于搞社会主义。"[1] 他还嘱咐非洲国家领导人要借鉴中国不成功的经验、"贫穷绝对不是社会主义"，希望非洲国家根据自身情况，勇于探索适合本国国情的发展道路。中国领导人的虚怀若谷赢得了非洲国家领导人广泛赞誉。莫桑比克总统希萨诺受益于邓小平的启发，积极探索适合莫国情的发展道路，大力推行经济和政治体制改革。20

---

[1]　李红杰、余万里：《改革开放30年的中国外交》，当代世界出版社2008年版，第306页。

世纪 80 年代末坦桑尼亚总统尼尔在谈到中坦关系时说"对华友好永远是坦桑尼亚对外政策的基石"。

二、以更加包容开放的态度支持非洲经济发展

对于如何开展对非援助，中国领导人的态度也更加务实和开放。邓小平在 1979 年 7 月 7 日召开的第五次驻外使节会议上指出："从战略上讲，我们真正发展起来了，要用相当数量来援助。在援助问题上，方针要坚持，基本上援助的原则还是那个八条，具体办法要修改，真正使受援国得到益处。"[①] 1980 年 3 月，对外经济联络部在北京召开全国外经工作会议，提出新形势下外经工作的方针："坚持无产阶级国际主义，坚持援外八项原则，认真做好外援工作，广泛开展国际经济技术合作，有出有进，平等互利，为促进友好国家的经济发展，加速我国四个现代化建设做出应有贡献。"[②] 1983 年 9 月，第六次全国援外工作会议对调整援外规模、布局和结构，妥善使用援款，安排好项目建设等方面做了部署。援外规模方面，限制了对外援助的规模，将援外支出比重严格限制在国力财力允许的范围内；援外布局方面，在做好周边重点国家援助工作的同时，扩大了对非洲、拉丁美洲和南太平洋地区的援助；援外结构方面，开始由提供物资和现汇为主，转变为提供成套项目和技术援助为主。

基于此，中国在力所能及范围内继续支持非洲国家的现代化建设。例如，埃塞俄比亚的打井供水工程、兽医站、柴油机发电站、沃瓦公路、缝纫线厂；贝宁的农业项目、友谊体育场、卷烟火柴厂、洛科萨纺织厂、洛科萨市政排水工程；博茨瓦纳的铁路更新；布基纳法索的班福腊砖厂、农业项目、打井、"八·四"体育场、多功能体育场、库杜古友谊医院、修复水坝；布隆迪的布琼布拉联合纺织厂、穆杰雷水电站公路、高压输变电工程、竹藤草编手工业培训中心；赤道几内亚的马拉博医院；多哥的农业技术推广站、西奥河波塔引水灌溉工程、多哥人民联盟之家、阿尼耶制糖联合企业、卡拉医院；佛得

① 石林主编：《当代中国的对外经济合作》，中国社会科学出版社 1989 年版，第 70 页。
② 中共中央文献研究室编：《三中全会以来重要文献汇编》(上)，人民出版社 1982 年版，第 727 页。

角会堂；冈比亚的卫生中心、体育场农业项目、麦卡锡广场工程、最高法院和警察署办公楼；刚果（布）的布昂扎水电站、会议大厦、韦索供水工程、贡贝农场、布拉柴维尔农技站、高压输变电线路；吉布提的吉布人民宫、烈士铜像体育场；几内亚的儿童乐园、人民宫和自由电影院；加纳的阿菲费灌溉工程、农田水利工程、国家剧场；加蓬的利伯维尔卫生中心、弗朗斯维尔卫生中心；津巴布韦的奇通圭扎服装厂、体育场、奇诺伊师范学舍、奇诺伊医院；喀麦隆的会议大厦、拉格都水电站、高压输变电工程；科摩罗的尼乌马克来供水工程、人民大厦政府办公楼等。①

同时，中国对非援助开始以更加开放的态度开展三方合作。关于三方合作的形式，可以是中国与其他援助方一起出资支持非洲国家，也可以是由其他援助方出资、中国派出专家实施。例如，中国积极参与联合国"发展中国家间技术合作"项目（Technical Cooperation among Developing Countries, TCDC），1983—1994 年，中国通过 TCDC 项目向亚洲、非洲、拉美、中东及太平洋地区的 99 个国家提供了多边援助，执行 TCDC 项目 502 个。②

冷战结束后，意识形态在国际关系中的重要性逐渐弱化，经济因素的影响力逐步上升，对外援助作为对外政策的重要组成部分，从"冷战的工具和安全政策的补充"③逐渐转向为经济发展服务。1990 年 12 月，邓小平在同中央领导人谈话时提出："第三世界有一些国家希望中国当头，但是我们千万不要当头，这是一个根本国策。"④"搞霸权主义名誉很坏，当第三世界的头头名誉也不好。"因此，"中国永远不称霸，中国也永远不当头"。⑤但"中国永远站在第三世界一边"。"我们谁也不怕，谁也不得罪，按'和平共处五项原则'办事，在原则立场上把握住。"⑥

1995 年 10 月，全国援外改革工作会议在北京召开，时任国务院副总理

---

① 田曾佩：《改革开放以来的中国外交》，世界知识出版社 1993 年版，第 165—166 页。
② 李婉明：《TCDC 结硕果》，载《国际贸易》1995 年第 10 期，第 26 页。
③ 周弘主编：《对外援助与国际关系》，中国社会科学出版社 2002 年版，第 8 页。
④ 中共中央文献编辑委员会：《邓小平文选》第三卷，人民出版社 1993 年版，第 363 页。
⑤ 中共中央文献编辑委员会：《邓小平文选》第三卷，人民出版社 1993 年版，第 363 页。
⑥ 中共中央文献编辑委员会：《邓小平文选》第三卷，人民出版社 1993 年版，第 363 页。

朱镕基在谈及中国对发展中国家的经济技术援助时指出："要采取鼓励政策，推动中国的优秀企业到非洲开展各种形式的经济合作，选择有资源、有市场、有效益的项目，主要是对初级产品进行深加工的中小型项目，在当地建立合资经营企业。"外经贸部部长吴仪在会上指出："随着中国改革开放的推进和世界形势的变化，中国的对外援助所面临的国内外环境发生了深刻的变化。在新的形势下，中国援外工作改革主要推行两种新的方式：一是国际通行的政府贴息优惠贷款方式。中国政府提供具有援助性质的优惠贷款，即动员一部分银行的资金，通过政府贴息，使为受援国提供的贷款利率降低，条件变得优惠，具有援助性质；二是积极推动援外项目合资合作的方式。这是援外的一种新的方式，其特点是中国企业同受援国企业在中国政府和受援国政府原则协议范围内，双方政府给予政策和资金扶持，主要以合资经营、合作经营的方式或中国企业独资经营的方式实施中国对外援助项目。"①

优惠贷款和合资合作这两种新的援助方式的出现，扩大了中国对外援助的资金来源和援助规模，推动了双方在投资、贸易、技术、设备等各方面的合作，对"走出去"战略具有先导作用；同时，金融机构作为优惠贷款的管理机构，能够提高援外资金的使用效率；合资合作经营则"有利于政府援外资金与企业资金相结合，扩大资金来源和项目规模，巩固项目成果，提高援助效益"。②自1995年7月中国同津巴布韦签订第一笔优惠贷款协议至2000年底仅5年的时间里，中国同48个国家签署优惠贷款协议78笔，中国企业利用援外合资合作项目基金累计在40多个国家实施项目77个。③

专栏 2——中国应加大对非软援助

中国对外援助一直以工程类项目为主。60多年来中国为亚非拉国家

---

① 《人民日报》1995 年 10 月 18 日。
② 王昶：《中国 1994 高层决策·外交卷》，陕西师范大学出版社 2001 年版，第 168—169 页。
③ 中华人民共和国对外贸易经济合作部：《中国对外经济贸易白皮书 2001》，中国金融出版社 2001 年版，第 102 页。

援建了包括道路、桥梁、医院等一系列大型硬件项目。一些项目例如非盟大厦、坦赞铁路等还成了当地的地标性建筑。随着国家实力的提升，中国的对外战略正在逐步从"利益和权势导向"转向"利益和价值导向"。这就要求对外援助在争取发展中国家支持的同时，也能够把中国的道路自信、理论自信和制度自信转化为国际社会认同的无形力量。然而，传统援建的硬件基础设施在"交钥匙"之后难以再作为中国价值观的载体，发挥展现和分享中国理念和价值的作用。因此，只有扩大软性援助，做好"人"的工作，促进中国价值观的普及。

首先，突出国别援助项目主题。中国对外援助一直沿袭"撒胡椒面"方式，呈现给每个受援国的都是一个融合物资、成套设备、技术合作等方式的、类似口味的"拼盘"。这种"面面俱到"实际上忽视了对援助主题的突出，难以针对受援国的发展短板制定差异化的援助政策。因此，应加大规划咨询等软援助力度，在受援国需求调研上做足功课。针对各国的具体情况，设置短期援助规划，有方向性地解决某一领域的发展难题。在明确援助主题和方向的前提下，再添加相应的工程类项目、技术合作和相关专家派遣等。在一些东非国家，如埃塞俄比亚，肯尼亚和坦桑尼亚，这些国家政治稳定、经济发展良好，中国可以专注于促进连通性，并帮助培训专业运营和维护专业人员，并开展与大型基础设施项目分开的商业运作。

其次，加强境外人力资源开发。不久前非洲某国总统访华，外媒大肆渲染其因未拿到理想援助款而不悦。虽然传闻子虚乌有，但在一定程度上也折射出中国援助的缺陷。以硬件设施为主的援助方式很容易被矮化为单纯的"金钱关系"。相比之下，西方发达国家早在20世纪60年代就开始对受援国派出志愿者，开展人文关怀。例如，在每个贫困的角落几乎都能看到美国的和平队的影子，这在一定程度上修复了"山姆大叔"傲慢的国际形象。另外，日本的协力队员以及银发志愿者也为本国海外活动加分不少。未来中国援助应一方面加大志愿者派遣力度，适当延长派遣时间，侧重文化传播和人文交流等领域，提高我国"软实力"的对外影响。同时，完善志愿者选拔和培训制度，建立与回国就业相挂钩的考核激励机制；另一方面，启动境外培训项目。根据受援国不同需求，派遣专家在教育、科技、文化、卫生、农业、环境保护、矿业、经济技术等领域开展针对草根阶层的技能培训，将中国的发展理念切实有效地传达给当地人民。

再次，善于联络当地民间组织。不可否认一些受援国由于民主制度不完善，政府严重腐败。当前中国只针对受援国现政府的援助模式难免不授人以柄。再加上宣传不到位，一些当地民众甚至认为中国援外工程队是来抢他们饭碗的。基于此，中国不能一再忽视受援国民间组织的作用。因为在一些政府弱势的国家，社会组织发挥了制衡政府的"第二轨道"作用；而在一些转型国家中，社会组织正在积极推动"官民共治"。为了扩大中国软实力的影响，可尝试将受援国有影响力的民间组织纳入软援助中来。参照 UNDP "全球环境基金"的经验，设立专项资金与受援国当地非政府组织开展旨在推动减贫的联合研究和技术分享等。

（载《环球时报（英文版）》2017 年 2 月 6 日）

三、在联合国框架下相互政治支持

改革开放以来，中国继续支持非洲争取民族解放和提升国际话语权的政治诉求。作为联合国安理会常任理事国，中国在联合国框架下给予非洲极大的政治支持，极大地强化了非洲国家要求民族自觉自强的合法性和道义力量。

在纳米比亚的独立问题上，中国坚定支持联合国决议，对非法占领纳米比亚的南非当局施压。1978 年 9 月，联合国安理会通过了 435 号决议，支持纳米比亚的独立诉求，要求南非当局结束对纳米比亚的长期非法占领。中国积极敦促南非当局执行联合国决议。1986 年，中国在第 14 届特别联大上发表中方在纳米比亚问题上的立场，"纳米比亚人民的斗争是南部非洲人民反对南非种族主义斗争的一个重要组成部分，也是同各国人民维护世界和平事业不可分的"。中国明确要求"南非当局必须彻底放弃殖民主义、种族主义和破坏邻国稳定的政策，立即无条件地实施安理会 435 号决议，结束对纳米比亚的非法占领，让纳米比亚人民按照自己的意愿，实现民族独立"。① 经过多次磋商，中国促成联合国安理会通过向纳派遣联合国过渡时期协助团的决议，并主动提供了用于协助团活动的部分费用。1989 年 10 月，中国派出 20 名文职人员加入联合国观察团，负责监督纳米比亚大选。在中国的大力支持下，纳米比亚于 1990 年 3 月获得独立。中国于第一时间与纳米比亚签署了建交公报。中国国家主席杨尚昆致电纳米比亚总统努乔马，热烈祝贺纳米比亚独立。贺电说，纳米比亚共和国的诞生标志着非洲大陆非殖民化历史使命的胜利完成，是非洲历史上的一个重要里程碑，深信中纳两国友好合作关系必将在"和平共处五项原则"基础上得到全面发展。

在南非反对种族主义斗争问题上，中国同国际社会一道对南非当局施压，要求其彻底放弃种族隔离制度。1981 年，中国在"制裁南非国际会议"上直接抨击南非种族主义政权倒行逆施，已严重地威胁了南部非洲地区的和平与安全，因此中国不会同南非当局发生任何政治、经济和贸易关系。1982 年，中国举办了"动员制裁南非国际年"报告会。1984 年，中国在联合国安理会紧急会议上谴责南非当局强制推行所谓的"新宪法"。此后，中国每年都会致电声援联合国举办的"消除种族歧视国际日"。迫于国内外的压力，南非当局从 1989 年开始推出改革，逐渐解除对"非洲人国民大会"（简称"非国大"）等民族解放组织的禁令，释放曼德拉等人士，并启动了与非国大等民族解放组织的谈判。中国政府始终重视南非政局的发展并及时给予无私的支持。1990 年 2 月，中国共产党中央委员会致电祝贺曼德拉获释并向他发出访华邀请。1992 年 2 月，中国在联合国会议上声援非国大等政党与当局开展的谈判，认为这标志着南非的民主进程已进入新的阶段，是政治解决南非问题的一项重要进展。同时，针对非国大及其盟友为迫使政府进行政治妥协而发动的群众性暴力冲突，中国也立场鲜明地进行谴责。1992 年 11 月，在联大辩

① 田曾佩：《改革开放以来的中国外交》，世界知识出版社 1993 年版，第 182 页。

论南非政府种族隔离政策等问题时，中国表示坚决谴责任何旨在破坏南非民主进程的暴力行为，支持联合国秘书长为结束南非暴力冲突所做的一切努力，并敦促南非政府采取务实和积极的步骤，加速南非问题的政治解决进程。[①] 在中国的积极支持下，南非于 1997 年结束了种族隔离制度，同年中国与南非建交。

在联合国秘书长竞选问题上，中国坚定支持非洲候选人。1982 年，中国在支持坦桑尼亚外交部长萨利姆竞选联合国秘书长时，在 16 轮投票中中国始终力挺萨利姆。1991 年，非洲国家提出 6 位联合国秘书长非洲候选人。中国对此明确表示，第三世界国家占联合国的大多数，由第三世界国家人士担任秘书长一职的主张是合理的。在中国的积极支持下，埃及副总理加利最终当选，成为联合国历史上首位来自非洲的秘书长。

同时，非洲也在联合国投票中给予了中国有力支持。在 1990 年联合国第 46 届人权委员会会议上，一些西方国家炮制出一份攻击中国人权的反华提案。在加纳、埃塞俄比亚、马达加斯加、尼日利亚、圣多美和普林西比、索马里等非洲国家的坚决支持下，成功挫败了西方的反华图谋。1992 年在联合国第 48 届人权委员会会议上，一些西方国家又抛出了"中国—西藏局势"反华提案。在安哥拉、布隆迪、冈比亚、加纳、肯尼亚、莱索托、马达加斯加、尼日利亚、索马里以及赞比亚等 13 个非洲国家的有力支持下，西方利用西藏问题干涉中国内政的阴谋没有得逞。

---

① 田曾佩：《改革开放以来的中国外交》，世界知识出版社 1993 年版，第 188 页。

第二节　中国企业大举进军非洲

随着中国改革开放的不断深入，社会主义市场经济体制逐步确立，企业逐渐成为经济活动的主体。中国与非洲合作的主体也逐步从双方政府转为双方企业，有力地推动了中非双边经贸合作的发展。

一、大型国有企业夯实非洲经济基础

国有企业是指国务院和地方人民政府分别代表国家履行出资人职责的国有独资企业、国有独资公司以及国有资本控股公司，包括中央和地方国有资产监督管理机构和其他部门所监管的企业本级及其逐级投资形成的企业。[①] 中国国有企业经济实力雄厚、偿债能力强，因此一般比较容易获得政策性贷款，使其成为在非洲援建大型基础设施的项目执行方和大规模绿地投资和并购项目的出资方，为非洲国家的国民经济建设奠定了基础。

一是中国国有企业是中国援建非洲的大型基础设施项目的执行方。例如，中地海外水务有限公司负责埃塞俄比亚的打井供水工程；中农发集团承建贝宁农业技术示范中心项目；上海轻工业负责援建贝宁卷烟火柴厂；浙江省水利水电勘测设计院承建多哥的西奥河波塔引水灌溉工程；江西华昌基建工程有限公司承建多哥农业技术示范中心项目；中电装备公司承建了全球能源互联网首个能源援助项目——埃塞俄比亚阿贝萨托学校供电工程，项目的正式投运使得该校将能够使用市政供电，与之前柴油发电机相比，用电成本下降近80%，计算机等先进教学工具也走进了课堂；大连筑成建设集团有限公司承担了布隆迪的布琼布拉联合纺织厂的施工任务，该项目为布纺织厂扩建了1202平方米的生产厂房，提供一台还原蒸化机、一台圆网印花机以及相应的配套设备，新增设

---

① 财政部：《国有企业境外投资财务管理办法》，http://www.mof.gov.cn/mofhome/qiyesi/zhengwuxinxi/zhengcefabu/201708/t20170802_2664341.html。

备正常使用后，可大大提高布纺织厂的印染布质量，增加经济效益；中国路桥工程有限责任公司负责布隆迪穆杰雷水电站进场道路修复项目。穆杰雷水电站进场道路总长度大约 8.4 公里，是进入穆杰雷水电站的唯一通道，修复前沿线地质灾害频繁，山体滑坡、泥石流、路基水毁及塌陷随处可见，部分路段车辆已无法通过，该项目对保证即将开工的我援布穆杰雷水电站维修项目顺利进行及日后的电站运营具有重要现实意义。这些由中国企业承建的对外援助项目对受援国和中国企业都大有裨益。就如布隆迪的杰沃斯副总统曾在中国援布隆迪穆杰雷水电站维修项目的竣工典礼上所讲，希望中国政府继续帮助布隆迪开展电力能源领域合作，鼓励中国企业来布进行相关投资。援建项目不仅帮助了受援助国，中国企业也在这个过程中积累了在受援助国开展项目的经验，为其下一步自主进行经济活动打下了良好的基础。

　　二是高质量的援建项目为中国国有企业竞标承包工程打下了信誉基础。 在工业化发展进程中，非洲急需大规模建设各类设施。除了中国的援助外，世界银行、非洲开发银行以及欧盟等也积极支持非洲公共基础设施建设，同时非洲政府也通过多种融资方式投资工程建设。中国企业多年来承建中国对非洲的援建项目，在非洲从事工程建设的经验丰富，再加上中国援建项目过硬的工程质量以及建设速度和成本优势使得中国能够在公开招标中脱颖而出。截至 1991 年底，中国同该地区非洲国家共签订承包工程和劳务合作合同 2000余个，承包劳务人员 8300 余人，其中承包工程人员 5600 多人，[①] 领域涉及工业、农业、林业、建筑、水利、电力、交通、教育等部门。中国企业承包的项目造价合理、质量上乘、按期交付，获得了业主的广泛好评。例如，由乍得政府出资的恩贾梅纳协和体育场改建工程，中国施工方仅仅用了 6 个月就交付使用，保证了中部非洲地区足球赛如期举行，从而赢得了乍得政府的赞誉。随着中国企业在非洲工程承包规模的扩大，中非之间的劳务合作也逐渐拓展。中国与非洲国家的劳务合作主要包括：向中国全部中标和分包的项目提供从项目考察、设计到施工的全套劳务人员以及向中国在非洲的合资、独

---

① 　田曾佩：《改革开放以来的中国外交》，世界知识出版社 1993 年版，第 168 页。

资企业提供劳务人员。中国提供的劳务人员涉及各种行业，素质较高，包括设计师、工程师、会计师、经济师、机械师、园艺师、教师和熟练工人等。同时，中国项目方还招聘了大量非洲当地人员，通过"干中学"以及专项职业培训相结合的方式，为非洲工业化和现代化建设培养了大批技术人才。

三是国企在本土化、属地化经营战略中为非洲国家培养技术人才，为提高劳动者素质做出贡献。中国国企在参与对非援助和承包工程过程中积累了丰富的本土化经营的经验。中国企业对非投资主要涉及能源矿产领域，投资方式则以并购为主。投资业绩突出的企业包括：中国石油天然气集团公司（中石油）、中国石油化工集团公司（中石化）、中国海洋石油总公司（中海油）、中国有色矿业集团公司（中有色）等。中石油的投资主要分布于苏丹、安哥拉、阿尔及利亚、乍得和尼日利亚；而中石化的投资则在苏丹、安哥拉和刚果（金）；中海油的在尼日利亚和赤道几内亚；中有色（非洲公司）的在赞比亚等。鉴于非洲国家为保护本国企业，大多规定外商企业必须与当地企业组成股份公司，有些国家甚至还有当地企业控股的规定，因此中国企业先期以并购东道国当地企业的方式站稳脚跟。例如，中石化在苏丹和安哥拉进行了石油生产环节的并购与整合等。中国企业在工程施工中，注重对当地非洲员工传授知识和技术，培训技术工程人员、熟练工人，既保证项目的正常运行，也为提高非洲劳动者素质做出了贡献。

单位：万美元

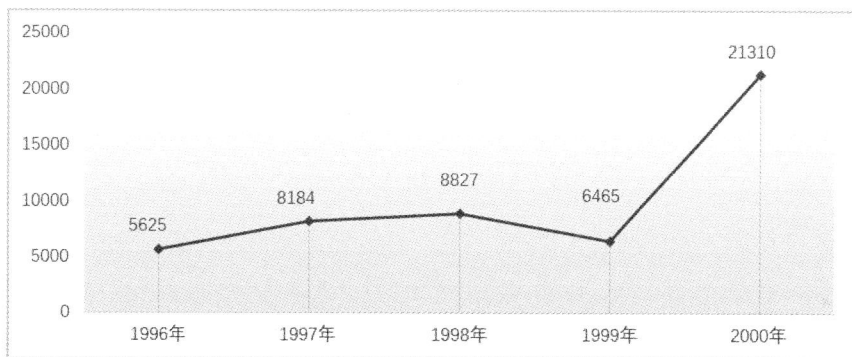

图1：中国对非洲直接投资额（1996—2000年）

资料来源：中国对外贸易经济合作部。

二、民营企业助推非洲民生事业发展

中国民营企业自 1978 年突破禁区后，逐渐开始尝试走进非洲。随着中非经贸合作的深入发展，中国民营企业对非贸易投资也呈现由小到大、由无序到渐进有序、由自发组织到政府引导的发展态势。

非洲的服务业是中国民营企业最早涉足的行业。20 世纪 80 年代，随着中国国有企业加大对非洲市场的开发力度，中国商旅和技术人员规模在非洲也迅速扩展。这为中国民营企业进军非洲创造了机遇，他们积极为在非洲的中国人提供基本服务，领域涵盖饮食业、医疗卫生业、旅游业、家电维修业以及服装业等。例如，中国的传统烹调技术和独具特色的菜肴在风景秀丽的马达加斯加、科特迪瓦以及毛里求斯深受欢迎，中国医师的针灸、按摩技术也受到了加蓬当地患者的交口称赞。

随着民营企业自身的发展壮大及其国际化经验的不断累积，中国民营企业对非投资领域不断扩宽，遍布第一、二、三产业。除了传统的餐饮、零售等服务业外，民营企业还积极投资工程建设、机械制造、制药、纺织以及采矿、能源等重要领域。相较于国有企业，中国民营企业的市场敏感度更强，在对非投资过程中更倾向于非洲急需发展的制造业等，不仅为当地创造了大量就业岗位，也加大了技术转移力度，同时弥补了非洲当地产业结构缺口，为实现经济起飞创造了条件。例如，华为 1998 年进军南部非洲市场时，当时非洲的电信市场已经被西方通信企业垄断。面对不利的市场环境，华为公司凭借技术和价格优势，逐渐在非洲站稳了脚跟。到 2007 年时，华为已经是南部非洲第一大 CDMA 产品供应商、第一大传输产品供应商、第一大 NGN 产品供应商、第二大综合设备供应商和第三大 GSM 产品供应商。

作为中国对非投资的重要参与者，中国民营企业成为促进非洲经济社会发展的重要力量。中国民营企业积极参与对非投资，不仅为非洲国家提供了大量的投资资金，拉动了非洲经济发展，而且促进了中国的产业转型升级。

第三章　坚持互助互利促进共同繁荣

进入 21 世纪，经济全球化深入发展，和平、发展、合作成为时代主题。2010 年，中国经济总量跃居世界第二位，随着中国综合国力的大幅提升以及中非关系的深入发展，中国和非洲国家启动了中非合作论坛，建立了中非之间的多边协商对话机制，进一步扩大了中非经贸合作。中非关系从此进入了全面机制化阶段，引起了国际社会的广泛关注。

第一节　创设中非合作论坛

非洲是由 50 多个既有共性又具特色的国家组成的大陆，要推动非洲发展仅仅依靠覆盖面有限的高层互访远远不够。因此，为进一步加强中国与非洲国家在新形势下的友好合作、共同应对经济全球化挑战、谋求共同发展，在中非双方共同倡议下，中非合作论坛应运而生，成为中国主动倡议的、第一个没有发达国家参加、规格高、规模大、涉及面广的地区合作机制。

一、"论坛"的机制

根据 2000 年中非合作论坛第一届部长级会议上通过的《中非经济和社会发展合作纲领》规定，中非双方同意建立后续机制，定期评估后续行动的落实情况。2001 年 7 月，中非合作论坛部长级磋商会在赞比亚首都卢萨卡举行，讨论并通过了《中非合作论坛后续机制程序》。2002 年 4 月，后续机制程序正式生效。中非合作论坛后续机制建立在三个级别上：部长级会议每三年举行一届；高官级后续会议及为部长级会议做准备的高官预备会分别在部长级会议前一年及前数日各举行一次；非洲驻华使节与中方后续行动委员会秘书处每年至少举行两次会议。部长级会议及其高官会轮流在中国和非洲国家举行。中国和承办会议的非洲国家担任共同主席国，共同主持会议并牵头落实会议成果。部长级会议由外交部长和负责国际经济合作事务的部长参加，高官会由各国主管部门的司局级或相当级别的官员参加。

除上述三个级别的机制性会议外，根据中非关系发展需要，中非双方将2006 年 11 月在北京举行的"论坛"第三届部长级会议、2015 年 12 月在约翰内斯堡举行的"论坛"第六届部长级会议和 2018 年 9 月在北京举行的"论坛"第七届部长级会议升格为峰会。2006 年北京峰会决定中非外长在每届部长级会议次年的联合国大会期间举行集体政治磋商。中非外长分别于 2007年、2010 年、2013 年和 2017 年在纽约举行了四次政治磋商。为共同推动落实约翰内斯堡峰会成果，中非双方于 2016 年 7 月在北京举行了中非合作论坛约翰内斯堡峰会成果落实协调人会议。

此外，随着中非合作不断拓展和深化，中非民间论坛、中非青年领导人论坛、中非部长级卫生合作发展研讨会、中非媒体合作论坛、中非减贫与发展会议、中非合作论坛—法律论坛、中非地方政府合作论坛、中非智库论坛等中非合作论坛分论坛陆续成立。

二、"论坛"的运行

2000 年 10 月，由中国政府倡议及主办的"中非合作论坛——北京 2000年部长级会议"在北京举行。此次会议主题有两大重点：一是面向 21 世纪如何推动建立公正合理的国际政治经济新秩序，以维护发展中国家的利益；二是在新形势下如何加强中非在经贸等实质性领域的合作。"论坛"确定了中国与非洲各国定期磋商机制与对话平台，在中非关系的进展与深化上扮演着不可替代的角色。中国政府做出四项承诺：第一，根据非洲国家的不同情况，继续提供各种援助，并随着中国经济发展水平的提高和综合国力的增强，逐步扩大援助规模；第二，减免非洲重债穷国和最不发达国家 100 亿人民币债务；第三，设立合资合作专项资金，支持和鼓励有实力、有信誉的中国企业到非洲投资，促进非洲经济发展；第四，设立"非洲人力资源发展基金"，逐步扩大基金规模，帮助非洲国家培养各类专业人才。

2003 年，第二届中非合作论坛在埃塞俄比亚首都亚的斯亚贝巴举行。会议审议通过了《中非合作论坛——亚的斯亚贝巴行动计划（2004—2006年）》。该计划重点探讨了中非在人力资源开发、农业、基础设施建设、投资和贸易等领域深化合作的新思路、新举措。时任中国政府总理温家宝在会上承诺，中国政府将更进一步援助非洲、更进一步对非洲开放市场。

2006 年 11 月，中国与 48 个非洲国家的 35 位国家元首、1 位副总统、6 位政府部长、6 位高级代表及非洲联盟委员会主席举行了中非合作论坛。时任中国国家主席胡锦涛在会上宣布，中国将加大对非洲的援助力度，在接下来的三年向非洲国家提供 30 亿美元的优惠贷款和 20 亿美元的优惠出口买方信贷；设立中非发展基金，总额逐步达到 50 亿美元；免除同中国建交的所有非洲重债国和最不发达国家截至 2005 年底到期的政府无息贷款；提供 3 亿元人民币无偿援助用于防治疟疾；把同中国建交的非洲最不发达国家输华商品零关税项目由 190 个扩大到 440 个；为非洲培训培养各类人才 15000 名；向非洲派遣高级农业技术专家 100 名；在非洲建立有特色的农业技术示范中心 10 个，援建医院 30 所；向非洲派遣青年志愿者 300 名，援建农村学校 100 所等。

2009 年 11 月 8—9 日，中非合作论坛第四届部长级会议在埃及沙姆沙伊赫举行。时任中国国务院总理温家宝、时任埃及总统穆巴拉克以及其他非洲国家的 9 位总统、3 位总理、3 位副总统、1 位议长和时任非盟委员会主席让·平出席开幕式并发表讲话。会议主题是：深化中非新型战略伙伴关系，谋求可持续发展。会议审议了中方关于论坛北京峰会后续行动落实情况的报告，通过了《中非合作论坛沙姆沙伊赫宣言》和《中非合作论坛——沙姆沙伊赫行动计划（2010—2012 年）》两个文件，规划了此后三年中非在政治、经济、社会、人文等各领域的合作。温家宝总理在开幕式上代表中国政府宣布了对非合作新 8 项举措，涉及农业、环境保护、促进投资、减免债务、扩大市场准入、应对气候变化、科技合作、医疗、教育、人文交流等方面。

三、"论坛"的作用

在中非合作论坛的推动下，中非合作全面展开并飞速发展。

在落实对非优惠贷款政策方面，2004 年，中国先后向 46 个非洲国家提供各类援助 167 笔，在 29 个非洲国家承担了 42 批一般物资项目，在 27 个国家承担了 38 个技术合作项目等。通过这些援助，中国帮助非洲国家兴建了一批道路、学校、城市供水、医院等基础设施和社会福利项目。在减免债务方面，自第一届中非合作论坛召开到 2002 年底，中国已与 31 个非洲国家签署减债协议，共减免债务 105 亿元人民币，提前兑现了减债承诺，赢得了非洲国家的广泛赞誉。2005 年，中国继续向非洲承诺，在两年内，中国免除或以其他处理方式消除所有同中国有外交关系的非洲贫穷国和 2004 年底前对华到期未还的全部无息和低息贷款。在 34 个非洲重债国中，绝大部分国家都与中国有外交关系，因此，这项举措可以大大减轻非洲国家的债务负担。从 2006 年 11 月中非合作论坛北京峰会到 2008 年，中国与 28 个非洲重债穷国和最不发达国家签署了免债协议书，完成了大半的减债承诺。

在人力资源开发方面，中国进一步加大了对非洲的人力资源培训。中国在 2000 年的中非合作论坛上宣布设立"非洲人力资源开发基金"，到 2002 年，中国共举办 4 期非洲经济管理官员研修班，来自 38 个非洲国家的近 87 名经济官员参加了培训，以及 8 期专门面向非洲学员的专业技术培训班，来自 35 个非洲国家的 262 名学员参加了农业、沼气、太阳能等 30 个专业的技术培训班。为落实 2003 年中非合作论坛上为非洲国家培训、培养 1 万名各类人才的诺言，2004 年中国在"非洲人力资源开发基金"基础上增加资金投入，设立"对外人力资源开发合作部际协调机制"。截至当年末，中国共接收 2446 名非洲学员来华培训。同年中国商务部为非洲举行培训班 100 期，培训各类人才 1600 多人。从 2006 年到 2008 年，中国共举办非洲培训班 165 个，为几乎所有撒哈拉以南非洲国家共培训 4150 人。除了举办专业研修班，中国还设立政府奖学金，鼓励非洲留学生来华学习。从 2000 年到 2005 年，有 7562 人次非洲留学生获得中国政府奖学金。2005 年，享受中国政府奖学金的非洲学生总计 1367 人。落实了 2006 年北京峰会上中国领导人的承诺，中国对非洲学生发放的政府奖学金达到 4000 人次。此外，为加强同非洲的职业教育合作，中国还建立了专门的教育援非基地。2003 年初，中国教育部在天津职业技术学院建立了第一个教育援非基地，主要负责对非洲国家的职业教育进行师资培训、派遣援非职业技术教师，为中非职业教育合作提供咨询等任务。

在人道主义援助方面，中国也加大了对非紧急人道主义援助的力度。2003 年，非洲之角和非洲南部遭遇罕见旱灾，1000 多万人面临饥荒。中国立即向津巴布韦、厄立特里亚等 6 个非洲国家提供 1.8 万吨的玉米。为缓解几内亚的粮食危机，中国向几提供了 220 吨大米。为援助受乌干达北部叛军袭扰而流离失所的难民，中国不但向乌干达政府提供了一批日常生活物资，还向流入索马里的难民提供了一批蚊帐、毛毯等人道主义物资援助。对于非洲地区高发的传染病，中国也积极开展医疗卫生援助。截至 2005 年底，中国在非洲 35 个国家派有 36 支医疗队，近 900 人，分布在 94 个医疗点。仅 2008 年，中国援非医疗队就为 40 多个非洲国家的 120 万患者实施了救治，开展约 10 万例手术，抢救了约 3 万人次危重病人。

在援非人员派遣方面，中国政府还启用了援非青年志愿者的方式。2004 年中国除派遣 300 多名农业专家以及 60 多名职业教育教师赴非洲国家外，还启动了派遣援外青年志愿者计划。2005 年，中国首次派出 12 名志愿者赴埃塞俄比亚工作。在 2006 年中非合作论坛上，中国承诺向非洲派遣 300 名青年志愿者，到 2008 年中国共向 3 个非洲国家派出了 75 名青年志愿者。

在经贸合作方面，在中非合作论坛的框架之下，中国和非洲的经贸合作朝着机制化、规范化的方向发展。2000 年第一届中非合作论坛宣布，中国与 20 多个非洲国家签订了双边投资保护协定，在 11 个国家设立"中国投资开发贸易促进中心"。2003 年中非合作论坛第二届部长级会议上，中国给予非洲部分最不发达国家部分对华出口商品零关税待遇。2006 年中非合作论坛暨第三届部长级会议上，为鼓励和支持中国企业到非洲投资，中国国家开发银行设立了"中非发展基金"。基金于 2007 年 6 月开业运营，首期资金达 10 亿美元。基金投资非洲的第一个项目是"加纳燃气联合循环发电一期工程"，此后不断投资新的项目。此外，中国国家开发银行还设立了总额为 10 亿美元的"非洲中小企业发展专项贷款"。在中非双方的积极鼓励和推动下，非洲逐渐成为中国企业海外投资的新兴目的地之一。截止到 2014 年底，中国对非洲非金融类直接投资流量 35 亿美元，同比增长 19%。在非洲兴业的中国企业已超过 2500 家，涉及金融、电信、能源、制造、农业等诸多领域，为当地直接创造了 10 余万个就业岗位。中方进一步向非洲产品开放市场，与中国建交的 30 个非洲最不发达国家全部享受 60% 输华产品免关税政策，受惠产品数目增至 4762 个。[①]

专栏 3——借中非合作论坛推动中非产能合作

12 月 4—5 日，中非合作论坛峰会在南非召开。如何借论坛东风"趁热打铁"推动世界上增长最快的经济体和即将成为世界上经济增长最快的大陆间的务实合作，将成为未来相当长的时间里中非合作的主旋律。

一、加强合作时势之举

当初创建中非合作论坛机制的首要动因是发展中非经贸关系。在中非论坛的推动下，中非之间在贸易、投资和援助等合作领域取得了举世瞩目的成就，构筑了中非友好合作关系的坚实基础。它通过构建制度化的沟通渠道，扩大了信息交流量，降低了彼此合作的交易成本，使中国对非洲国家的需求有了深入了解，为中非关系的持续健康发展创造了良好条件。

纵观中非合作论坛运行 10 余年的历史，"共赢"始终是双方合作的基本特征，中非双方在谋求经济和社会发展等领域互利合作和互相学习。正如南非总统祖玛所言，"我们在与中国的关系中，双方是平等的、互赢互利的。中国不像某些欧洲国家那样，影响非洲只是为了单方面的利

---

① 《盘点历届中非合作论坛后续行动落实成果》，人民网，2015 年 12 月 6 日，http://world.people. com.cn/n/2015/1206/c1002-27894035-2.html。

益"。中非应从中非长期发展愿景的视角,以建构中非利益—责任—命运"三位一体"的共同体为指导,推动中非产能合作,把推动中国的产能转移升级与提升非洲经济社会发展内生能力统一起来。

目前,中国已经超过美国,成为非洲最大的双边贸易伙伴。中国在非洲的投资在过去10年更是增长了100倍。中国进出口银行已超过世界银行,成为撒哈拉沙漠以南的非洲国家最大的贷款提供者。中国对非洲的投资项目涉及非洲50个国家逾3000家中国企业在非投资兴业,促进了非洲经济的多元化发展,增加了当地的税收和就业。

在此背景下举行的第六届中非合作论坛的焦点在于:面对火电、光伏、钢铁以及药品等行业的明显性价比优势以及在国内的严重过剩状态,中国在加快推进淘汰产能的同时也支持这些产业走出去向非洲转移。鉴于中非产业梯度发展以及非洲市场空间巨大,中国政府有意鼓励企业紧抓中非合作的发展机遇,加强与非洲各国的沟通,迅速推动国内过剩的优势产能向非洲转移。

二、产能转移"三步走"

具体而言,对非产能转移可以分三步进行推动。

首先,从国家战略层面入手,大力推动对非产业链布局。借助中非合作论坛提供的便利交流机制和平台,在市场准入、渠道建设、技术标准等方面,加强次区域和单个国别谈判,最大限度地争取非洲国家对中国产业标准和质量体系的认同,塑造有利于中国的竞争新规则、新标准等。建立国家层面的利用非洲产能转移协调机制,尽快编制非洲产能转移开发规划。根据中国对非投资总体规划,由相关部门制定非洲市场战略规划及重点国别的投资规划,对非洲市场开发进行战略设计,明确重点国别、投资产业、投资空间、重点项目、开发时序及政策措施。

其次,充分发挥产业集群效应,推动对非投资从产业链上下游延伸。通过跨行业跨地区的联合、兼并、重组,形成具有跨国经营能力的产业集群,推动拟投资企业尽快实现联合,打造工业园区,以集群效应争取更多的国家优惠政策,不断增强园区内产业链上下游供给能力,形成产业链优势，进而迅速转化为竞争优势。在投资方式上，可尝试采取公私合营（PPP）模式，帮助企业争取政府和金融商业机构的优惠专项资金的扶持，降低单个企业的投资风险。

再次，建立有利于中非产能合作的金融机制。继续加大"中非基金"的融资力度，推动其与企业自有资金形成合力，把对非产能转移作为支持重点。

此外，建立推动产能转移的专项引导基金，引导其与援非资金相结合，金融、财税、援助多方支持对非产能转移，充分发挥中国产能性价比和资金支持优势，弥补市场拓展方面的不足，帮助企业规避在产能转移过程中可能遇到的风险。

（载《国际商报》2015 年 12 月 6 日）

第二节 "北京共识"与"华盛顿共识"

非洲政治独立后，绝大多数领导人均接受过西方教育，对西方价值观十分崇尚。特别是在冷战结束后，苏联社会主义阵营的解体对非洲"走非资本主义道路"的国家造成了沉重打击，在美国等西方国家的强势推进下，大部分非洲国家都复制了"西方模式"。但是，也同样从 20 世纪 90 年代开始，"第三波民主化浪潮"不但没有使非洲获得发展，反而造成了动荡导致其错失了发展机遇。而与此同时，中国的经济腾飞使得非洲国家和国际社会开始了反思。

一、西方提出"北京共识"

"北京共识"这一概念由乔舒亚·雷默在 2004 年发表的一篇文章中提出，是相对于"华盛顿共识"而提出的关于经济发展之路的概念。"华盛顿共识"这一概念是由美国著名经济学家约翰·威廉姆森提出，是关于一系列指导拉美国家经济改革的政策主张，这些主张主要由美国所控制的国际经济机构制定，特点是充分自由化和私有化，目的是帮助拉美国家摆脱通货膨胀和债务危机。但是，政策实施之后，这些国家不但没有摆脱危机反而陷入了极度贫困，"华盛顿共识"的实践完全失败了。反观中国，选择自己的道路实现了经济发展，他认为中国经济奇迹的背后存在一种框架，这种框架支撑着中国迅速前行。正是基于对"华盛顿共识"的比较，雷默提出了"北京共识"。他在文中写道："中国正在指引世界其他一些国家在有一个强大重心的世界上保护自己的生活方式和政治选择。这些国家不仅在设法弄清如何发展自己的国家，而且还想知道如何与国际秩序接轨，同时使它们能够真正实现独立。我把这种新的动力和发展物理学称为'北京共识'。"[1]

"北京共识"旨在探索和总结发展中国家实现跨越式发展的路径。雷默认为"其核心就是一个国家按照自身的特点进行发展，对于中国如何组织这样一个庞大的发展中国家，有三个定理：艰苦努力、主动创新和大胆试验；坚决捍卫国家主权和利益；循序渐进、积聚能量"。并且"中国的新发展方针是由取得平等、和平的高质量增长的愿望推动的。严格地讲，它推翻了私有化和自由贸易这样的传统思想。它有足够的灵活性，不相信对每一个问题都采取统一的解决办法。它的定义是锐意创新和试验，积极地捍卫国家边界和利益，越来越深思熟虑地积累不对称投放力量的手段。它既讲求实际，又是意识形态，它反映了几乎不区别理论与实践的中国古代哲学观"。[2] "北京共识"是雷默对中国发展模式的有益探索，一定程度上能够反映出中国发展中锐意创新、敢于试验等经验。但我们必须承认，这种解释还远非完善，它没能真正概括出中国改革发展的基本经验，从一个西方人的视角解释中国成功的原因与实际情况还相差甚远。而且，中国经验还没有在国际上成为一种"共识"，这一理论的主要目的和价值，在于揭示"华盛顿共识"的缺陷，并对其

---

① 杨学功：《全球化与"中国模式"——兼谈雷默的"北京共识"》，载《学术界》2010 年第 1 期，第 34 页。

② 乔舒亚·库珀·雷默：《北京共识》，http://fpc.org.uk/fsblob/244.pdf。

进行批判。①

相比较而言，"华盛顿共识"的本质是一种激进的新自由主义改革政策，它不考虑经济社会实际情况，将西方模式强加给发展中国家，不仅"治标不治本"，而且会出现更严重的副作用，导致国家治理的失败。这个所谓的"共识"并非基于发展中国家的利益，而是服务于西方国家制度输出的战略安排。而"北京共识"虽然也涉及中国特色社会主义道路的具体发展路径，但更多是在传播一种理念，那就是要根植于本国的价值理念和文化传统，把握好本国经济社会发展的特点和规律，积极探索和试验，大胆创新，走出一条适合国情民情的发展道路。这条道路是内生性的，而非移植自其他国家。它体现的是中华文化中固有的包容性，是对多样文明的理解与尊重。

二、"北京共识"的现实基础

"北京共识"的形成并不是一蹴而就的，经过了漫长的发展历程，而2006年中非合作论坛北京峰会的召开进一步推动了非洲国家与国际社会对这一概念进行反思和探讨。

首先，中国走独立自主发展道路所取得的成就，给非洲国家树立了良好的榜样。将马克思主义科学理论与中国客观实际相结合是中国共产党革命与建设实践的优良传统。新中国成立以来，中国共产党带领中国人民积极探索、大胆试验，逐渐建立了符合中国国情的社会主义制度。尤其是改革开放以来，中国走出了一条中国特色社会主义道路，推进经济体制改革，创造性地将社会主义与市场经济相结合，取得了进一步发展。现如今，中国已经成为世界第二大经济体，经济总量超过90万亿，占全球经济总量的近六分之一；② 中国建成了世界最完整的工业体系，成为世界第一制造业大国、全球货物贸易第一大国，在国际贸易格局中占有举足轻重的地位；中国的经济建设惠及人民，

---

① 左宪民：《"北京共识"与中国道路的价值意蕴解析》，载《科学社会主义》2009年第1期，第50—51页。

② 国家统计局：《沧桑巨变七十载 民族复兴铸辉煌——新中国成立70周年经济社会发展成就系列报告之一》，2019年7月1日，http://www.stats.gov.cn/ztjc/zthd/bwcxljsm/70znxc/201907/t20190701_1673373.html。

40 年来成功实现了使 7 亿多人口脱贫的壮举,对全球减贫贡献超过 70%;[①] 中国基础设施建设能力处于世界前列,建成了长江三峡水利枢纽工程、西气东输工程、南水北调工程等一批举世瞩目的大型工程。相比西方发达国家,中国与非洲国家都是经过民族独立、从一穷二白中发展起来的,有着更相似的起点。中国的发展成就对他们而言更具吸引力,中国的成功经验也更有借鉴意义。不少非洲国家派遣官员到中国考察学习、接受培训,在感受中国发展壮大的同时,也从中汲取中国智慧,惠及本国发展。

其次,中非发展合作的不断深化拓展推动了中非新型战略伙伴关系,从而拉进了中国与非洲的心理距离。新中国成立以后的中非经贸关系一直在"和平共处五项原则"与《中国对外经济技术援助八项原则》和随后提出的"经济技术合作的四项原则"与"五点建议"[②] 的政策指导下有序进行。特别是进入 21 世纪以来,随着中国经济地位的不断攀升,中国持续加强对非发展合作力度。在贸易领域,中非贸易额在 2000 年至 2008 年平均增长率高达33.5%,占中国对外贸易总额的比重由 2.2% 升至 4.2%,占非洲对外贸易总额的比重由 3.8% 升至 10.4%。从 2004 年开始,中国对非出超地位变为入超,中国向非洲出口的商品大多为机电产品、纺织品、高新技术产品、钢铁及其制品等,从非洲进口的商品则仍以原油、铁矿砂、棉花、钻石等初级产品为主。[③] 2009 年,虽然受国际金融危机影响,中非贸易额下降到 910.7 亿美元,但中国在当年首次成为非洲第一大贸易伙伴国。随着世界经济复苏,中非贸易呈现良好的恢复发展态势。2010 年 1 月至 11 月,中非贸易额达 1148.1 亿美元,同比增长 43.5%。[④] 在对非投资领域,非洲也成为中国第三大海外投资

---

① 国家统计局:《沧桑巨变七十载 民族复兴铸辉煌——新中国成立 70 周年经济社会发展成就系列报告之一》,2019 年 7 月 1 日,http://www.stats.gov.cn/ztjc/zthd/bwcxljsm/70znxc/201907/t20190701_1673373.html。

② 五点建议包括:扩大中非贸易规模;加强中非投资合作;提高对非援助水平;促进中非企业合作;增加对非人才培养。《温家宝就全面提高中非合作水平提出 5 点建议》,搜狐新闻,2006 年 11 月 5 日,http://news.sohu.com/20061105/n246206198.shtml。

③ 《中非经贸合作的前世、今生和未来》,中国经济网,2018 年 8 月 6 日,http://www.ce.cn/xwzx/gnsz/gdxw/201808/06/t20180806_29953564.shtml。

④ 中国国务院新闻办公室:《中国与非洲的经贸合作》白皮书,2010 年 12 月,http://www.gov.cn/zwgk/2010-12/23/content_1771638.htm。

市场和第二大海外工程承包市场。中国鼓励国内企业走出去，通过帮助非洲国家发展来传播中国先进经验。截至 2018 年底，我国在非洲设立的各类企业超过了 3700 家，对非全行业直接投资存量超过 460 亿美元。境外合作区已经成为中国对非投资的重要依托，推动中国对非产业链整合投资加快增长，产业集聚效应逐步显现，形成了制造装备、轻工纺织、家用电器等多个产业群，大大提升了当地工业化水平、产业配套和出口创汇能力。[①] 在对非援助领域，自 2000 年中非合作论坛成立以来，中国积极在论坛框架下同非洲国家开展合作，逐步增加对非洲援助力度，有效促进中非新型战略伙伴关系全面发展。中国优先促进非洲农业发展，帮助非洲国家建立许多农业技术示范中心，派遣大量农业专家开展技术合作，并为非洲国家培养大量农业技术人员。中国还积极帮助非洲国家开展基础设施建设。2010 年至 2012 年，中国在非洲援建了 86 个经济基础设施项目。2012 年，中国宣布同非洲国家建立跨国跨区域基础设施建设合作伙伴关系，为项目规划和可行性研究提供支持。同时中国还支持"非洲发展新伙伴计划"，帮助非洲加强能力建设。[②]

再次，中非合作论坛成为促进"北京共识"获得广泛认可的重要平台。进入 21 世纪，经济全球化加剧和新的世界经济形势下要实现中非经贸关系可持续发展，就需要与时俱进，对其不断丰富和发展。中国和非洲国家经历了50 多年的探索，在 21 世纪之初摸索出了适合双方发展的交流合作机制——中非合作论坛，2000 年中非合作论坛在中非双方的殷切期盼中成立。论坛的召开标志着中国与非洲国家集体对话和双边磋商的全新合作机制的正式确立，进而开启了中非合作的新纪元，中非经贸合作进入快速发展的"黄金"时期。中非合作论坛为中国与非洲国家进行广泛的交流和对话提供了重要的平台，为双方政策协调与经验互鉴提供了便利的渠道。在中非合作论坛的推动下，中国同非洲国家密切配合，互帮互助，发挥各自的创造力、行动力，共同探

---

① 商务部：《国新办召开发布会介绍中非经贸合作及首届中非经贸博览会有关情况》，2019 年 6 月 5 日，http://www.mofcom.gov.cn/article/i/jyjl/k/201906/20190602870480.shtml。

② 国务院新闻办公室：《中国的对外援助（2014）》白皮书，2014 年 7 月 10 日，http://www.scio.gov.cn/zfbps/ndhf/2014/Document/1375013/1375013_3.htm。

索出适合非洲国家发展的新模式。

总体而言,"北京共识"的形成一方面是中国经济社会快速发展的经验总结与积累,另一方面中国与第三世界国家的交流互动也不可或缺。没有他们对中国成功模式的学习与借鉴,"北京共识"便不能成为一种"共识"。中国为广大发展中国家"提供了一种具有普遍意义的发展价值理念,这就是:立足本国实际,尊重本国人民的选择,以实现本国人民的利益为目标,寻找和确定适合自己的发展道路"。[①]

三、对"华盛顿共识"的冲击和影响

20 世纪 90 年代,美国经济学家约翰·威廉姆森提出的指导拉美经济调整和改革的政策主张,被称为"华盛顿共识",这是对西方国家发展模式的总结。21 世纪初,美国学者雷默通过总结中国改革开放以来的发展经验,提出了与前者相对应的"北京共识"。[②]但"北京共识"并非中国的倡议,而是一个西方学者从自身视角对中国发展做出的归纳和总结,内容也并不完善。"华盛顿共识"与"北京共识"实际上代表了世界发展的两种道路。"华盛顿共识"以新自由主义为基础,主张私有化和自由主义全球化,其目标是强化以西方发达国家为主导的资本主义全球秩序。[③]

"北京共识"的核心点是强调解决问题应因事而异,灵活应对,不求统一标准,这一概念可以说是对"华盛顿共识"的颠覆。具体而言,"北京共识"与"华盛顿共识"的不同之处主要包括三方面内容。**首先,"北京共识"强调稳定发展经济尤其是在经济转型的过程中注重渐进式改革,这与"华盛顿共识"所强调的激进改革有着根本区别。**发展、改革与稳定三者的关系是经济转型国家或其他发展中国家发展经济、增强综合国力所要处理好的首要问题。稳定需要发展,发展又需要改革,而改革恰恰会带来不稳定,这是一个极其

---

① 尹倩:《中国模式的借鉴意义》,载《理论与现代化》2009 年第 4 期,第 22 页。
② 舒习龙:《普遍历史观念的引进与中国历史编纂的发展》,载《人文杂志》2015 年第 10 期,第 78—88 页。
③ 王文、贾晋京等:《大相变:"美元退潮"下的世界变局与中国应策》,载《现代国际关系》2017 年第 1 期,第 59 页。

复杂而又矛盾的问题，如何在三者中间达到一种很好的平衡与协调需要大智慧。"华盛顿共识"把所有制改革和经济增长放在突出位置，强调大刀阔斧的改革会带来的经济增长，而忽视了社会的稳定，稳定是发展的前提。并且制度的建设是不可能一蹴而就的，"北京共识"把与经济改革配套的制度改革速度适当减缓，不断探索、不断创新制度建设而又极其谨慎，以避免制度改革带来的动荡。**其次，"北京共识"强调以我为主，结合本国现状和历史传统。**世界上每个国家都有自身独特的发展现状和历史传统，某些国家可能会比较接近，但绝不会相同。因此，所谓的普遍适用的发展模式事实上是不存在的，"西方模式"也没有在所有西方国家取得成功，甚至在中东、东欧和非洲的强行推广还带来了灾难性的后果。每个国家必须根据自身情况，结合自身优势探索最适合本国的发展道路，这也是为什么"照搬照抄"往往会失败的原因，理论的模型再完美，如果放到实际中行不通，仍然是错误的理论。"北京共识"是中国政府和人民结合中国国情以及中国传统探索的一条适合中国发展的道路，其中有对世界上其他国家先进经验的借鉴，也有对他们失误的总结，但绝不是原封不动的移植。**再次，"北京共识"强调建立强有力的政府，有能力对市场进行强有力的调控。**"华盛顿共识"要求政府取消对市场的管制，并且将国有企业私有化，本质上是要让政府退出市场，其后果是政府无法采取有效措施应对市场失灵，而且在国有企业私有化的过程中极易滋生腐败，这也是冷战后非洲局势动荡的重要诱因。

中西方许多经济学家都对"华盛顿共识"的缺陷和弊端进行了批判，而"北京共识"作为一种新的话语，更是从理论和实践两个层面上对"华盛顿共识"构成了冲击。

理论层面上，"北京共识"提出的是一种发展理念，而不是具体的路径，对"华盛顿共识"所谓的普世价值构成冲击。事实证明，没有一种价值观念能够成为绝对真理，适用于所有国家和民族，西方强加给其他地区的民主，几乎无一例外地出现"水土不服"，催化社会动荡；强制输出的自由主义，基本导致了所有接受国的经济危机。第三世界大多数国家自民族独立以来，才经历了几十年的发展，没有西方国家几百年打下的制度基础，而直接采纳西方的自由主义经济政策，甚至有过之而无不及，就像服了一剂"猛药"，虽能"除病"，但更"伤身"，最终导致经济社会基础的崩塌。"北京共识"是一种发展哲学，它强调每个国家都要自己寻找出路，其方法是从自身文明的价值中培养制度的土壤，从本国的客观实际中找寻最合适的治理方向，方能使上层建筑适应经济基础，然后取得发展。它教导各国人民要勇于创新，走自己的新路，而不是重复西方的老路；引导他们摆脱殖民的阴影，在探索中调理经济社会关系，自己逐渐走出危机。"授人以鱼不如授人以渔"，"北京共识"不像"华盛顿共识"那样，把一套一成不变的政策工具丢给发展中国家，而是灌输一种方法论，启发其解决危机的思路。此外，"北京共识"所蕴含的中国模式、中国经验的成功，也冲击了原本就摇摇欲坠的"原教旨自由主义"。它告诉世界各民族，发展道路不只有资本主义一条，也不是只有金融自由化、资产私有化才能救国家，曾经被西方妖魔化的社会主义也能实现国家富强。中国道路有别于西方主导的自由主义经济模式，但同时也参与到国际经济贸易秩序与规则当中；既能够保证国家经济金融安全，又能够尽可能地扩大对外开放，融入全球化浪潮；在保持政治和社会稳定的前提下，逐步实现经济体制的改革，实现质的飞跃。中国保持中高速发展的手段，与西方强迫发展中国家接受的激进改革、自由化民主化有着根本的不同，二者的实施效果也有着天壤之别，这对"华盛顿共识"的可信度和可用性造成很大冲击。

实践层面上，"北京共识"的经验与"华盛顿共识"的教训，会引导更多发展中国家"向东看"。事实证明，以美国为首的西方国家推广"华盛顿共识"的真正目的，不是帮助这些国家走出经济危机社会危机，而是把它们当作"试验田"，测试极端经济政策的效果和影响。这些西方国家宣扬的政策手段，其实并非其真正实施过的成功经验。经济学家斯蒂格利茨就揭示了这一事实："美国不断对这些国家说：'照我说的去做，但不要学我的做法。'"[1] 这是西方一贯的"抽掉梯子"战略——掩盖自己的成功经验，通过大力宣传无关紧要或有害的思想以误导其他国家，防止别国复制和超越自己。经过拉美、

---

① 毛增余：《斯蒂格利茨对"华盛顿共识"的批判》，载《当代经济研究》2004 年第 9 期，第 35 页。

东欧国家以及俄罗斯等国的失败，广大第三世界国家能够逐渐认识到西方国家的图谋，产生对所谓"西方模式"的怀疑。相比之下，中国坚持不干涉他国内政原则，从未强迫他国接受自己的模式，而是致力于发展平等合作关系，提供发展经验供发展中国家借鉴，鼓励他们走自己的路。随着双边和多边合作的深化，更多国家会转向关注"北京共识""北京理念"，学习东方的智慧。这一趋势发展下去，中国的话语权会逐渐扩大，中国理念和中国智慧的影响力会不断加深。西方传统的在话语权上的主导地位，正在为他们自己所削弱。

专栏4——国际人道主义被西方绑架

近期莫桑比克、津巴布韦、马拉维等三国遭遇强热带气旋"伊代"袭击，损失惨重。遭重创的莫桑比克港口城市贝拉又确诊5例霍乱病例，被世界卫生组织定性为"第二场灾难"。联合国不断呼吁国际社会迅速采取行动，为受灾国提供人道主义资助。

此次灾难进一步凸显出一些发展中国家的"脆弱性"。"脆弱国家"这一议题自2005年首次进入国际公共政策视野。"国际经合组织"将其定义为"没有能力或意愿来执行国家的关键性职能，包括为其大部分人民提供安全、经济保障、基本的公共服务和关键的基础设施等职能"。

近年来，"脆弱国家"严峻程度逐渐升级。一方面，随着全球化的不断推进，政治动荡、气候变暖与环境恶化、疾病蔓延、人道主义灾难等威胁人类生存的重大问题已逐渐超越国界，成为全球共同面临的挑战。另一方面，发达国家保护主义、单边主义抬头，以美国为代表的西方国家不断削减多边援助，甚至不惜背离国际人道主义精神，比如在南苏丹遭遇非洲最大的难民危机并且资金严重不足的情况下，拒绝向所谓"道德上破产的领导人"提供贷款或更多美国资源。由此导致近70%的国际人道主义援助承诺不能到位，联合国等多边机构不得不大幅削减人道主义救援行动。

由于"脆弱国家"不具有吸引国际资本的能力，因此官方发展援助仍是解决脆弱性议题最重要的工具，是直接用于打造和平稳定社会基础的唯一流动资金，而国际多边协调又是确保资金能够以包容和可持续方式发放到最需要的人手中最有效的渠道。

但是，当前由发达国家主导的国际人道主义援助协调，存在以下几方面缺陷：第一，人道主义援助未能与冲突后重建充分结合。事实上，在 2016 年，对脆弱国家官方援助总额中只有 2% 用于预防冲突，只有 10% 用于冲突后的重建。国际人道主义协调并未表明支持冲突预防和重建的决心，导致其不能为缔造和平创造更多的机遇。第二，对"脆弱国家"援助数据统计的投入严重不足，很难有效进行援助和评估。第三，当前发达国家在履行国际义务方面越来越"口惠而实不至"，一些人道主义物资即便能够到位，也在质量和最终用途上出现偏差。而国际人道主义协调实质上已被发达国家"绑架"，根本没有能力问责捐款方。第四，对于援助"脆弱国家"的宗旨并没有清晰认识。"脆弱国家"援助的根本落脚点在于给身处其中的人们带来希望。评价项目的成功的标准不仅仅是在评估表上记录量化数据，或是用影像记录下灾民仍然活着。

当前，恐怖主义、难民潮等问题的不断外溢，导致脆弱国家正在成为地缘政治角逐的战场。基于此，有效开展对"脆弱国家"的援助就必须加强国际协调。在原有的国际人道主义协调机制弊端重重的情况下，国际社会迫切需要探索出一个新框架。

（载《环球时报》2019 年 4 月 2 日）

第四章 共建"中非命运共同体"

党的十八大以来，中国对非外交在"政治上要秉持公道正义，坚持平等相待""经济上要坚持互利共赢、共同发展"的正确义利观指导下，全方面、宽领域积极拓展，加大力度打造"中非命运共同体"。

第一节 提出"正确义利观"

习近平主席高度重视发展中非关系，提出了以"正确义利观"指导中非合作，不断巩固与非洲国家的关系，永远做发展中国家的可靠朋友和真诚伙伴。加强同非洲国家团结合作是中国外交政策重要基石，这一点不会因为中国自身发展和国际地位提升而变化。中国在对非合作中秉持正确义利观，注重授人以渔，帮助非方筑巢引凤，提升非洲国家自我发展能力，惠及非洲各国人民，真正实现互利共赢，共圆发展振兴之梦。[①]

一、中国国家元首首次国事访问选择非洲

加强同非洲国家团结合作一直是中国外交政策的重要基础。2013 年 3月，习近平当选国家主席后的首次出访，目的地就是非洲。

习近平主席此次访问了坦桑尼亚、南非和刚果（布）等非洲三国，与多个非洲国家和非盟的领导人进行了广泛交流和沟通。3 月 26 日，习近平主席

[①]《习近平会见纳米比亚总理根哥布》，新华网，2014 年 4 月 8 日，http://www.xinhuanet.com/politics/2014-04/08/c_1110144220.htm。

在坦桑尼亚尼雷尔国际会议中心发表了重要演讲，他高瞻远瞩地提出了"真、实、亲、诚"的对非政策理念。第一，对待非洲朋友，我们讲一个"真"字。真朋友最可贵。中非传统友谊弥足珍贵，值得倍加珍惜。我们始终把发展同非洲国家的团结合作作为中国对外政策的重要基础，这一点绝不会因为中国自身发展和国际地位提高而发生变化。中国坚持国家不分大小、强弱、贫富一律平等，秉持公道、伸张正义，反对以大欺小、以强凌弱、以富压贫，反对干涉别国内政，将继续同非方在涉及对方核心利益和重大关切的问题上相互支持，继续在国际和地区事务中坚定支持非洲国家的正义立场，维护发展中国家共同利益。中国将继续坚定支持非洲自主解决本地区问题的努力，为促进非洲和平与安全做出更大贡献。第二，开展对非合作，我们讲一个"实"字。中国不仅是合作共赢的倡导者，更是积极实践者。中国致力于把自身发展同非洲发展紧密联系起来，把中国人民利益同非洲人民利益紧密结合起来，把中国发展机遇同非洲发展机遇紧密融合起来，真诚希望非洲国家发展得更快一些，非洲人民日子过得更好一些。中国在谋求自身发展的同时，始终向非洲朋友提供力所能及的支持和帮助。第三，加强中非友好，我们讲一个"亲"字。中国人民和非洲人民有着天然的亲近感。"人生乐在相知心。"中非如何知心？很重要的一点就是要通过深入对话和实际行动获得心与心的共鸣。中非关系的根基和血脉在人民，中非关系发展应该更多面向人民。第四，解决合作中的问题，我们讲一个"诚"字。中国和非洲都处在快速发展过程中，相互认知需要不断与时俱进。中方坦诚面对中非关系面临的新情况新问题，对出现的问题，我们应该本着相互尊重、合作共赢的精神加以妥善解决。[①]

这次出访期间，习近平主席取道南非参加金砖国家领导人第五次会晤，并发表了重要讲话。习主席在讲话中同样强调了金砖国家与非洲合作的原则和理念。他指出，金砖国家要共同参与国际发展议程的制定，致力于完成联合国千年发展目标，缩小南北发展差距，把"致力于发展、一体化和工业化的伙伴关系"作为同非洲国家合作的重要方向；要共同支持非洲在谋求强劲

---

① 《习近平在坦桑尼亚尼雷尔国际会议中心的演讲》，人民网，2013年3月26日，http://politics.people.com.cn/n/2013/0326/c1001-20910891.html。

增长、加快一体化、实现工业化方面做出的努力，促进非洲经济成为世界经济的新亮点。[1] 推动金砖国家与非洲发展合作，是党和国家做出的正确抉择。把新兴经济体的活力与非洲国家的潜力结合在一起，能够为国际事业的发展和人类共同进步做出更大贡献。

在"真、实、亲、诚"对非政策理念的基础上，中非合作中的"正确义利观"得到进一步的阐释。2014 年 11 月，习近平在中央外事工作会议上明确提出并全面地阐述了正确义利观。他强调，对非洲和发展中国家，"要坚持正确义利观，做到义利兼顾，要讲信义、重情义、扬正义、树道义。""要切实落实好正确义利观，做好对外援助工作，真正做到弘义融利。"[2] 2017 年 10 月，"秉持正确义利观和真实亲诚理念加强同发展中国家团结合作"写入党的十九大报告。[3]

习近平主席上任伊始首访非洲，是中国准确判断非洲大趋势、把握中非合作机遇做出的一次重大外交努力与政策宣示。它表明中国外交的新的战略取向，将是以推进与南方国家、发展中国家、新兴国家的合作发展、共赢发展为重要支撑点，努力在全球范围内扮演推动人类和谐发展、共赢发展的建设性角色。[4] 秉承"真、实、亲、诚"政策理念和正确义利观发展对非友好关系，是中国新一届政府准确判断非洲大趋势并努力把握中非合作战略机遇付出的特殊努力，对未来十年中非合作与中国外交都具有特殊而重大的战略意义。

二、外长新年首访非洲成为中国外交传统

尽管国际格局风云变化、风险与挑战不断加剧，中国与非洲始终是患难与共、相互扶持的兄弟和伙伴。携手非洲伙伴共建命运共同体，努力实现互

---

[1] 《习近平：携手合作 共同发展——在金砖国家领导人第五次会晤时的主旨讲话》，共产党员网，2013 年 3 月 27 日，http://www.12371.cn/2013/03/28/ARTI1364400205944353.shtml。
[2] 《习近平出席中央外事工作会议并发表重要讲话》，新华网，2014 年 11 月 29 日，http://www.xinhuanet.com/politics/2014-11/29/c_1113457723.htm。
[3] 罗建波：《正确义利观：推动中非携手前行》，载《中国投资》2018 年第 10 期，第 40 页。
[4] 刘鸿武：《习近平主席访非与未来十年的中非关系》，载《非洲研究》2013 年第 1 卷，第 3 页。

利共赢与共同发展，是中国外交始终不忘的"初心"与"使命"。1991年，时任外交部长钱其琛开启了新年"首访非洲"行动，而后历经唐家璇、李肇星、杨洁篪和王毅，从未间断，形成了中国外交的优良传统。中国用实际行动表明：坚持将非洲置于中国外交全局的重要位置，加强与非洲及广大发展中国家合作，始终是中国外交的首要目标。

党的十八大以来，这一外交传统得到继续贯彻实施。2014年1月，王毅外长首访地选在了埃塞俄比亚、吉布提、加纳和塞内加尔四国。这次访问增进了中国与非洲国家的友好互信与合作，强调了深化互联互通、强化战略合作的共同愿望，有力巩固了中国外交在非洲的"战略支点"。2015—2018年，王毅又先后访问肯尼亚、苏丹、喀麦隆、赤道几内亚、刚果（金）、马达加斯加、赞比亚等非洲10余国，取得了良好外交成果。①

进入2019年，中国国务委员兼外交部部长王毅于1月2日至6日对埃塞俄比亚、布基纳法索、冈比亚、塞内加尔和非盟总部进行正式访问。王毅表示，2018年9月中非合作论坛北京峰会取得巨大成功，中方提出"八大行动"为中非合作明确了方向，规划了蓝图。此访的主要目的就是按照习近平主席提出的"真、实、亲、诚"理念和正确义利观同非洲国家沟通对接，共同做好北京峰会成果落实工作，推动双边关系和中非全面战略合作伙伴关系不断向前发展。

专栏5——共建中非命运共同体的新年开局

进入2019年，中国国务委员兼外交部部长王毅于1月2日至6日对埃塞俄比亚和非盟总部、布基纳法索、冈比亚、塞内加尔进行正式访问。此次对非洲四国的访问既是王毅外长今年首访，同时也延续了中国外长连续29年来每年首访必选非洲的外交传统。

---

① 王毅，2015年访问肯尼亚、苏丹、喀麦隆、赤道几内亚和刚果（金）；2016年访问马拉维、毛里求斯、莫桑比克、纳米比亚；2017年到访马达加斯加、赞比亚、坦桑尼亚、刚果（布）和尼日利亚；2018年到访卢旺达、安哥拉、加蓬、圣多美和普林西比。

29年来，尽管国际格局风云变化、风险与挑战不断加剧，中国与非洲始终是患难与共、相互扶持的兄弟和伙伴。携手非洲伙伴共建命运共同体，努力实现互利共赢与共同发展，是中国外交始终不忘的"初心"与"使命"。2019年中国外长新年首选出访非洲，是共建中非命运共同体的良好开局。

一、夯实中非传统友谊是中国外交的基石

20世纪50年代，非洲掀起了民族解放浪潮，而当时的中国在自身面临艰巨发展任务的同时，决定无私帮助非洲国家实现自立自强。毛泽东主席曾强调："对亚洲、非洲和拉丁美洲各国的民族解放运动，我们都必须给予积极的支持。"1956年6月，周恩来总理在第一届全国人大三次会议上宣布："中国是一个刚刚解放不久的国家。我们在经济上还没有完全独立。但是，由于我们认识到，经济上的独立对于巩固政治上的独立具有重要的意义，我们在自己进行经济建设的同时，也愿意在可能的范围内贡献我们的微薄力量，帮助其他国家搞经济发展。"

在中国党和国家领导人的高度重视下，中非合作蓬勃发展。中非合作的标志性项目——坦赞铁路就是中国领导人在中国自身经济困难的情况下，主动回应非洲民族独立诉求，为坦赞两国修建了一条通往民族解放之路。它极大地支援了南部非洲国家的民族独立斗争，彰显了南南合作的巨大历史意义与世界影响。

而与此同时，中国对非洲的无私援助也赢得了非洲伙伴的真诚支持。1971年10月25日，第26届联合国大会宣布恢复中国在联合国的合法席位。76张赞成票中有26张来自非洲国家，58张来自第三世界国家。"非洲兄弟把我们抬进了联合国"——这是中非友谊的历史根基。

放眼当前，国际格局演变加速推进，保护主义抬头，中国和非洲都面临着关键考验。非洲国家正在积极发展工业化和现代化，而中国正处于由区域大国向世界强国转变的历史性时刻，中国和非洲更须加强团结合作、共同发展。13亿多中国人民与12亿多非洲人民团结一心，携手前进，将使世界更加和平安宁，让人类生活得更加幸福美好，为推动构建人类命运共同体树立光辉典范。

二、共建"一带一路"是非洲国家的共同诉求

随着非洲经济的发展、工业化与城市化进程加快，非洲国家在各领域持续注入资金。当前，中国已是非洲最大的投资来源国，中国对非投资存量大、增速快，基本覆盖整个非洲大陆，遍布多个发展领域。中国企业已经成为助推非洲发展的最主要动力。

正基于此，在2017年举行的第29届非盟首脑会议上，多位与会的非盟高级官员都表示，要加强非盟《2063年议程》与"一带一路"倡议深度对接。随后，塞内加尔等37个非洲国家以及非盟与中国签署了"一带一路"合作文件，双方以"一带一路"建设为新的纽带，深度对接发展诉求，不断升级合作水平。

在政策沟通方面，中非双方不断加强治国理政交流，中国的发展经验逐渐被非洲国家借鉴应用。依据近期非洲民调组织"非洲晴雨表"发布的报告，近三分之二的受访者认为中国在非洲的影响"较积极"或"非常积极"。在设施联通方面，2017年蒙内铁路、吉亚铁路相继开通，有力地推动了东非一体化进程。此外，中国正在稳定推进东非电力互联网络项目、中部非洲北南走向的电力输送通道项目、西部非洲的水电资源跨境项目等。在贸易畅通方面，得益于双边贸易的互补性，中非贸易快速增长，从2001年的108亿美元增长到2017年的1697.5亿美元，其中2014年最高时曾达到2220亿美元。在资金融通方面，中国向非洲提供了大量的援助和投资。2017年《非洲投资吸引力报告》的数据显示，2005年以来中国已经在非洲投资了293个外国直接投资项目，投资金额高达664亿美元，创造就业岗位超过13万个。在民心相通方面，2000年以来中国为非洲兴建学校200多所，非洲来华留学人员逐年剧增，到2015年中国为非洲培养各类人才13万人次。人员的密切往来为中非民间交流搭建了桥梁。

三、支持多边主义是中非双方的广泛共识

当前国际形势中最大的不稳定因素就是单边主义和霸凌主义抬头。

作为最大的发展中国家和发展中国家最集中的大陆，中非双方比以往任何时候都意识到彼此命运与共，必须加快构建更加紧密的命运共同体，共同维护中非和发展中国家的正当权益。

中国坚定地支持非洲一体化的努力。2018 年 3 月，非洲 44 个国家在非盟首脑特别会议上签署成立非洲大陆自由贸易区，旨在深化非洲经济一体化。中国积极支持非洲国家这一联合自强的努力，积极加强与非盟的战略沟通，定期举行年度战略对话，完善和丰富对话磋商机制，巩固和深化政治互信，继续在涉及彼此核心利益和重大关切问题上相互理解，相互支持。双方同意充分发挥非盟委员会的独特优势，把合作聚焦在超越双边渠道的跨国跨区域协调合作上。

四、中国积极成为非洲和平安全的建设性参与者

中国还积极参与联合国在非洲的维和行动。截至目前，中国共参与 16 项联合国在非洲维和行动，累计向非洲派出维和人员 3 万多人次，占中国海外维和人员的 90%，并派出 20 余批护航编队在亚丁湾海域完成 6000 余艘中外船舶护航任务。

当前非洲安全局势不稳，索马里青年党、博科圣地等恐怖组织有愈演愈烈之势，凸显了联合国维和行动的必要性。但是，美国政府近期公布的非洲战略却宣布不再支持"无效的、不成功的、不负责任的"联合国维和行动，转而将对非军事战略的重点转向对抗域外国家的竞争。美国这一单边主义行为对深受战乱困扰的非洲而言无疑是雪上加霜。

在当前形势下，中国将一如既往地秉承大国责任，积极参与联合国框架下的维和行动。为维护非洲安全与稳定，中国将继续落实"中非和平安全合作伙伴倡议"，积极成为非洲和平安全事务的建设性参与者。

五、中非发展合作获得非洲国家由衷认可

非洲各国国情各异、诉求有别。中国始终根据各国需要，结合中方能力，设计差异化的发展合作方案，合理配置援助、投资和贸易等资源，既增强针对性，又确保普惠性和可持续性。

过去几十年来，中国已经帮助非洲建设了 1 万多公里公路、6000 多公里铁路以及上百座机场、港口、电站。中国援建的医院、学校等民生设施更是不计其数，遍布非洲各国。中国累计向非洲派出医疗队员2万多人次，已医治当地病人2亿多人次。通过人力资源开发项目，中国帮助非洲培训了数十万各领域的专业技术人员。中国政府还鼓励中国企业更多开展对非直接投资，支持企业通过投建营一体化、公私合营等方式拓展各方面合作模式，促进基础设施建设同产业发展实现良性互动，从而增强非洲经济发展内生动力，有效减少财政负担和金融风险，在有条件的国家加快推进高新科技合作，不断提升合作的质量和水平。

中国特色的发展合作模式赢得了非洲人民的广泛支持。中非发展合作让非洲国家认识到，西方自由主义的国家治理模式并不是唯一的准则和终点。中国共产党提出的一系列发展理念，如实现国家治理体系和治理能力现代化，追求各个领域的可持续发展，实现法治、德治与共治，获得了很多非洲国家的认可和向往。

六、不为挑拨所惑，不被杂音所扰

此外，中非发展合作的成功还重新唤起了国际社会对非洲的重视。冷战结束后，非洲问题逐渐淡出西方国家的关注。近年来，西方国家又重新关注非洲事务，这主要是出于对所谓"中国竞争"的应激性反应。可以说，正是中非发展合作不断扩大规模，才将西方的视线引向非洲。

有些域外大国并不乐见中国"走近非洲"，个别西方大国更是将中国在非洲活动和影响力的增加视为对其既得利益的挑战。面对他们对中非合作的蓄意抹黑，非洲各国政府和人民不为挑拨所惑，不被杂音所扰，不仅纷纷站出来仗义执言，而且更加坚定地奉行对华友好政策。这是对"共建中非命运共同体"最好的捍卫和诠释。

中非合作既是历史的选择，也是时代的要求。这种合作关系不是单向度的，而是合作共赢的。不仅非洲需要中国，而且中国也需要非洲。中非合作不仅有助于推动非洲的经济社会发展、改善非洲的民生福祉，而且在不尽合理的现行国际秩序中，有利于中国与其他发展中国家持续提升必要的话语权，推动各国依照公平原则展开合作。

未来，中国将继续与非洲国家密切配合，维护发展中国家共同利益。在"真、实、亲、诚"理念和正确义利观的指引下，中国切实关注非洲国家关切，积极支持非洲国家提高自主发展能力。中非双方在安理会改革、气候变化、《2030 年可持续发展议程》等国际和地区问题上保持协调配合，共同维护彼此核心利益和发展中国家整体利益。正如 2018 年来华参加中非合作论坛北京峰会的联合国秘书长古特雷斯所言："中非合作有利于和平安全，有利于打造人类命运共同体。"

（载《光明日报》2019 年 1 月 12 日）

三、"构建人类命运共同体"写入联合国决议

在习近平主席访问非洲并提出"正确义利观"的基础上，中国将中非关系升格为"命运共同体"。2015 年 12 月，中国政府公布的《中国对非洲政策文件》提出，要"巩固和夯实中非命运共同体"。中国与非洲的发展合作将进一步增强双方在国际事务中的发言权，形成政治互信、经济互补的南南合作新格局。2012 年，党的十八大明确提出"要倡导人类命运共同体意识"。2017 年 2 月，"构建人类命运共同体"写入了联合国决议，获得了国际社会的普遍认可，彰显了中国对全球治理的巨大贡献。在同年召开的中国共产党第十九次全国代表大会上，"构建人类命运共同体"写入党的十九大报告，标志着这一举措成为新时代中国外交的重要指南。

党的十九大报告明确提出，中国特色大国外交要推动构建新型国际关系，推动构建人类命运共同体：

"坚持推动构建人类命运共同体。中国人民的梦想同各国人民的梦想息息相通，实现中国梦离不开和平的国际环境和稳定的国际秩序。必须统筹国内国际两个大局，始终不渝走和平发展道路、奉行互利共赢的开放战略，坚持正确义利观，树立共同、综合、合作、可持续的新安全观，谋求开放创新、包容互惠的发展前景，促进和而不同、兼收并蓄的文明交流，构筑尊崇自然、

绿色发展的生态体系，始终做世界和平的建设者、全球发展的贡献者、国际秩序的维护者。

"我们呼吁，各国人民同心协力，构建人类命运共同体，建设持久和平、普遍安全、共同繁荣、开放包容、清洁美丽的世界。要相互尊重、平等协商，坚决摒弃冷战思维和强权政治，走对话而不对抗、结伴而不结盟的国与国交往新路。要坚持以对话解决争端、以协商化解分歧，统筹应对传统和非传统安全威胁，反对一切形式的恐怖主义。要同舟共济，促进贸易和投资自由化便利化，推动经济全球化朝着更加开放、包容、普惠、平衡、共赢的方向发展。要尊重世界文明多样性，以文明交流超越文明隔阂、文明互鉴超越文明冲突、文明共存超越文明优越。要坚持环境友好，合作应对气候变化，保护好人类赖以生存的地球家园。"①

在"中非命运共同体"思想指导下，中国政府在中非合作论坛项下宣布了全方位、系统性的对非援助计划。2018 年 9 月，中非合作论坛北京峰会暨第七届部长级会议在北京召开。习近平主席宣布，中国将同非洲共同实施产业促进、设施联通、贸易便利、绿色发展、能力建设、健康卫生、人文交流、和平安全"八大行动"。随着中非"十大合作计划"和"八大行动"在非洲国家相继落地，非洲国家纷纷主动要求对接"一带一路"，将联合国《2030 年可持续发展议程》、非盟《2063 年议程》以及非洲各国发展战略与中国提出的"一带一路"倡议相对接，以帮助非洲培育内生增长能力为重点，创新合作理念方式，从而推动中非合作向更高水平发展。

专栏 6——中非合作论坛：开启中非关系新模式

2018 年中非合作论坛北京峰会于 9 月 3 日至 4 日在北京举行。这是中非合作论坛成立以来的第三届峰会，也是论坛历史上首次连续两届

---

① 《习近平：决胜全面建成小康社会 夺取新时代中国特色社会主义伟大胜利——在中国共产党第十九次全国代表大会上的报告》，新华网，2017 年 10 月 27 日，http://www.xinhuanet.com/2017-10/27/c_1121867529.htm。

举办峰会，充分彰显了中非双方的高度重视和中非关系发展的高水平。2000年，中国和非洲国家为进一步加强在新形势下的友好合作、应对经济全球化挑战、谋求共同发展，共同倡议建立中非合作论坛机制。至今中非合作论坛已走过18个春秋，取得举世瞩目的合作成果。

本届中非合作论坛北京峰会主题为"合作共赢，携手构建更加紧密的中非命运共同体"，凸显中非合作的历史延续性和开创精神。这个延续性体现在：本届中非合作论坛主题，与党的十八大以来中国对非政策一脉相承。从2013年习近平主席以国家元首身份首次出访即选择非洲，提出"真、实、亲、诚"四字箴言和正确义利观，到"携手构建更加紧密的中非命运共同体"，中非关系的实质逐渐被清晰点出：中非历来是命运共同体。基于共同的殖民历史遭遇、发展任务和政治诉求，中非人民同呼吸、共命运，结下深厚友谊。中非是发展道路上的真诚伙伴，是国际事务中的天然同盟军。发展同非洲国家团结合作是中国长期、坚定的战略选择。无论国际风云如何变幻，无论中国发展到哪一步，中国都将始终同非洲国家等广大发展中国家站在一起，永远做非洲的真诚朋友和可靠伙伴。

同时，本届中非合作论坛主题充分体现了当前中非合作的特殊意义。首先，"中非命运共同体"预示着未来中非关系发展将与双方的发展战略相对接。中国将从中非发展实际需求出发，进一步将中国的发展经验和非洲国家的发展潜力紧密结合，从而更深层次地培育非洲的自主发展能力，推动非洲的现代化进程。其次，中国将在本届中非合作论坛上，与非洲国家就当前国际政治经济形势的立场进行协调。面对贸易保护主义抬头、发达国家缩减对发展中国家援助支持、非洲国家在现代化发展过程中所需资金缺口不断增大等议题，中非双方将协调共同立场，维护中非双方和发展中国家的共同利益。最后，历届中非合作论坛都会通过"宣言"和"行动计划"。"宣言"为未来3年中非关系的发展指明方向，"行动计划"是落实"宣言"的执行方案和步骤。"论坛"结束后，中非双方将在"宣言"指导下，按照"行动计划"具体内容和时间表密切合作，推动成果落实。

习近平主席上个月访问塞内加尔、卢旺达、南非和毛里求斯四国，这些非洲国家纷纷主动要求对接"一带一路"倡议。本届中非合作论坛将对非洲国家的要求给予回应。未来"一带一路"倡议能够从经济角度，更快推动中非双方的贸易相通、基础设施联通和金融合作、加速中非产能合作项目、非洲跨区域重大项目落地，打造更加紧密的"中非命运共同体"。

（载《中国国防报》2018 年 8 月 31 日）

新中国成立 70 年来，非洲国家始终与中国保持着密切联系，在中国外交中处于重要地位。构建"中非命运共同体"的提出，体现了中国与非洲国家之间战略关系的提升、共同利益的拓展、双边互信的加深，体现了中国对时代发展脉络的深刻把握。加强南南合作，打造中非命运共同体，是时代之需，也是中非人民之需。

第二节　共建命运共同体

当前，国际格局演变加速推进，保护主义抬头，中国和非洲都面临着关键考验。非洲国家正在积极发展工业化和现代化，而中国正处于由区域大国向世界强国转变的历史性时刻，中国和非洲更须加强团结合作、共同发展。13 亿多中国人民与 12 亿多非洲人民团结一心，携手前进，将使世界更加和平安宁，让人类生活得更加幸福美好，为推动构建人类命运共同体树立光辉典范。

一、中非治国理政交流深入

党的十八大以来，中国积极推进国家治理现代化，并将加强治国理政交流作为中国发展对外关系的重要内容，积极推动中国与其他发展中国家的政治互鉴，构建"命运共同体"。

2013 年 3 月，习近平主席访问坦桑尼亚等非洲三国，这是他就任国家主席以来的首次国事访问，凸显了中国对非洲伙伴国的重视。习近平在访问坦桑尼亚期间发表重要演讲，他用"真、实、亲、诚"四字箴言来诠释中非关系的真谛。关于"真"字，习近平主席指出："世界上没有放之四海而皆准的发展模式，各方应该尊重世界文明多样性和发展模式多样化。中国将继续坚定支持非洲国家探索适合本国国情的发展道路，加强同非洲国家在治国理政方面的经验交流，从各自的古老文明和发展实践中汲取智慧，促进中非共同发展繁荣。"① 随后在南非出席金砖国家领导人第五次会晤时，习近平主席在发表题为《携手合作，共同发展》主旨发言时指出，"我们要深化互利合作、谋求互利共赢。金砖国家 30 亿人要都过上好日子，全面实现人民对美好生活的向往，还有很长的路要走。这条路，主要靠各国自力更生，也需要金砖国家加强合作。我们要继续增强五国政治互信和人民友谊，加强治国理政经验交流，共同推动工业化、信息化、城镇化、农业现代化进程，把握发展规律，创新发展理念，破解发展难题。要继续加强在联合国、二十国集团、国际经济金融机构等框架内的协调和配合，维护共同利益。"② 此后，在中阿合作论坛、中拉合作论坛上习近平主席都强调了"分享治国理政经验，从各自古老文明和发展实践中汲取智慧"的愿望。③ 2018 年在中非合作论坛北京峰会上，中非双方推出以"八大行动"为核心的上百项合作举措。习近平主席提出的"不干预非洲国家探索符合国情的发展道路、不干涉非洲内政、不把自己的意志强加于人、不在对非援助中附加任何政治条件、不在对非投资融资中谋取政治私利"树立了中国对非合

① 中华人民共和国外交部：《习近平在坦桑尼亚尼雷尔国际会议中心发表演讲——中非永远做可靠朋友和真诚伙伴》，2013 年 3 月 25 日，http://www.fmprc.gov.cn/web/ziliao_674904/zt_674979/ywzt_675099/2013nzt_675233/xjpzxfw_675291/zxxx_675293/t1024948.shtml。
② 《携手合作　共同发展——在金砖国家领导人第五次会晤时的主旨讲话》，中国共产党新闻网，2013 年 3 月 27 日，http://theory.people.com.cn/n/2013/0328/c49150-20945826.html。
③ 《弘扬丝路精神　深化中阿合作——在中阿合作论坛第六届部长级会议开幕式上的讲话》，《人民日报》2014 年 6 月 6 日；《努力构建携手共进的命运共同体——在中国—拉美和加勒比国家领导人会晤上的主旨讲话》，《人民日报》2014 年 7 月 21 日。

作的自律标杆，展示了国际发展合作的道德准则。

在此背景下，中国对外援助加强了受援国的国家治理能力建设。2015 年 9 月，习近平在联合国成立 70 周年系列峰会上宣布成立"南南合作与发展学院"。该学院于 2016 年 4 月在北京大学挂牌成立，旨在总结分享中国及广大发展中国家的治国理政成功经验，帮助发展中国家培养政府管理高端人才，这是中国推动南南合作、促进共同繁荣的重要举措。2016 年 9 月，学院成功招收第一批来自埃塞俄比亚等 23 个国家共 48 名博士和硕士学员，在学习生活中，学员们积极参与课程学习研讨，到中国各地实地参访，直观感受到了中国经济的快速发展、社会的蓬勃向上和民生的持续改善，亲眼看见了中国特色发展道路的成功实践，从而激发了对中国发展经验的学习热情。在 2017 年 12 月中国举办的"中国共产党与世界政党高层对话会"开幕式上，习近平总书记表示："我们不'输入'外国模式，也不'输出'中国模式，不会要求别国'复制'中国的做法"。大会通过《北京倡议》，强调政党间应增进互信、加强沟通、密切协作，探索在新型国际关系的基础上建立求同存异、相互尊重、互学互鉴的新型政党关系。吉布提争取进步人民联盟总书记、政府财政部长达瓦莱表示："中共治理的是世界上人口最多的国家，其面临的挑战也会是许多发展中国家在寻求现代化与工业化过程中必将遭遇的挑战。中共的经验对发展中国家来说是宝贵的。"

专栏7——中非政党交流对非洲意义特殊

在中国共产党与世界政党高层对话会举办期间，第三届中非政党理论研讨会同时举行，非洲各国政党高层代表均表达了希望与中共相互借鉴治国理政经验的愿望。

大部分非洲国家都在冷战后的第三波民主浪潮推动下实行了多党制。由于其制度基础并非内生，再加上近年来西方不断以发展资金相要挟，令这些国家的政治制度畸形发展，西方民主"包装"下的选举不断发生各种军事政变和流血冲突。因此，加强中非政党交流，不仅有助于推动非洲国家内生性的制度文明建设，也有助于提升全球治理的层级和内涵。

当前非洲大陆的政治现实是西方政治话语掩盖下的矛盾和分裂，地方部族势力仍然是制约非洲政治发展的主要因素。以尼日利亚为例，尼全国约有 250 个部族，这些大小部族分属不同的语言集团，信奉不同的宗教，有着彼此不同的风俗习惯。仅仅在半个世纪之前的民族独立运动中，有的民族主义者就强烈反对建立一个统一的尼日利亚这种"人为制造的国家"。因此，寻求内生的经济和政治发展、打造国家内部的认同和共识，克服地方民族主义、实现国家政治与民族一体化，才是非洲走向政治治理现代化的根本出路。

加强中非政党交流有助于推动非洲国家的政治进步和文明程度。一方面，中国发展红利有望带动非洲政治进步。当前，中非经贸合作已经全面展开，中国资金已经进入了非洲农业、制造业、旅游业等各个领域，中国的发展红利正在推动非洲摆脱单一经济的发展模式、逐步走向多元化。对于大国而言，经济实力的增长必然伴随着经济和商业利益的对外扩张、自我认知的变化以及国际战略的重新定位。经济崛起的非洲大陆必将重新审视和评估自身政治制度的水平，从而内在建构出一种适合非洲经济和文化发展水平的政治文明。另一方面，中国包容性的发展理念有望提升非洲的公共治理水平。出于对第三波民主化带来的政治动荡的强烈不满，大量非政府组织在非洲蓬勃发展。但是在政治实践中，却并未发挥政治参与的作用。有些徒有其表，只有口号没有行动，有些成为西方话语的代言人，导致公信力不足。中国扩大人民有序政治参与，保障人民知情权、参与权、表达权、监督权的政治经验，通过中非治国理政交流，获得了非洲知识精英的广泛认可。基于此，加强中非间的政党交流，有助于推动非洲基层民众的政治参与能力，从而提升非洲国家的公共治理水平。

（载《环球时报》2017 年 12 月 4 日）

二、中非经贸合作升级

在经济领域，经贸合作逆势上扬，转型升级势头强劲。商务部数据显示，2018 年中非贸易额达到 2042 亿美元，同 2000 年相比增长了约 20 倍。[①] 截至 2019 年 6 月，中国已同南非、埃及、马达加斯加、苏丹等 9 国签署"一带一路"合作协议，并正在同 20 多个非洲国家开展商签工作。在国际经济增长乏力、中非各自经济发展面临挑战的大背景下，中非经贸合作砥砺前行。中国已连续十年成为非洲第一大贸易伙伴国，成为非洲主要投资来源国，中国企业是非洲国家扩大生产、拉动就业的重要贡献者。

中非经贸合作日益多元。截至 2019 年 6 月，中国已在非洲建成境外经贸合作区 25 个，吸引了一大批国内外企业、资金、技术入驻，创造了约 4 万多个就业岗位，为东道国纳税近 11 亿美元。[②] 中国企业已经成为促进双方经贸合作的重要驱动，其中国有企业更倾向于在建筑业、采矿业等基础建设领域和能源领域大显身手；民企主要投资于制造业和服务业。商务部数据显示，目前民营企业占据了中国对非投资数量和金额的 70% 以上，已经成为对非投资合作的主力军。[③]

双边贸易结构不断优化。20 世纪 50 年代，中非贸易主要以棉花、矿产等初级产品为主。随着中非贸易结构的逐步优化，20 世纪 80 年代至 90 年代，中国对非洲出口商品以轻工、食品、化工、土畜产等为主。2000 年中非合作论坛成立后，技术含量和附加值较高的机电、高新技术产品出口已占中国对非出口总额的一半。同时，随着中国采取的一系列减免关税等措施，非洲对华出口也取得了长足的进步。近年来，非洲的钢材、铜材、化肥、电子产品等工业制成品陆续进入中国市场。

---

① 《中非合作共赢共同发展的初心不会改变——访商务部国际贸易经济合作研究院副研究员宋微》，《中国经济导报》2019 年 7 月 5 日。
② 第一财经：《商务部：将对非洲现有的 25 个境外经贸合作区进行升级改造》，2019 年 6 月 4 日，https://m.yicai.com/news/100211893.html。
③ 中华人民共和国中央人民政府：《中非经贸合作迈向高质量发展》，2019 年 7 月 9 日，http://www.gov.cn/xinwen/2019-07/09/content_5407514.htm。

双向投资领域不断拓宽。2009 年以来，中国对非直接投资快速增加，截至 2017 年底，中国对非直接投资存量已达 433 亿美元，是论坛启动时的 80 倍。① 投资涉及 50 多个国家，涵盖能矿资源开发、制造业、服务业等多个领域。现有 3000 多家中资企业在非投资兴业，为当地创造了超过 10 万个就业岗位。与此同时，非洲对华投资亦稳步增长。截至 2012 年，非洲国家对华直接投资达 142.42 亿美元，较 2009 年增长 44%。其中，2012 年直接投资额为 13.88 亿美元，投资来源国包括毛里求斯、塞舌尔、南非、尼日利亚等，涉及石油化工、加工制造、批发零售等行业。②

专栏 8——利用金砖合作机制 共建中非命运共同体

2018 年 7 月，习近平主席赴南非约翰内斯堡出席金砖国家领导人第十次会晤。回顾这十年，金砖合作机制一直在发展领域发挥着重要作用，成为整合发展筹资、推动发展中国家发展的重要平台。

金砖合作机制在过去十年来，重点关注以下四个发展议题：一是卫生领域。2011 年 7 月，首次金砖国家卫生部长会议在北京成功召开，确立了五国卫生部长间的长期对话机制，之后各国轮流召开了六次部长会议。在 2017 年 7 月举办的金砖国家卫生部长会上，与会的五国卫生部长表示将深化卫生健康领域的交流合作、推进各方传统医药互学互鉴，携手应对全球卫生挑战。二是教育领域。自 2013 年起，金砖国家共开展了五届教育部长会议，每届会议都形成相关宣言，推进教育领域合作。教育合作的核心成果是成立了金砖国家大学联盟和金砖国家网络大学，旨在促进高校学生交流和师资互访、联合科研。三是环保领域。2014—2017 年的四次金砖会议连续提及气候问题，强调要坚持《联合国气候变

---

① 中华人民共和国商务部：《中国对外投资发展报告 2018》，http://images.mofcom.gov.cn/fec/201901/20190128155348158.pdf。

② 国务院新闻办公室：《中国与非洲的经贸合作（2013）》白皮书，2013 年 8 月，http://www.scio.gov.cn/zfbps/ndhf/2013/Document/1344913/1344913.htm。

化框架公约》基本原则，推动巴黎协定的落实。四是人道主义领域。金砖国家在首次会晤就提出要开展人道主义援助，历届的相关会议密切地关注了几内亚、利比里亚和塞拉利昂的埃博拉疫情、叙利亚安全和人道主义形势，同时致力于携手应对自然灾害。

金砖合作机制关注的四个发展议题与中国对非援助的重点关切高度契合，基于此，中国应密切加强与"金砖合作机制"的协同联动，推动资源优势互补，共同建设"中非命运共同体"。

第一，中国将密切与"金砖合作机制"的协调，在"非洲发展议题"上共同发声。2017年4月，金砖国家在联合国"可持续发展目标筹资问题高级别讨论会"上作共同发言，这是金砖国家首次就发展问题在联合国场合共同发声，提升了新兴市场国家和发展中国家在全球治理中的话语权。基于此，未来中国应与金砖国家在非洲和平与安全、促贸援助、互联互通、减贫等多个发展议题上共同申明立场，督促发达国家摒弃"功利主义"的援助理念、停止恢复"援助大棒"，真正从非洲发展中国家的发展需求出发，支持非洲发展。

第二，中国将以"金砖合作机制"为平台，扩大对非洲的三方合作，从而扩大援助对非洲的辐射范围。南非是"金砖合作机制"中的重要成员，南非对外援助主要集中在非洲，尤其是撒哈拉以南非洲国家，其中南非的周边邻国是其援助重点，旨在与非洲的兄弟国家分享其发展经验和技术，帮助他们提升自主发展能力，由此缩小南北之间的差距，推动民主、良政、经济社会发展，以及地区一体化、人道主义救援、人力资源开发等。作为新兴经济体，南非对外援助的基本原则是"在不干涉他国主权的基础上，致力于对包括非洲国家在内的发展中国家提供援助"，希望提升非洲整体实力，维护南非作为非洲领头羊和代表人的地位，从而影响全球发展格局。基于此，中国可积极开展与南非的三方合作，共同拓展合作的空间和领域，加大对非洲的援助力度。

第三，中国将以"金砖合作机制"为平台，共同促进对非洲的发展筹资。发展筹资是落实《2030年可持续发展议程》的关键。金砖国家于

2012年首次提出成立金砖国家新开发银行的设想，宗旨是帮助金砖国家以及其他发展中国家满足基础设施与可持续发展项目的资金需求，2014年新开发银行正式成立，并建立了初始资金规模为1000亿美元的应急储备安排；2016年新开发银行公布首批贷款，为金砖国家可再生能源项目提供支持，还发行了首批人民币绿色债券，用于与环境有关项目融资；2017年非洲区域中心正式启动，推动新开发银行在非洲更好地推进项目和储备项目。这一系列举措说明金砖国家促进金融合作的决心和强大行动力。因此，中国一方面可以通过新开发银行发放债券等方式进行市场融资，另一方面也可借助"金砖合作机制"的多边平台，促进成员国的企业、非政府组织等多行为体的广泛参与，扩大对非发展筹资规模，积极推动非洲国家的群体性崛起。

（载《环球时报（英文版）》2018年7月27日）

三、中非人文交往扩大

构建中非命运共同体，民心相通是重要因素。"国之交在于民相亲，民相亲在于心相通。"相较于政府高层互动往来以及国际安全、经贸等领域合作，人文交流能够深入社会各个层面，润物无声，直抵人心，在促进民心相通方面发挥着独特的作用。中非悠久的交往历史和友好交往的传统使得中国人民与非洲人民之间存在着天然的亲近感，这种在文化心理层面上的相互认同与彼此信赖构筑了中非传统友好关系的根基和血脉。正如习近平主席所说："只有双方人民热情参与，中非友谊才能永葆生机活力，中非合作基础才能不断巩固。"[1]

在教育领域，中非合作亮点纷呈。 2015—2018年，中国在非洲培训了18.2万名各类职业技术人员，为非洲国家提供了约4万个来华培训名额，2万

---

[1] 李澜涛：《深入开展中非人文交流 促进民心相通和文明互鉴》，《光明日报》2018年10月22日，http://theory.gmw.cn/2018-10/22/content_31801978.htm。

多个政府奖学金名额和 1700 多个学历学位教育名额。"汉语热"在非洲不断升温，中国已在非洲 42 国建立 55 所孔子学院和 30 个孔子课堂，埃及、南非、肯尼亚等 11 国将汉语纳入国民教育体系。

在智库交往领域，中非合作继续深化。中国南非高端思想对话会、中非减贫发展高端对话会、中非智库论坛、中非媒体合作论坛等高质量交流对话成功举行。双方在"中非联合研究交流计划"框架下，共同实施了近百个课题研究和研讨会项目。

在民间往来领域，中非合作不断增进。2015—2018 年，中方在非洲实施了 127 个"中非民间友好行动"项目。中非青年大联欢已成功举办三届。中非间已建立 133 对友好城市关系。近年来每年赴非旅游的中国游客均过百万人次，并仍在快速增长中。中国公民组团出境旅游目的地的非洲国家和地区达 30 个，越来越多的非洲国家成为中国公民新的出境旅游热点。

政　策　篇

非洲国家在谋求发展的道路上始终将国际发展援助作为获得资金、技术、人力等各种发展资源的重要渠道。因此，对外援助一直是域外国家发展对非关系最重要的政策工具。

　　新中国成立不久，中国就启动了对非洲国家的支持，至今已有近70年的历史，时至今日仍然是开展对非外交工作中最重要的政策工具。中国对非洲的援助自启动之初就有别于西方国家主导的官方发展援助（ODA），是发展中国家间的南南合作，并非"援助国—受援国"的二元层级，合作主体间具有平等的性质。

　　基于此，跳出西方主导的国际发展话语的束缚，重新定义和评价中非之间的发展合作模式，不仅有助于厘清"中非命运共同体"的深刻内涵，而且对于推动当前发达国家主导的全球发展治理架构具有重要的理论和实践意义。

第五章　中国对非援助是中非关系的重要内容

新中国成立不久，中国即开始提供对非援助，至今已有近 70 年的历史，在相当长的一段时间内都是中国对外经济交往最重要的内容。同为发展中国家，中国对非援助从启动之初就具有平等性，是发展中国家之间开展的南南合作的重要内容。这就决定了中国对非援助从指导理念到实际操作都有别于发达国家对非洲施展的"贿赂外交"与"金元外交"。70 年来，中国对非援助根据非洲国家的实际发展需求，将支持领域从减贫拓展到两性平等，涵盖了发展的各个领域，有力地推动了非洲的经济社会发展。

第一节　单向赠予还是平等合作

作为一个刚刚获得民族独立的国家，新中国在成立不久就无私地给予非洲的民族解放运动以支持，并在随后日子里根据非洲国家的发展需求，不断拓展。而非洲国家也报之以李，在政治、经济等领域有力支持中国。因此，中国对非援助是双向的南南合作，援助模式具有鲜明的中国特色。

一、中国对非援助始于南南合作

1955 年万隆会议后，中国积极支持亚洲、非洲的社会主义国家和民族独立国家，通过提供物资援助、现汇援助、技术援助、成套项目等方式支持非洲国家的自立自强。同时，中国通过对非援助也赢得了广大非洲国家的认可和支持。

万隆会议后，中国对外援助政策被赋予了强烈的世界革命使命感。从1955—1959年，中国先后与12个亚洲国家和非洲国家建交。[1] 毛泽东主席提出，"我们要支持各国人民反对帝国主义的战争。我们如果不支持，就会犯错误，就不是共产党员"[2]。1964年初，周恩来总理在应邀访问加纳时宣布了《中国对外经济技术援助八项原则》，明确了中国对外援助坚持平等互利、尊重受援国主权以及不附加政治条件等基本准则，奠定了近70年中国对非援助的总体基调。[3] 1974年2月，毛泽东主席在会见赞比亚总统卡翁达时，第一次正式对外阐明了"三个世界"理论，成为对这一时期中国对非援助的总结和指导。"第三世界是广大发展中国家，它们受压迫最深，反对压迫、谋求解放和发展的要求最强烈，是反帝、反殖、反霸的主要力量。"[4]

为推动非洲国家民族自强，中国对非援助全面展开。在农业领域，中国直接派遣农业技术人员赴非洲国家建设和经营农具生产厂和农场。例如，中国援助坦桑尼亚的姆巴拉利农场于1977年完工，旨在解决坦桑尼亚的粮食紧缺问题。姆巴拉利农场为坦桑尼亚供应了四分之一的大米，每公顷的稻米产量超过8吨。同时，农场建立了"对等上班"制，保证了中国员工和当地工人同工同酬，避免了等级制。在工业领域，针对西方国家的援助项目大多是资本密集型，很难让亚非国家收到实效的问题，周恩来总理指示中国项目要符合非洲当地的需要，解决实际问题，以中小型项目为主，中西结合。工业项目要"因地制宜、节约、适用、施工期限短、产品质量好、投资回收快"。[5] 1964年中国援建几内亚的火柴卷烟厂项目建成投产。这是中国在非洲建成的第一个成套项目，使得几内亚摆脱了卷烟和火柴长期依赖外国进口的历史。在基础设施建设领域，中国无私支持非洲国家的建设事业。1961年，中国无偿援助索马里一座剧场。1967年，中国与坦桑尼亚、赞比亚签订三方协议，启动了迄今为止规模最大的援建项目之一——坦赞铁路。1965年中国和乌干

① 陈松川：《中国对外援助政策取向研究（1950—2010）》，清华大学出版社2017年版，第62页。
② 中共中央文献研究室：《毛泽东外交文选》，中央文献出版社1994年版，第531页。
③ 中共中央文献研究室：《周恩来外交文选》，中央文献出版社1990年版，第388—389页。
④ 邓小平1974年4月10日在联大第六届特别会议上的讲话，《人民日报》1974年4月10日。
⑤ 《方毅文集》编辑组：《方毅文集》，人民出版社2008年版，第61页。

达政府签订协议，5 年内向乌干达政府提供 430 万英镑（折合人民币 2964 万元）的长期无息贷款用于建设水稻农场、茶园、纺织厂、轮胎厂、造纸厂、钢铁厂、商店以及国家运动场等项目。[①] 进入 20 世纪 70 年代，中国加大了对非洲援建成套项目的力度，较大规模的成套项目如：索马里公路和马里第二糖厂等。此外，中国还通过派遣教师、医务人员以及农技人员等专业技术人员，帮助非洲国家提升各领域的技术能力。中国专家工作效率之高受到非洲领导人交口称赞。例如，1973 年乌干达总统阿明在中国援助的奇奔巴农场工地组织驻乌所有外交使节召开会议。他对这些外国使节说："你们看中国专家住的是工棚，亲自参加劳动，你们的专家住的是城市高楼大厦，工作上是指手画脚，实际上你们是拿我们的多，给我们的少，你们看中国人是怎么干的。"[②]

中国对非援助取得了丰硕的外交成果。正如美国有机构所称，中国对非援助取得的最大成就体现在非洲国家在联合国席位问题上对中国的支持。[③] 1971 年 10 月 25 日，第 26 届联合国大会恢复中国在联合国的合法席位。76 张赞成票中有 26 张来自非洲国家，58 张来自第三世界国家。随后中国迎来了第三次建交高潮，1971—1978 年底共有 52 个国家与中国建立外交关系，其中近一半是非洲国家。

1978 年年末，党的十一届三中全会决定将工作重心转移到经济建设上来，中国对外战略也开始走向务实。为国内的经济建设争取和平的外部环境成为中国外交的核心。[④] 而这一时期非洲国家的民族解放运动已经基本完成，发展民族经济成为非洲国家的主要任务。在此背景下，中国确立了平等互利、共同发展的对非援助指导思想。1979 年 7 月，邓小平在第五次驻外使节会议上指出："对第三世界的援助，要着眼于对受援国确有益处，不要让它躺在援

---

① 《乌干达的经济概况》，转引自：《冷战时期中国对非洲国家的援助研究（1960—1978）》，华东师范大学博士学位论文，第 48 页。

② 李成章、贺守诚：《回顾农垦执行周总理援外指示的几件事》，载《中国农垦》2001 年第 7 期，第 20 页。

③ 沈志华、杨奎松：《美国对华情报解密档案（1948—1976）》（第 3 卷），东方出版中心 2009 年版，第 496 页。

④ 中共中央文献编辑委员会：《邓小平文选》第三卷，人民出版社 1993 年版，第 57 页。

助国的身上。"① 1980 年 3 月，负责援外工作的对外经济联络部召开全国工作
会议，提出对外援助工作要"有出有进，平等互利"，② 推动受援国的经济发展
和中国的现代化建设。1983 年 1 月，中国宣布了"平等互利、讲求实效、形
式多样、共同发展"的四项援助原则。

基于此，中国对非援助模式也做出了相应改革，旨在加大力度推动中非
经贸合作。1992 年 12 月，外经贸部部长李岚清在全国对外经济贸易工作会
议上提出，在有条件的地方，不仅要关注受援国的发展，而且要努力发展与
受援国的经贸关系。1993 年 2 月，李岚清在中国与喀麦隆经贸合作委员会
第三次会议开幕式上，阐述了新阶段的中国对非援助的核心是：引导中国企
业同非洲当地企业开展合作，通过合资、合作的方式，巩固中国对非援助成
果，最大限度地发挥发展合作资金的社会效益，促进中非双方的共同发展。
1995 年 9 月国务院《关于改革援外工作有关问题的批复》针对对外援助政策
进行了较大的改革。为了更好地利用援外资金，引入了两种新的对外援助方
式——优惠贷款的资金方式以及合资合作的项目执行模式，使得中国对非援
助的资金基础更加雄厚，也为中国企业的广泛参与注入了活力。例如，1992
年竣工移交的肯尼亚综合体育设施项目由四川国际公司承建，工程总投资近 2
亿元人民币。该项目设计方案和施工质量赢得了非洲各国和以英、法、德为
代表的欧洲建筑界的赞誉。四川国际公司也因此扎根于肯尼亚，成为肯尼亚建
筑市场的主要承包商。此外，优惠贷款的引入不仅有效扩大了发展合作的资金
来源，减少了中国的财政压力，而且也减少了非洲国家对中国的过度依赖。③

进入 21 世纪，中国和非洲国家启动了中非合作论坛，建立了中非之间机
制化的多边协商对话机制。中非合作论坛每三年举办一次，在每次论坛召开

---

① 石林主编：《当代中国的对外经济合作》，中国社会科学出版社 1989 年版，第 70 页。
② 《中共中央、国务院关于认真做好对外援助工作的几点意见》，1980 年 11 月 8 日。《三中全会以来
重要文献汇编》(上)，人民出版社 1982 年版，第 727 页。
③ 从实践情况来看，有相当部分的无息贷款都不能顺利收回，而到期之后，中国政府通常会宣布推
迟收回年限或将无息贷款转为无偿援助。这样的做法在一定程度上助长了部分受援国的依赖心理。而
优惠贷款则避免了这一问题，培养了受援国的自主发展理念。这样，受援国与中国越来越紧密地融
入相互的发展战略之中，中国逐渐培育非洲国家市场，积极将其打造成中国的贸易伙伴和对外投资
市场。

期间，中非双方都会对外公布"宣言"和"行动计划"，内容主要包括中国在未来三年向非洲提供的涵盖基础设施建设、人力资源培训、农业和医疗专家派遣、债务减免以及零关税待遇等一揽子援助举措。

中国对非援助取得的辉煌成就赢得了国际社会的广泛关注。2008年世界银行公布《搭建桥梁：中国在撒哈拉以南非洲国家基础设施融资中不断增长的作用》，对中国支持建设的基础设施项目给予正面的评价。报告指出，中国在该地区的建设融资通常流向大规模的基础设施项目，特别是水电项目。中国对非洲基础设施建设的贡献为非洲地区的发展创造了重要机遇。

党的十八大以来，中国对非援助在"政治上要秉持公道正义，坚持平等相待""经济上要坚持互利共赢、共同发展"的正确义利观指导下，全方面、宽领域积极拓展，加大力度打造"中非命运共同体"。

习近平总书记高度重视发展中非关系，提出了正确义利观指导中国对非援助。2013年3月，习近平主席访问坦桑尼亚等非洲三国，这是他就任国家主席以来的首次国事访问，凸显了中国对非洲伙伴国的重视。习近平主席在访问坦桑尼亚期间发表重要演讲，"当前，中非关系正站在新的历史起点上，中非合作基础更加坚实、合作意愿更加强烈、合作机制更加完善。新形势下，中方发展对非关系的力度不会削弱、只会加强"。在此基础上，习近平主席提出了"真、实、亲、诚"四字箴言来诠释中非关系的真谛。在随后召开的中央外事工作会议上，习近平主席强调要不断巩固与非洲等发展中国家的关系，扎实落实"正确义利观"，做好对外援助工作，弘义融利。

在此基础上，中国将中非关系定义为"命运共同体"。2015年12月，中国政府公布的《中国对非洲政策文件》提出，"巩固和夯实中非命运共同体"。随后"构建人类命运共同体"获得了国际社会的普遍认可，被写入了联合国决议，彰显了中国对全球治理的巨大贡献。

在"中非命运共同体"思想指导下，中国政府在中非合作论坛项下宣布了全方位、系统性的对非援助计划。2015年12月，中非合作论坛约翰内斯堡峰会上，习近平主席宣布了"十大合作计划"，涵盖工业、农业、基础设施、金融、绿色发展、贸易和投资便利化、减贫惠民、公共卫生、人文以及和平与安全等十个领域。2018 年 9 月，在中非合作论坛北京峰会上，习近平主席宣布了"八大行动"，涵盖产业促进、设施联通、贸易便利、绿色发展、能力建设、健康卫生、人文交流、和平安全等八个领域。随着中非"十大合作计划"和"八大行动"在非洲国家相继落地，非洲国家纷纷主动要求对接"一带一路"，将联合国《2030 年可持续发展议程》、非盟《2063 年议程》以及非洲各国发展战略与中国提出的"一带一路"倡议相对接，以帮助非洲培育内生增长能力为重点，创新合作理念方式，从而推动中非合作向更高水平发展。

专栏 9——非洲终将不屑于西方诋毁

就近期法国《世界报》披露"中国入侵非盟总部电脑系统、下载机密数据，但由于该大厦系中国援建导致非盟官员对此一直不敢作声"一事，非洲联盟主席穆萨·法基·穆罕默德 8 日在记者会上直接予以驳斥。穆萨表示，这些（针对中国的）指控完全都是"谎言"，非盟并不是负责处理"国家机密或国防"的组织，没有谎言可以影响中非关系。

近年来，从"新殖民主义"到"安装窃听设备"，西方诋毁中国的手段越来越"西方"，从经济剥削向道德伦理陷阱发展。而"闭嘴论"的提出应和了西方新近出炉的中国"锐实力"理论，正好可以被演绎成"中国正在利用巨大的经济投资逼迫非洲国家委曲求全"。

穆萨主席对西方媒体的回击可谓正当其时。以往，面对西方附带重重条件的援助条款，非洲国家的独立意志根本无法获得尊重，美国动辄就以援助未达到预期效果为名，停止援助资金进行打压。例如，以色列宣布耶路撒冷为首都，获得了美国总统特朗普的支持。特朗普誓言对于谴责耶路撒冷为以色列首都的国家，美国将停止援助，导致非洲国家纷纷侧目。坦桑尼亚冒险在联合国大会否决特朗普提议的决议上投了赞成票，引来国内舆论对政府"有可能失去美国财政支持"的不少批评。因此，面对西方对中国的抹黑，非洲国家常常无可奈何，不得不慑于前宗主国的压力，三缄其口。

但是，当前世界局势的深刻变化将能帮助非洲国家摆脱这一局面。目前，发达国家不断削减对非援助预算、对非贸易和投资增长乏力。例如，美国特朗普政府本周宣布大幅削减美国疾控中心海外流行病防控项目规模，而不久前在英国召开的援助会议上，甚至声称"无偿援助是失败者的选择"。

受全球经济低迷影响，西方重商主义、保护主义抬头，美国退出TPP和巴黎气候变化公约，全球化遭遇逆转，广大非洲国家面临被再次边缘化的风险。

在此背景下，中国作为全球化的倡导者从自身经验出发，积极引领非洲国家参与全球治理，分享全球化的发展红利。一方面，中国根据自身的入世谈判经验及经济改革历程，积极向非洲国家提供技术援助，提高其多边贸易谈判能力；另一方面，中国通过与联合国开发计划署、国际民航组织、国际移民组织、国际贸易中心等14个国际组织签署系列合作协议，共同提升非洲国家的多边合规水平和参与能力。

中非发展合作是同为后发展国家之间的平等交流，中国除了回应非洲国家提出的发展诉求，为其援建大批发展经济所必需的基础设施外，还从自身发展经验出发，从硬、软两个维度，向非洲伙伴传播发展技术和治国理政经验，切实提升非洲国家各级政府官员的行政水平，将治理能力现代化打造成非洲政治文明的内生变量。可以预见，随着中非构建人类命运共同体程度的不断加深，非洲也将越来越不屑于回应西方的诋毁。

（载《环球时报》2018年2月9日）

二、中国对非援助模式独具特色

由于中国对非援助是南南合作的重要组成部分，本质上有别于西方国家主导的"援助国—受援国"的单向流动模式，具有互利共赢的属性。因此，在资金方式和执行方式上都呈现出鲜明的特色。

关于资金方式，中国对非援助有别于西方国家单一的无偿援助，而是采用了无偿援助、无息贷款以及优惠贷款三种资金方式。其中，无偿援助就是通常所说的赠款，由国家财政项下支出，主要用于帮助受援国建设医院、学校、低造价住房、打井供水项目等中小型社会福利性项目，以及实施人力资源开发合作、技术合作、物资援助、紧急人道主义援助等领域的项目；无息贷款的利率为零，期限一般为 20 年，其中使用期 5 年，宽限期 5 年，偿还期 10 年，主要用于帮助一些经济条件较好的发展中国家建设社会公共设施和民生项目。无息贷款理论上需要偿还，如果确实出现了到期偿还困难的情况，中国会根据受援国的实际情况进行债务重组，而针对一些最不发达国家的无息贷款债务，中国可以宣布免债；优惠贷款，本金由中国进出口银行通过市场筹措，贷款利率低于中国人民银行公布的基准利率，由此产生的利息差额由国家财政补贴。中国提供的优惠贷款年利率一般为 2%—3%，期限一般为 15—20 年（含 5—7 年宽限期），主要用于帮助受援国建设有经济效益和社会效益的生产性项目和大中型基础设施，或提供成套设备、机电产品、技术服务以及其他物资等。

这三种资金方式基本各占三分之一，近年来优惠贷款的占比不断上升。这一方面体现了中国重视市场化运作对外援助、扩大援助规模的态度；另一方面也招来了西方媒体和学术界的批评，认为中国扩大贷款模式，将广大受援国推入了"债务陷阱"，这当然是站不住脚的。大部分西方国家都不采用贷款模式，尽管没有给受援国造成偿还的压力，但是却制约了援助规模的拓展，导致援助内容仅局限在小型项目上，难以满足广大受援国，特别是非洲国家工业化和现代化发展的需要。

对外援助资金作为国家财政支出的一部分，始终坚持预算的科学化。对外援助预算资金由财政部按预决算制统一管理。国家国际发展合作署及国务院其他参与对外援助管理的部门，根据职责分工具体管理本部门的援外资金。各部门结合对外援助任务，坚持量力而行的原则编制年度对外援助项目支出预算，经财政部审核并报请国务院和全国人民代表大会批准后执行。各部门对援外项目资金实行预算控制管理。财政部和国家审计署根据国家有关法律、法规和财务规章制度对主管部门援外支出预算执行情况进行监督检查。

专栏10——揭示非洲债务危机的实质

近日，塞拉利昂政府以"经济不划算"为由，宣布取消中国贷款支持的马马哈新国际机场项目。此举一出，西方媒体趁机再次唱衰中非发展合作。但是，事实的真相却无法被西方的片面叙事掩盖，该事件非但不是中非合作中的首例，反而再一次折射出西方主导的全球治理体系中的又一"阳谋"。

在这一事件中，塞拉利昂方提出，世界银行和国际货币基金组织（IMF）曾警告这个项目将加重塞拉利昂的债务负担。取消这个项目后，塞方选择更新现有机场，而该机场距离市区有一段距离，旅客需要坐船或直升机，因此塞政府考虑改为兴建大桥连接机场和市区。很明显，取消项目是无奈之举，那么塞方究竟是受到了什么压力呢？这就要从世界银行和IMF的债务评估说起。

IMF和世界银行是当今世界最重要的国际多边发展筹资机构，扮演着最后债权人的角色。为了约束受援国，IMF与世界银行共同设立"交叉性条款"，以实现交叉性保障。成员国向IMF申请贷款时，必须首先或同时向世界银行申请贷款，并首先或同时遵守世界银行在贷款协议中所设定的贷款条件。而在这些条款中，"外债警戒线"是一个很重要的指标。对于广大非洲国家来说，"交叉性条款"是一个巨大的结构性压力。如果不能满足IMF和世界银行其中一方的条件，就意味着也难以从另一方获得贷款。此外，由于其所处的优势地位，这两家机构还会对其他多边发展机构和援助国产生潜在影响，"波纹效应"不可估量。

受国际金融危机和"逆全球化"的影响，发达国家的援助能力和政治意愿均有所下降，导致 IMF 和世界银行成为当前非洲国家获得外部发展筹资的重要来源。因此，IMF 和世界银行不断利用"外债警戒线"对非洲受援国施压，压力进而也传导给了中国。世界银行、IMF 指责中国对非洲的贷款行为会使非洲陷入"债务危机"，美国也借机诬蔑中国。近期，随着中国对非洲优惠性质贷款规模的不断扩大，不少非洲国家表示担忧。例如，赞比亚财政部官员表示，世界银行和 IMF 已经通知赞比亚触及了债务上限，如果继续举债，很可能会遭到 IMF 和世界银行的惩罚。

西方利用其在全球治理领域的优势地位，将发展中国家和新兴援助国牢牢地框在规则之中。以"外债警戒线"让发展中国家退缩，并将新兴援助国推入"道德陷阱"。对于塞拉利昂这一非洲最贫困的国家来说，自然没有议价能力，只能屈从于国际压力，放慢互联互通的发展进程。

对于中国来说，除了认清该事件的实质外，还应不断优化发展援助的管理模式，促进债务解决的创新化。加大对非直接投资力度，通过"技术外溢"提升非洲国家的造血能力。推动混合融资力度，大规模实行"无偿援助＋优惠贷款""无息贷款＋优惠贷款"模式，从而提升项目的优惠度，切实降低受援国的还款压力。

（载《环球时报》2018 年 10 月 19 日）

关于执行方式，中国对非援助的模式更加多样。按照表现形式分类，可分为基础设施项目建设、物资援助、技术援助以及债务减免四大类。其中，基础设施项目建设就是中国政府白皮书里所称的"成套项目"，是指中国通过提供无偿援助和无息贷款等援助资金帮助受援国建设生产和民用领域的工程项目。中方负责项目考察、勘察、设计和施工的全部或部分过程，提供全部或部分设备、建筑材料、派遣工程技术人员组织和指导施工、安装和试生产。项目竣工后，移交受援国使用。这是中国对非援助最主要的方式，著名的坦赞铁路项目就属于这个类型的援助，占中国对非援助总额的 40% 以上；物资援助是指中国向受援国提供所需生产生活物资、技术性产品或单项设备并承担必要的配套技术服务，以及在有关国家和地区遭受各种严重自然灾害或人道主义灾难的情况下，主动或应受灾国要求提供紧急救援物资。中国提供的物资涉及机械设备、医疗设备、检测设备、交通运输工具、办公用品、食品、药品等众多领域；技术援助是指中国通过人力资源开发合作、派遣志愿者以及医生、农业专家等专业技术人员等方式，与受援国进行实用技术和发展经验的分享，旨在增强其自主发展能力。技术援助的领域涉及广泛，包括工业生产和管理，农业种植养殖，编织、刺绣等手工业生产，文化教育，体育训练，医疗卫生，沼气、小水电等清洁能源开发，地质普查勘探，以及经济规划、政府治理能力的提升等。《中国对外经济技术援助八项原则》规定："中国政府对外提供任何一种技术援助时，保证做到使受援国的人员充分掌握这种技术；中国政府派到受援国帮助进行建设的专家，同受援国自己的专家享受同样的物质待遇，不允许有任何特殊要求和享受。"债务减免是指中国免除部分发展中国家对华到期的无息贷款债务。在受援国偿还到期无息贷款遇到困难时，中国政府从不施加还款压力，采取灵活的处理方式，通过双边协商延长还款期限。为进一步减轻经济困难国家的债务负担，中国政府多次在中非合作论坛上宣布针对非洲最不发达国家（Least developed country）和重债穷国（Heavily Indebted Pooy Ciunties）到期未偿还的无息贷款债务。

除此之外，中国对非援助的执行模式也可以有其他分类。例如，按照援助内容划分，可以分为硬援助和软援助。硬援助主要包括基础设施和物资等有形的援助，而软援助主要包括派遣志愿者、医疗队等人员进行的技术培训、能力建设等无形的援助。

专栏 11——西方外援模式越来越中国

近日，澳大利亚公布一项针对南太平洋岛国的 20 亿澳元基础设施援助计划，澳开发性金融机构"出口金融与保险公司"宣布另行提供 10 亿澳元资金支持南太平洋的基础设施项目和商业发展。此举一度被外媒解读成是"针对中国在该地区日益上升的影响力"的应对之策，但是对比澳方此前在南太问题上的一系列表态以及当前发达国家对外援助所做出的调整，不难看出中国尊重受援国自主发展意愿的援助模式，已经被广大发展中国家所认可，并逐渐改变着西方传统援助体系的权力结构。

今年1月，澳大利亚国际发展和太平洋事务部长康斯塔·费拉万蒂·韦尔斯指责中国在南太岛国的援助项目很多是"大而无用"。按照这一逻辑，澳大利亚一改往日只提供无偿援助的做法，向南太岛国提供长期贷款，这岂不是给南太添加更多"大而无用"的项目，令他们的外债负担"雪上加霜"吗？澳看似言行不一的原因除地缘战略竞争需要外，其深层次动机是"被动"顺应受援国的需要。

结合当前"经合组织发展援助委员会"国家的政策实践来看，其做法也越来越"中国"。一是在援助领域上，从以往只关注教育和卫生等民生领域，发展到基础设施领域。西方对外援助以往只关注非生产领域，极力避免可能和援助国形成竞争关系的产业领域。对比之下，中国为受援国援建的公路、桥梁、工厂等基础设施，切切实实地将受援国与世界市场相连接，赢得受援国的认可，"倒逼"西方国家不得不关注他们之前极力抨击的基础设施。

二是在资金组合上，从以往只进行无偿援助，演变为"无偿援助＋贷款"的模式。西方在冷战结束后利用财政援助附加改革条件，直接进行政治模式输出。凡是按照西方制定的改革目标推进的国家，就会得到西方直接的现金转账支持。这种模式导致受援国产生严重的惰性和依赖，为此西方国家也不得不借鉴中国经验采取优惠性质贷款的模式，推动受援国在发展中承担更多的责任。

中国尊重受援国自主发展意愿的模式也导致西方发展援助理论层的集体批判和反思。中国在制定对外援助战略时，充分尊重受援国在制定和实施发展战略上的自主权，在详细掌握每个受援国发展需求的基础上，每隔五年修订《中国对外援助发展规划纲要》、制定《国别援助指导意见》，将对外援助政策与受援国经济社会发展规划进行对接，一国一策。在援助项目的准备和实施阶段，中国也与受援国的各利益相关方密切沟通，深入、全面地了解其发展需求，努力确保受援国的企业和相关人员真正参与到项目执行中来，通过项目的实施提高受援国独立开展项目规划、实施和管理的水平。这也促使西方理论界一些人认识到，忽视受援国自主发展诉求、将援助附加政治条件的援助行为是违背政治经济发展规律的。

（载《环球时报》2018 年 11 月 14 日）

第二节　中国对非援助不是"金元外交"

中国对非援助以南南合作为起点、以促进共同发展为终极目标，在理论和实践层面上都突破了西方主导的发展援助知识体系建构。随着中非关系的不断深入发展，中国对非援助的理论和实践创新正在成为推动全球发展治理变革的积极力量。

一、推动发展理论创新

"二战"结束后，对外援助正式进入西方公共政策视域。关于对外援助的目标，尽管各援助国在政策宣示上存在差别，但实现政治利益都是基础。而西方援助的"利己性"又导致其援助"失灵"。相比之下，中国对非援助从创建伊始就迥异于西方的援助理念，援助不附加政治条件、尊重受援国自主发展是中国对外援助的基本原则，是有别于西方的真诚之举。这是由中国与广大非洲国家相同的半殖民地国家的历史经验、南方国家的身份定位以及独立自强的发展任务决定的。

关于对外援助的目的，西方学术界已经形成了基本共识——对外援助有助于实现援助国的政治目的。现实主义认为，对外援助是一种工具，本质是用贿赂手段来实现政治目的，即便是人道主义援助也概莫能外。[①]制度主义认为，多边援助尽管强调援助国拥有超越国家利益之上的共同利益，但是其在资金投向上也摆脱不了地缘政治的影响。例如，欧盟的援助大部分投向了前殖民地国家。[②]建构主义认为，即使援助国声称要推进的减贫、可持续发展等援助目标是价值中立的，但是只有对援助国来说受援国既没有地缘政治价值也没有经济价值时，援助措施才可能中立化，预期的援助效果才可能实现。[③]西方国家功利主义的援助理念自然导致了援助的"失灵"。但是，在反思的过程中，他们却把责任推到了受援国身上。西方援助国认为，正是受援国自身的治理能力低下导致了援助收效甚微。于是，他们以自身经验与语境下形成的新自由主义为政策依据，将援助附加政治条件，要求受援国必须按西方的要求进行改革，否则就停止援助。在此背景下，许多非洲国家被迫接受西方的私有化和民主化改革，导致政局动荡和经济衰退。特别是 2008 年经济危机爆发以来，激烈的地缘竞争、西方援助国国内民族主义和民粹主义的兴起导致援助国将发展援助作为政治工具，仅注资于有助于提升本国竞争力、改善本国利益的领域，并不能真正促进受援国发展。日益高涨的民族主义和民粹主义正在引发西方援助国特别是美国的孤立主义情绪，并呼吁政府将税收用于国内。美国人民越来越多地"通过竞争的眼光看待世界，变得不那么慷慨，并问'这对我们有什么好处？'"甚至越来越多地从事全球发展的官员也希望回归民族主义本能，恢复"大国竞争"。[④]

（一）不附加政治条件

作为一个从半殖民地起步获得独立的国家，中国出于同样或相近历史记忆，对发展中国家主权高度尊重，这是中国发展对外关系的基础和根本出发点。特别是在处理与发展中国家的关系上，中国格外强调绝不通过任何形式

---

① Morgenthau, Hans. "A Political Theory of Foreign Aid." American Political Science Review 1962, pp.301-309.

② Stokke, Olav. "Aid and Political Conditionality." 2013.

③ Girod, Desha M. "Effective Foreign Aid Following Civil War: The Nonstrategic-Desperation Hypothesis." American Journal of Political Science,2012, pp.188-201.

④ Brookings: Global Development Disrupted: Findings from a survey of 93 leaders pp.22-23.

和渠道干预别国内政。中国与印度、缅甸等国共同倡导了"和平共处五项原则",其精髓也进一步体现在 1955 年万隆会议确定的"十项原则"中。"和平共处五项原则"是中国外交的根本准则,其中"互不干涉内政"原则格外受到亚非国家关注。面对亚非国家风起云涌的民族解放运动,毛泽东在党的八大上明确提出:"必须给予积极的支持。"[①] 而针对如何支持的问题,周恩来在 1957 年中国人民政治协商会议第二届全国委员会第三次会议上提出,中国将力所能及地为亚非国家提供经济援助支持,这些援助尽管数量不大,"然而是不附带任何条件的"。[②] 这是中国领导人首次在国内工作中明示了援助不附加条件的原则。随后,周恩来在 1964 年访问亚非十国时将该原则纳入了《中国对外经济技术援助八项原则》,向世界正式公布。在该原则的指导下,整个 20 世纪六七十年代中国对非援助主要以无偿援助和无息贷款为主,不附加任何政治和经济条件,无私地支持非洲国家建设了一大批农场、工厂等经济基础设施项目以及剧院、体育场等公共基础设施项目,旨在支持广大非洲国家追求民族独立和主权独立的共同诉求。中国对受援国主权的尊重博得了非洲国家的广泛认可,也因此被"第三世界兄弟抬进了联合国"。[③] 在恢复中国联合国合法席位的大会上,中国代表团再次向世界宣布,中国对外援助"从来严格尊重受援国家的主权,不附加任何条件,不要求任何特权"。[④]

1978 年中国实行改革开放后,实现四个现代化成为中心工作。在定位与其他发展中国家的关系方面,中国开始强调与发展中国家共同开发市场和资源,促进共同发展。因此这一时期,中国对非援助逐渐发挥了推动中非双方经贸合作的作用。尽管更加注重项目的经济效益,在形式上也更加灵活,但是不附加政治条件原则却贯穿始终。1983 年,中国领导人在访非期间宣布了"平等互利、讲求实效、形式多样、共同发展"的对外援助四项原则,但仍以之前的《中国对外经济技术援助八项原则》为基础。这与同期世界银行主导

---

① 毛泽东:《中国共产党第八次全国代表大会开幕词》,《人民日报》1956 年 9 月 16 日。
② 裴坚章:《研究周恩来》,世界知识出版社 1989 年版,第 138—139 页。
③ 中共中央文献研究室:《毛泽东年谱(1949—1976)》,中央文献出版社 2013 年版,第 412 页。
④ 《中华人民共和国代表团团长乔冠华在联合国大会上的发言》,《人民日报》1971 年 11 月 17 日。

的对广大亚非拉受援国进行的大规模"结构调整"形成了鲜明的对比，这些附带经济体制改革条件的软贷款协议造成的灾难性后果在 20 世纪 90 年代逐渐显现。1995 年，为了运用市场化手段扩大对外援助资金规模，中国开始通过政府贴息形式向受援国提供赠予成分高于 25% 的优惠性质贷款。但是，有别于世界银行、国际货币基金组织、日本协力银行等机构，中国提供的优惠贷款从未附加过任何政治条件。进入 21 世纪中国与非洲关系进入全面机制化时期，中国在中非合作论坛上多次宣布一揽子援助计划，并始终坚持不附加政治条件这一基本原则。2011 年，中国政府首次公布《中国的对外援助（2011）》白皮书，再次重申中国对外援助"坚持不附带任何政治条件，绝不把提供援助作为干涉他国内政、谋求政治特权的手段"。①

党的十八大以来，中国领导人将中非关系推向了共建"命运共同体"的高度，与非洲国家领导人积极分享治国理政经验，共同探讨解决自身发展及全球治理难题。中国对非援助成为治国理政交流的重要载体，通过官员培训、政党交流以及技术培训等多种方式，中国积极帮助非洲国家解决现代化发展中的难题，而不附加政治条件这一原则一以贯之，成为中非关系的精神内核。2013 年 3 月，习近平主席在访问坦桑尼亚期间，再次向非洲国家以及国际社会宣示："中国将继续为非洲发展提供应有的、不附加任何政治条件的帮助。"②《中国的对外援助（2014）》白皮书中，中国重申对外援助"坚持不附带任何政治条件，不干涉受援国内政"的原则。③2017 年 10 月，习近平总书记在党的十九大上也向国际社会再次明确，中国尊重别国主权，"反对干涉别国内政"。④

---

① 国务院新闻办公室：《中国的对外援助（2011）》白皮书，2011 年 4 月 21 日，http://www.scio.gov.cn/zfbps/ndhf/2011/Document/896983/896983_1.htm。
② 《永远做可靠朋友和真诚伙伴——习近平在坦桑尼亚尼雷尔国际会议中心的演讲》，人民网，2013 年 3 月 25 日，http://theory.people.com.cn/n/2013/0326/c136457-20914243.html。
③ 国务院新闻办公室：《中国的对外援助（2014）》白皮书，2014 年 7 月 10 日，http://www.scio.gov.cn/zfbps/ndhf/2014/Document/1375013/1375013.htm。
④ 《习近平：决胜全面建成小康社会　夺取新时代中国特色社会主义伟大胜利——在中国共产党第十九次全国代表大会上的报告》，新华网，2017 年 10 月 27 日，http://www.xinhuanet.com//2017-10/27/c_1121867529.htm。

专栏12——对中国援助的质疑声太强

近日，菲律宾副总统莱妮·罗布雷多批评杜特尔特政府利用中国贷款支持马尼拉至比科尔高铁项目，称有可能导致菲陷入"债务陷阱"。其言论引来西方媒体跟风，演绎中国援助项目大都没有盈利能力，增加受援国的外债风险。

西方媒体早前还公布了美国威廉与玛丽学院中国对外援助资金数据项目（Aiddata）的所谓"成果"，称中国想从这些资金中获取可观的经济回报。这些言论掺杂在一起，构成对中国援助和贷款的一轮质疑风波。

这些言论和研究的谬误根源在于混淆了对外援助与发展筹资的边界。具体来说：首先，高铁项目有别于一般性公共基础设施，对东道国的运营能力、配套设施以及消费水平都有较高要求，在全球范围内都属于商业化项目。截至目前，中国从未利用对外援助资金支持过高铁项目，菲律宾副总统的言论显然是混淆了商业贷款与援助资金。

其次，基础设施是中国对外援助支持的重点领域，由于资金需求大、维护成本高，近年来西方传统援助国已鲜有涉及。而根据测算，到2025年全球范围内的基础设施投资需求将达到9万亿美元。中国从自身发展经验出发，利用援助资金支持广大发展中国家的基础设施建设，为其自主发展提供公共产品，而西方媒体却硬要探讨中国支持公共基础设施项目的盈利能力，明显是牵强附会。

中国对外援助是在南南合作框架下对发展中国家提供的发展筹资支持，是发展中国家间的互相帮助。中国以援助项目为依托，不直接对受援国政府的财政账户提供资金支持，从而避免在资金流通环节滋生贿赂与腐败。援助项目的确定与受援国的发展规划和需求对接，项目设计由双方共同协商完成。近年来，中国的优惠贷款项目也越来越注重项目移交后的运营和管理能力，旨在提升受援国的自主发展能力和优惠贷款偿还能力。

当前，世界经济进入危机爆发以来最缓慢和乏力的一次复苏。而与此同时，基础设施投资在发达国家和发展中国家均存在较大的缺口。这使得全球发展筹资领域不得不面临一场新的变革。一些机构已经开始探索改革，如 2017 年 1 月亚洲开发银行开始实施的软硬贷款窗口合并，模糊援助与发展筹资的边界，以此减小对受援国接受贷款的限制；而另一些国家则无法正视其援助能力有限的事实，他们不断对多边发展机构和受援国施压，对中国援助的批评其实也是这种压力和焦虑的投射。

我们也观察到，外界经常有意无意地将优惠贷款与其他发展性资金混合，令中国背上不必要的道德风险。在财政支出有限的情况下，我们应考虑厘清对外援助边界，创新发展筹资模式。未来可在对外援助中剥离优惠贷款，将其作为发展筹资的一种方式，赋予开发性金融机构更大的决策权和评审权，加强问责力度，从而降低贷款回收风险、提升资金流动速度；推动无偿援助、无息贷款与主权财富基金等开发性金融和商业贷款相结合，共同资助跨区域的大型基础设施建设；动员民间资本，适时在受援国家进行发债和私募，通过公私伙伴关系（PPP）和建设—运营—移交（BOT）等渠道实现政府援助与私人资本相结合。

（载《环球时报》2017 年 10 月 23 日）

（二）尊重受援国自主发展

新中国成立之初，中国在克服自身发展困难的同时积极支援支持非洲国家争取民族独立的斗争和发展民族经济。同为发展中国家，中国本着"己所不欲、勿施于人"的信念，尊重非洲自主选择发展道路，确保非洲国家在利用中国援助进行经济建设的过程中能够保持自主权。1956 年 6 月，周恩来总理在第一届全国人大三次会议上指出，发展经济对于巩固民族国家的政治独立具有重要意义，因此中国愿意"帮助其他国家的经济发展"。① 对于中国援助要达到的效果和目标，周恩来总理对来访的非洲领导人直接阐明，是推动

---

① 《周恩来总理兼外长关于目前国际形势、我国外交政策和解放台湾问题的发言》，《人民日报》1956 年 6 月 29 日。

非洲逐步实现民族经济独立，而不是"造成你们对外国包括对我们的依赖"。①之后，在《中国对外经济技术援助八项原则》的第四项中也对国际社会明确宣示了这一原则。②在具体操作中，中国坚持"克己助人，采取无偿赠予或低息、无息贷款的方式提供援助"，③支持受援国自力更生。基于此，应非洲国家领导人要求，中国为非洲国家援建了几内亚卷烟厂、坦桑尼亚印染厂、马里上卡拉制糖联合企业（简称马里糖联）以及苏丹纺织印染厂等一系列生产类项目，坦赞铁路、卢萨卡—卡翁马公路以及索马里贝莱温特—布劳公路等大型基础设施项目，以帮助非洲国家起步民族经济、激活造血能力。相比之下，美国、英国等西方国家往往因为这类项目投资巨大、难以在援助过程中施加战略影响而拒绝。④

1978年，中国开始改革开放，中国在探索自身经济发展道路的同时更加深刻地认识到发展模式的多样性和自主性。对于对外援助，党和国家领导人坚信发展动力是内生的，为此对外援助要激发受援国自主发展的能力而不能造成对援助方依赖。1979年7月，邓小平在第五次驻外使节会议上指出，援助要对受援国有益，但"不要让它躺在援助国的身上"。⑤随着中国经济实力的攀升，对非援助规模不断扩大，但是中国始终将受援国的需求作为开展援助的前提，即便是面对西方发达国家主动发出的对非开展三方合作的邀约，中国也将"受援国主导"作为基本原则。2011年，在《中国的和平发展》和《中国的对外援助（2011）》白皮书中，中国同样声明"尊重各国人民自主选择社会制度和发展道路的权利"⑥"坚持帮助受援国提高自主发展能力"，通过中国援助逐渐推动受援国"走上自力更生、独立发展的道路"。⑦

---

① 裴坚章：《研究周恩来》，世界知识出版社1989年版，第138—139页。
② 中共中央文献研究室：《周恩来外交文选》，中央文献出版社1990年版，第388—389页。
③ 《在第三届全国人民代表大会第一次会议上周恩来总理做政府工作报告》，《人民日报》1964年12月31日。
④ Castle, Barbara.The Castle Diaries 1964-1970. London: Weidenfeld and Nicolson, 1984, p.18, pp.29-30.
⑤ 石林：《当代中国的对外经济合作》，中国社会科学出版社1989年版，第70页。
⑥ 国务院新闻办公室：《中国的和平发展》白皮书，2011年9月6日，http://www.scio.gov.cn/zfbps/ndhf/2011/Document/1000032/1000032.htm。
⑦ 国务院新闻办公室：《中国的对外援助（2011）》白皮书，2011年4月21日，http://www.scio.gov.cn/zfbps/ndhf/2011/Document/896983/8969831.htm。

党的十八大以来，中国在系统总结自身在治国理政经验基础上，将"推进国家治理体系和治理能力现代化"作为工作重点，全面深化改革。同时，非洲在经历了"第三波民主化"①浪潮后，出现了 21 世纪崛起的十年，继而又受到 2011 年"阿拉伯之春"影响，面临新一轮政治转型。基于此，如何提升治理能力成为中非双方共同面临的议题。中国将加强治国理政经验交流作为构建"中非命运共同体"的重要内容。尽管中国将提升"治理水平"作为中国对非援助的重点，但是依然将支持非洲国家"探索适合自身国情的发展道路，制定国家发展战略规划"②作为前提。《中国的对外援助（2014）》白皮书再度指明，中国对外援助"充分尊重受援国自主选择发展道路和模式的权利"。③2017 年 10 月，习近平总书记在党的十九大报告中，明确提出中国将加大对外援助力度，"促进缩小南北发展差距"。④为此，中国加大了对非洲的官员培训力度、增加了来华奖学金名额、加强了政党交流，但是在此过程中中国只进行经验分享，而绝不进行模式输出，非洲国家可根据实际情况自主选择中国的发展经验以资借鉴，中国"不会要求别国'复制'中国的做法"。⑤

综上，中国不附带政治条件、尊重受援国自主选择发展道路的援助理念，既符合受援国基本国情和发展诉求，又改变了西方传统援助体系的权力结构。中国对非援助通过为受援国提供更多选择的机会，不仅客观上降低了西方传统援助国的议价能力，而且为受援国提供了更符合其自身发展的参考借鉴模式，受到了发展中国家的广泛认可。此外，中国援助理念的成功经验引发了西方从理论层面到实践层面对援助附加政治条件的集体批判和反思。从理论

① "第三波民主化"专指 20 世纪 70 年代以来席卷全球的民主化浪潮。该概念由塞缪尔·亨廷顿在《第三波：20 世纪后期的民主化浪潮》中首次提出并阐述。参见：[美]亨廷顿：《第三波：20 世纪后期的民主化浪潮》，中国人民大学出版社 2013 年版。

② 《中非合作论坛—北京行动计划（2019—2021 年）》，中非合作论坛网站，2018 年 9 月 6 日，https://focacsummit.mfa.gov.cn/chn/hyqk/t1592247.htm。

③ 国务院新闻办公室：《中国的对外援助（2014）》白皮书，2014 年 7 月 10 日，http://www.scio.gov.cn/zfbps/ndhf/2014/Document/1375013/1375013.htm。

④ 《习近平在中国共产党第十九次全国代表大会上的报告》，人民网，2017 年 10 月 28 日，http://cpc.people.com.cn/n1/2017/1028/c64094-29613660.html。

⑤ 《携手建设更加美好的世界——在中国共产党与世界政党高层对话会上的主旨讲话》，新华网，2017 年 12 月 1 日，http://www.xinhuanet.com/mrdx/2017-12/02/c_136794616.htm。

上分析，西方国家的这种援助行为违背了政治经济发展规律。塞缪尔·亨廷顿指出，美国要求受援国接受美国援助必须符合多元化和民主化的要求，但是这种移植的民主价值观却与受援国的经济发展没有直接的联系。[①] 乔纳森·格伦尼也认为发达援助国在预测援助成果时，只是线性地依据提供金额多少就得出援助可能取得的成效，而忽视了援助可能打破受援国传统社会结构，导致输入性通货膨胀以及扩大贫富差距等风险。[②] 从实践上看，援助附加政治条件，在实施过程中往往事与愿违。如果受援国的政治精英没有改革意愿，那么附加再多的援助条件也是没有用的。经合组织发展合作司（OECD）负责人承认"从援助国角度讲，如果受援国不遵守援助附加的条件，也无计可施。因为你必须要和他们开展合作、顺应主流"。[③]

专栏13——国际合作理念到了新旧交接时刻

近日，英国智库的一项研究结果显示，当前最大的移民群是在发展中国家之间移动，而以往更多的是从南半球较穷的国家向北半球移民。什么原因使得发展中国家间的合作成为当前全球经济活动的主流？同期"经合组织"发布的《全球发展展望2019》给出了答案：中国的"一带一路"倡议是一项将其他发展中国家与中国联系起来的大型国际发展战略，正在进一步深化南南合作。作为新兴国家的代表，中国通过不断创新国家发展合作模式，正在逐步变革以发达国家为主导的旧理念、旧模式。

实践证明，发达国家从自身发展经验出发，强行向发展中国家输入的发展模式导致了不同程度的动乱和冲突，催生了"脆弱国家"的大批出现。根据非洲独立调查研究机构"非洲晴雨表"的民调显示，65%的

---

① Huntington, Samuel P. "Foreign Aid for What and for Whom." Foreign Policy,1970.
② 乔纳森·格伦尼：《良药还是砒霜？援助并非多多益善——非洲援助之惑》，民主与建设出版社2015年版，第4—7页。
③ 在北京访谈 OECD 发展合作司前司长 Richard Carey，2018 年 10 月。

非洲民众对美国近期支持的尼日利亚国家选举委员会表示"一些"或"非常"不信任。

包括中国在内新近实现工业化的新兴国家，发展路径并没有遵循"主流"模式。而已经完成工业化的西方国家在全球化时代，反而受到增长放缓、贸易保护主义抬头、不平等加剧、治理低效等问题困扰。这就在实践中充分证明推动发达国家实现工业化的发展策略，并不应被奉为推动发展中国家发展的铁律。

发达国家捂紧腰包，公开拿政治要价换合作的方式令发展中国家备感屈辱。受全球经济衰退的持续影响，发达国家保护主义、单边主义抬头，对发展中国家的支持都出现了不同程度的收缩。而以美国为代表的发达国家在削减对外援助总规模的同时，又强化了政治性，弱化了援助的发展属性。美国政府以自身政治利益划线，将援助集中于阿富汗、约旦、埃塞俄比亚等与美国国家利益有重要关切的国家，同时还以援助为"大棒"惩罚与美国立场不一致的国家。在多边援助方面，美国政府先是宣布将对联合国的多边捐款削减三分之一，随后又将85%以上的例行审批程序收归总统。发达国家此举无疑是将发展中国家实现现代化的发展诉求进一步边缘化。

与此相对应的是，以中国为代表的新兴经济体成为发展融资的重要提供者。新兴捐助者将官方发展援助以外的其他官方资金在全球发展融资总额中的占比从6%提升至13%，南南合作成为推动发展新动力。

面对当前的全球发展挑战，尽管联合国制定了17个可持续发展目标以消除贫困、确保发展成果的共享，但西方各国却都没有能力应对实施过程中面临的挑战。其对发展中国家政府提供无偿的财政支持、同时以强加改革条件为前提的援助合作模式，弊端日益凸显。一方面仅仅依靠官方财政投入、不为双方企业搭建互利共赢的合作桥梁，难免出现财政资金增长乏力；另一方面，西方国家为发展中国家设定的改革目标不要说与这些国家的实际国情能有多少契合度，这种"胡萝卜加大棒"的方式本身就伤害了别国的民族自尊心、扼杀了改革动力。也难怪从"千年发展目标"到"2030 年可持续发展目标",西方国家对于如何应对实施过程中的挑战越来越信心不足。

新的国际形势要求各国相互尊重彼此不同的发展模式和实际情况,制定差异化的发展战略。而中国倡导的全球治理观恰恰精准对接了这种发展需要。这是因为对外援助和外部资本固然重要,但却远远不够,因为如何分配和部署这些资源更为重要。优先发展某一经济部门也许可行,但如果部门之间的联系很差,过分强调一个部门的结果可能会适得其反;宏观经济稳定虽然重要,但对私营部门的激励措施以确保在全球价值链中最贫穷的国家能够分享最终结果也必不可少。为了回应中国为全球发展治理带来的积极改变,"经合组织"提出了新的统计概念,一改以往猛烈抨击新兴国家提供的优惠贷款赠予成分过低的态度,将优惠贷款与非优惠性的官方资金支持都统计进来。不管此举有多少主动为之的成分,都是对中国模式的一种承认。

(载《环球时报》2019 年 5 月 12 日)

二、丰富发展实践经验

不同于西方国家试图通过对外援助延续"宗主国"的影响,中国与非洲国家拥有反抗殖民主义的共同历史记忆,同样肩负着自主发展的时代任务,因此中国对于非洲国家的发展一直秉承尊重与信心。进而,中国对非援助在实践行为上也表现出关注受援国心理感受、契合受援国发展需求的新型模式。

(一)主动与受援国发展战略对接

关于国别援助政策的制定,西方援助国为体现权力的意志,从自身角度设计援助方案,遭到了非洲国家的反感。冷战结束初期,"经合组织发展援助委员会"(OECD/DAC)援助国以腐败和政府治理能力低下为由严厉批评非洲国家政府,认为对发展中国家的援助之所以不能帮助其实现发展的主要原因在于非洲国家的政府贪污腐败、监管机制不健全。基于此,西方国家援助重点在于推动非洲国家在经济上实行市场经济政策，在政治上推行民主。此后，西方发展援助开始大规模推动附带条件的援助模式，特别是政治条件，重点推进"第三波民主化"。这种强势的做法遭到非洲受援国的强烈不满，导致援助国与受援国之间的关系恶化。西方援助国不得不转变援助方式，不再那么直接，而是要求受援国按照其意志制定"减贫战略文件"（PRSP）来申请援助。以坦桑尼亚为例，OECD/DAC援助国通过指导坦桑尼亚制定PRSP，将其发展理念强加其中，随后再按照PRSP协调DAC国家对坦桑尼亚的援助政策和领域的设定，这其实削弱了坦桑尼亚政府的自主发展能力。因为坦桑尼亚政府希望优先振兴民族经济，而DAC援助国却不置可否，将改善政府治理设为援助的优先选项。这迫使坦桑尼亚政府不得不寻求其他援助国的支持。

相比之下，中国对非援助将对受援国主导权的尊重贯穿始终。在制定国别发展合作政策时，中国充分尊重受援国在制定和实施发展战略上的主导权，确保对非援助政策与受援国发展战略精准对接。在充分调研每个受援国发展需求以及区域整体发展趋势的基础上，中国及时修订《中国对外援助发展规划纲要》，统筹考虑政治、外交、经贸、文化、安全等对外战略，对中长期援外目标任务、投入规模、资金结构、空间布局、重点领域和保障措施等做出系统安排。同时，根据受援国对中国主动提出的援助诉求以及中国自身的援助能力，制定《国别援助指导意见》以及"国别援助项目库"，将中国对外援助政策与受援国经济社会发展规划进行对接，一国一策，因国施策。在项目的准备阶段，中国与受援国的中央政府、项目所在的地方政府、非政府组织等各利益相关方密切沟通，以全面掌握其对项目的设想与意见，在此基础上进行项目可行性分析。在项目的建设和执行阶段，中国努力动员受援国的政府、企业以及当地居民广泛参与，在各个实施环节中注重提升受援国独立开展项目规划、执行以及管理运营的水平。此外，从项目实施效果的评估可以看出，中国努力确保受援国相关方参与项目设计的模式也是援助项目顺利进行的有效保障。

仍以坦桑尼亚为例，为了吸引中国援助进入本国优先发展领域，坦桑尼亚采取了三大步骤：首先，坦桑尼亚政府于2000年颁布了《国家发展愿景

2025》，明确提出了总体发展目标是将坦桑尼亚由最不发达国家建成为中等收入国家。其次，坦桑尼亚政府于 2011 年颁布了《五年发展规划》，提出了基础设施更新、农业改革、工业增长、人力资本和技能提升以及旅游、贸易和金融服务业发展等五个优先发展领域。最后，基于两大发展规划，坦桑尼亚政府积极与中国沟通协调，主动提出"加强港口设施、改善中央铁路走廊和支持光纤网络项目"等系列发展设想。中国政府尊重坦桑尼亚的发展诉求，结合自身的援助能力，为坦桑尼亚援建了包括光纤骨干网在内的一系列项目，改善了坦桑尼亚的营商环境，推动了其经济社会的发展进程。

（二）注重提升受援国的生产能力

西方援助国出于殖民主义的历史渊源，援助较少关注与生产能力直接相关的领域，不仅弱化了受援国自主发展的能力，反而强化了其对援助的依赖。西方学者瑞德尔认为，"帝国主义时代的历史遗产对对外援助政策产生了影响。在后殖民时代，外援用援助国与受援国之间的新关系延续前宗主国和殖民地之间的各种老关系"。[1] 多斯桑托斯则认为，西方援助之所以不支持受援国的工业发展是希望受援国能够利用援助资金购买援助国生产的工业制成品，"这些产品的价格是高度垄断状态下的产物，是国际市场上任何买主所不敢问津的"。从而形成了受援国对援助国的"依附"，出于避免受援国利用资源禀赋与其形成竞争的考虑，因此西方援助不可能真正根据受援国的发展需要进行，长此以往就导致受援国丧失了自主发展能力，"使它们在经济上长期地依赖于援助国的援助"。[2]

而同为发展中国家的中国在启动对非援助之初就注重提升受援国的生产能力，旨在提升受援国自身的造血能力。周恩来提出，中国援助既要满足受援国的眼前急需，也要关照受援国的长远发展，因此"要采取以农业为基础、以工业为主导的方针，使工业援助与农业援助相结合"。[3] 这种援助直接支持

[1] Maxwell, Simon, and R. Riddell. "Conditionality or contract: perspectives on partnership for development." Journal of International Development 1998, pp.257-268.

[2] 特奥托尼奥·多斯桑托斯：《帝国主义与依附》，社会科学文献出版社 1999 年版，第 63 页。

[3] 中华人民共和国外交部外交史研究室编：《周恩来外交活动大事记（1949—1975）》，世界知识出版社 1993 年版，第 377 页。

受援国工业发展的做法在当时的历史条件下十分罕见，并且在全球化的今天也鲜有西方国家涉足。

基于此，从 20 世纪 50 年代开始中国帮助许多新独立的非洲国家建设了工业项目，奠定了受援国工业发展的基础。例如，几内亚卷烟火柴厂项目、赞比亚姆隆古希纺织厂项目等。20 世纪 80 年代中国为非洲国家援建了多哥糖联等一批对非洲国家经济发展具有积极意义的大中型项目。再如，1981—1983 年中国在赞比亚铜带省建立了钦戈拉玉米磨粉厂，年产量 6 万吨，减少了铜带省和西部省精玉米粉的进口。[①] 此外，中国还应非洲伙伴国的要求参与发展合作项目的后续运营，以帮助当地提升运营管理能力。从 1985 年起中国开始对援卢旺达马叙塞水泥厂项目实施代管经营，由中国企业派遣中高层管理者以及核心技术工人负责生产经营并在各个管理和生产环节培训当地人员，在五年合同期内全部收回投资并上缴利税，而且通过改进生产技术实现年产量大幅提升，赢得了卢旺达政府和人民的广泛赞誉，仅代管合同就延长了四次。[②] 20 世纪 90 年代开始中国以优惠贷款模式大规模资助了一大批生产性项目。1996 年中石油在苏丹建设石油开发项目，由中国优惠贷款资金支持油田开发和输油管道建设。建成后，中石油与苏丹、印度等国家企业组成"大尼罗石油公司"进行管理经营。1999 年 8 月第一批 60 万吨石油出口，结束了苏丹石油进口的历史。之后，中石油帮助苏丹建立了完整的石油工业体系，使苏丹从一个传统的农业国迈向了工业化。石油出口不仅为苏丹赢得了发展经济急需的大量外汇，还带动了电力、交通运输、制造业、建筑业等行业的发展。此外，中石油在当地雇用了 6000 多名正式的苏丹员工，极大地推动了技术外溢和转移。中国对苏丹的优惠贷款支持使得苏丹的资源优势真正转化成了发展优势。中国帮助苏丹建立起包括石油勘探、生产、炼制、运输、销售的全产业链，使苏丹从石油产品进口国迅速转变为石油出口国。相比之下，尼日利亚在英荷壳牌公司等西方石油巨头的主导下开采石油长达 50 多年之

---

① 严海蓉、沙伯力：《中国在非洲：话语与现实》，社会科学文献出版社 2017 年版，第 248 页。
② 齐国强：《历久弥新的回忆——1990 年援非项目考察纪事》，载《国际经济合作》2010 年第 12 期，第 40 页。

久，但至今仍未建立起完整的石油生产和加工体系。中国援非的生产类项目涵盖能源、钢铁、机械、化工、纺织等方方面面。时至今日，中国援建的多哥糖联、刚果（布）水泥厂等一批项目一直保持盈利，在促进受援国生产和经济发展、增加就业和税收方面发挥了积极作用。

除此之外，中国还从自身的发展经验出发，积极支持非洲国家的基础设施建设，推动非洲的互联互通及营商环境的改善。相关项目改善了受援国的生产和生活环境，为受援国经济和社会的发展创造了更好的条件。

（三）援助项目管理与资金管理分离

冷战结束后，OECD/DAC 援助国为了推动受援国按其意志进行改革，大规模推行一般预算支持（GBS）的援助模式，即：将援款直接打入受援国财政账户，同时附带一系列改革指标，并派出专家组进行监督和评估。这种援助模式产生的消极影响包括：一是效率低下。援助国为了监督资金的使用，组成了几十个监督委员会。而受援国也不得不派出大量政府官员与这些委员会进行紧锣密鼓的谈判，造成了大量行政资源的浪费。OECD 的一项研究成果表明，受援国每年要接待来自各援助国近 300 个代表团，花费高达 50 亿美元的资金成本。有些受援国每年需要为 800 个援助项目做准备，并撰写 2400 份援助项目报告。二是援助国出于维护自身利益的需要，极力掩盖受援国存在的问题。GBS 极易造成腐败，而援助国为了自身的形象和利益，往往帮助受援国官员掩盖丑闻，这其实是对腐败的进一步纵容。为了监督 GBS 的使用情况，援助国雇用了庞大的专业团队、形成了"援助行业"的部门利益，双边援助机构如美国国际发展署（USAID）有近万名员工、德国国际合作机构（GIZ）雇员超过 2 万人、日本国际协力机构（JICA）也员工数千，多边援助机构如世界银行也有过万员工，这客观上形成了一个由精英人士组成的庞大的利益集团。[1] 这些人以发展援助为事业，"进"可以在多双边机构中实现流动和上升，"退"可以在本国外交领域大展其才。这使得他们将保持援助项目的持续性作为职业生涯的首要任务，而非其对外宣称的确保援助的有效

---

[1] 潘亚玲：《中国特色对外援助理论建构初探》，载《当代亚太》2013 年第 5 期，第 98—99 页。

性。即便发现了受援国系统出现了援助资金滥用和贪腐行为，他们也会出于保住自己饭碗的立场，使用各种手段使例行的评估工作表面化抑或直接掩盖，这无形中推高了受援国的腐败风险。例如，2018 年底在英国、德国等主要出资国的压力下联合国启动了对其援助的"乌干达难民援助计划"的调查，结果发现超过百万美元的援助资金被乌干达当地非政府组织滥用。作为该项目的前四大出资方英国、德国、欧盟和美国对此纷纷表示撤回资金、起诉责任人。①

冷战结束后西方学术界开始跳出意识形态的束缚对财政援助进行反思和批判。有学者选择具体受援国进行案例研究，来评估财政援助的效果。如拉维和谢费尔以埃及接受财政援助的情况为研究对象，发现受援国在接收了大量援助资金后并没有全部落实到援助项目中，而是助长了相关利益群体的消费，使得受援国国内消费水平上升。而为了维持这种消费上升趋势，在财政援助减少时受援国政府转而采取了举债的方式，"这就会导致债务负担和通货膨胀等问题"。②另一些学者则直接对财政援助方式进行批评，例如，艾泰认为英国采用的财政援助只能使得受援国少部分利益群体获益，对普通民众的影响不足。③

相比之下，中国则主要采取了"项目管理"与"资金管理"相分离的方式。在为非洲国家援建大型基础设施项目、提供医疗和农业技术合作、派遣教师以及进行紧急人道主义救援时，大多数情况都是由中方负责项目资金的管理和拨付。除了少数向对方政府提供的现汇援助外，物资赠送也是由中方负责组织采购和交付。特别是 2014 年中央外事工作会议对援外工作做出了新的部署，为提升非洲受援国的项目实施和管理能力、推动援助"本地化"，中国积极将受援国相关人员纳入各实施环节，但是资金管理始终由中方直接处

---

① "Uganda: Germany Withholds Aid Money From Uganda." AllAfrica.com. May24, 2019. https://allafrica.com/stories/201905250058.html.

② Esfahani, Hadi Salehi. "Foreign Aid and Economic Development in the Middle East: Egypt, Syria, and Jordan," by Victor Lavy & Eliezer Sheffer. New York: Praeger Publishers, 1991. Middle East Studies Association Bulletin 27, no. 1 (1993): 74-75.

③ Redclift, Michael. "Exploited Earth: Britain's Aid and the Environment," T. Hayter.Earthscan Publications Ltd., London and New York, 1989.

理。此外，中国实施企业具有人员和物资成本的价格优势，极大地保证了援助项目的质量和效率，使同样数额的援助资金能够比西方国家办更多的事情。

专栏14——缘何成立国家国际发展合作署

2018年4月18日下午，新组建的国家国际发展合作署正式揭牌。

作为新成立的部门之一，且与国际工作、外事工作联系紧密，国家国际发展合作署在机构改革方案公布时就吸引了大量关注。国务院机构改革方案提出，将商务部对外援助工作有关职责、外交部对外援助协调等职责整合，组建国家国际发展合作署，作为国务院直属机构。

4月4日，人力资源和社会保障部网站发布一则国务院任免消息，任命王晓涛为国家国际发展合作署署长。公开报道显示，他此前担任国家发展和改革委员会党组成员、副主任。

《北京青年报》记者采访了商务部国际贸易经济合作研究院副研究员宋微，从学者的角度介绍了国家国际发展合作署的"前世今生"。

呼吁已久

此前援外事务由"部际协调机制"进行管理。宋微介绍，机构改革前，中国对外援助主要是由"部际协调机制"进行宏观协调和管理，核心为商务部、财政部和外交部三家，由商务部担任组长，另两家单位担任副组长，其他成员包括40余家部委和相关单位。具体落实工作则由商务部对外援助司负责。

在此机制下，无论是从商务部角度的平行协调，还是从对外援助司角度的下对上协调都存在一定的难度。此次机构改革将国家国际发展合作署定位为国务院直属的副部级单位，使得上述协调问题迎刃而解。

《北京青年报》记者注意到，除了以上三个部委以外，还有其他部委承担和管理一些对外援助事务。如国家卫生健康委员会负责援外医疗队的选派和管理；中国人民银行负责与多边开发银行的联系；中国进出口银行负责优惠贷款项目；科技部管理中国对外科技援助工作等。地方也有管理对外援助事务的职责。

各省区市的地方商务主管部门负责一定的对外援助管理工作，除了协助商务部做好相关工作，还要参与属地企业的相关对外援助项目管理、对外援助实施主体的监管等。

中国的具体援助工作深入受援助国国内，一般由驻外使馆经商处或中国派驻受援国的经济代表处负责。

适应趋势

使各领域援助举措能在受援国形成合力。谈及国家国际发展合作署成立的背后，宋微还强调称，国家国际发展合作署的组建是为了适应当前国际发展筹资格局变动、精准满足广大发展中国家的发展需求而设立。

她表示，当前以"国际经济合作组织/发展援助委员会"（OECD/DAC）为代表的西方传统援助国的对外援助规模增长乏力。以美国为例，特朗普政府不断向国会要求削减对非援助预算；同时广大发展中国家正在积极发展工业化，对外部发展资金的需求增加。

这就对中国对外援助资金的管理和使用提出了更高的要求，中国援助资金的使用必须力求与发展中国家的发展需求精准对接，必须最大限度地整合现有对外援助资金来源，提高援助效率。

宋微称，总的来说，设立国家国际发展合作署，在宏观层面，可以优化对外援助的顶层设计，使其充分反映中国的全球治理观、利用援外资金配合"一带一路"和"国际产能合作"重大项目落地；在中观层面，可以更好地协调农业、卫生、教育等各专业部委的对外援助工作，使得各领域援助举措能够在受援国形成合力；从微观层面，可以更深入地调研受援国发展瓶颈和诉求，从而为其量身打造差异化的发展方案。

此外，从大国外交角度看，陈须隆认为，"和平和发展"作为当今世界的两大主题，"发展"中很重要的一部分是增加对发展中国家的支持、帮助和援助，这需要通过国家国际发展合作署来落实。

宋微还表示，从国际发展援助趋势看，项目援助（CPA:country programmable aid）已成为主流，即：为受援国制定未来3—5年的重点发展目标，以此为中心，综合设计援助内容。国家国际发展合作署未来一定会在突出重点、综合规划援助方案、避免"碎片化"方面发挥积极作用。

（接受《北京青年报》采访 2018 年 4 月 19 日）

三、面临的挑战及前景

中国对非援助根据中非双方的发展诉求不断调整，在理念和政策上都积累了宝贵的经验，形成了中国特色的对非援助模式，不仅受到了受援国的广泛欢迎，也逐渐赢得了国际社会的客观评价。然而，当前受全球经济低迷的影响，发达国家保护主义、民粹主义抬头，发展援助不但在规模上出现了不同程度缩水，而且在目标和动机上也逐渐沦为实现国家利益的工具。而非洲国家正在经历经济快速发展向工业化、现代化的双重转型，需要更多的外部支持和助推，因此对中国援助寄予更多期待。如同习近平总书记在 2018 年 6 月中央外事工作会议上所言，"世界处于百年未有之大变局"，[①] 中国对非援助的意义和价值也正在超越中非关系的范畴，影响着全球发展治理权力建构的变革。面对时代的要求，中国对非援助应该在总结和继承历史经验的同时实现新的突破，具体而言应处理好以下三对矛盾：

第一，不附加政治条件与确保援助效果之间的矛盾。中国对非援助从启动之初就强调"不附加政治条件"，这在中国援助以援建基础设施和提供技术援助阶段并不存在问题，因为硬件设施和硬核技术的实施效果具有可视性。但是随着当前中国对非援助将加强治国理政交流、提升非洲治理能力作为重要内容，如何保证援助效果则需要认真研究。能否落实和应用则完全取决于非洲国家自身的意愿，而非洲有些国家在政务公开和监督机制方面暂时的不足弱化了变革的主观意愿，导致治理能力提升与中国对非援助或难以及时建立起"强相关"。以"一站式服务"的实施效果为例，部分非洲国家主管经贸的官员曾参

---

① 《努力开创中国特色大国外交新局面》，中国外交部网站，2018 年 6 月 25 日，https://www.fmprc.gov.cn/web/wjdt_674879/gjldrhd_674881/t1571169.shtml。

加过中国政府举办的官员培训，深入学习了中国为外国投资者提供的"一站式服务"并应用于本国以优化营商环境。但是在实践中中国投资者都反馈"根本没有什么简化审批流程"。[①] 由此推之，如果治国理政经验交流只停留在当地行政部门的口头和文件里，缺乏监督与评估，那么提升非洲国家治理能力的效果肯定会大打折扣。基于此，中国对非援助在不附加硬性改革条件的前提下，要保障援助效果就一定要加强评估。这种评估既要包括对中国自身对援助项目设计、执行及是否实现预期效果的综合性自评估，更重要的是要包括将受援国相关方视为平等、独立的发展合作伙伴的评估。这种评估有别于援助附加政治条件，前提是在项目设计和执行的各个环节都将受援国作为平等的合作伙伴，依此逻辑才能保证责任共担和相互问责的合法性。

第二，尊重受援国自主发展与提升援助可持续性之间的矛盾。中国对非援助始终以非洲国家自身的发展意愿为前提，援助项目的设计都以非洲主动提出的诉求为基础。这种对非洲国家实质性的尊重不仅使得非洲受援国领导人在国家的发展规划中更有信心、加强了其政治领导的合法性，而且也提升了非洲在国际发展援助领域的议价能力。例如，中国援助使得安哥拉在与IMF 的贷款谈判过程中更有底气，几次拒绝了 IMF 的硬性改革要求。然而随着中国对非援助规模的扩大，中国企业的参与积极性不断升高，有些企业开始利用"尊重受援国自主发展"这条原则与受援国主动接洽，甚至从自身获利的角度做出项目可行报告提交给受援国，让其向中国政府主动提出。这就是所谓的优惠贷款项目中存在的"企业倒逼政府"的现象，导致一些援助项目盲目启动、盈利能力不足、后续还款困难，成为西方国家批评中国将非洲推入"债务陷阱"的口实。针对该问题，中国政府亟须在尊重受援国自主发展意愿与加强项目前期评审之间明确边界，可以考虑与受援国政府部门一起进行项目调研、客观进行盈利能力与还款能力评估，从而避免在受援国政府主动提出时陷入"原则性"被动。此外，针对交付后出现还款困难的项目，中国可与受援国政府一起研究如何进行商业化盘活的方案，支持受援国政府

---

① 赴赞比亚首都卢萨卡访谈赞比亚发展署官员，2017 年 7 月。

以公开招标的形式引进投资或股权转让。

第三，突出中国援助管理模式比较优势与开展国际合作之间的矛盾。中国对非援助在政策设计、援助领域以及资金流方面都迥异于西方，为非洲国家提供了获取外部支持、实现现代化的另一种选择。随着非洲国家对中国援助的认可度与期待值的提升，西方主导的发展援助体系对中国的态度也从竭力挑剔转变为正视与反思，政策也从直接抨击演变为接触和影响。2011 年以来 OECD/DAC 大力倡导建立"全球有效发展合作伙伴关系"（GPEDC）、官方可持续发展援助发展援助总量（Total Official Support for Sustainable Development, TOSSD）评估方法，以及新近推出的统计口径赠予等值法（Grant Equivalent）等都有将中国的援助管理模式吸纳其中的战略意涵。同时，美国、法国、英国以及澳大利亚等 DAC 成员国接连向中国投来针对非洲开展三方发展合作的"橄榄枝"，日本甚至设想直接在三方的友好城市间开展发展合作以绕开国家层面的烦琐批复。[1] 针对如此复杂的国际发展援助格局，在战略层面上，中国作为全世界第二大经济体以及最大的发展中国家要想为发展中国家代言显然不能隔绝于体系之外；在技术层面上，中国也有必要学习和借鉴国际经验，实现优势互补。因此，建议中国以更加开放、包容的态度开展与 DAC 国家以及印度、泰国等新兴援助国的三方或多方合作，实现理念、能力与资金的互补，共同为非洲现代化的发展提供助力。

综上所述，70 年来中国对非援助在理念和实践上都实现了创新和突破，为非洲国家的民族独立和经济发展做出了不可磨灭的贡献。随着中国经济实力和国际地位的提升，广大发展中国家对中国的预期不断攀升，希望中国能够扩大对外援助规模、能够为发展中国家更多发声、能够让全球发展更多体现发展中国家的诉求。站在新的历史起点，回望 70 年的发展历程可以得出的基本结论是，中国的发展既离不开与非洲等发展中国家的合作，也无法独立于世界体系之外。未来中国应在继承和发扬不附加政治条件、推动受援国自主发展的传统优势的基础上，与时俱进，不断根据非洲国家发展形势调整对非援助管理方

---

[1]　赴泰国首都曼谷访谈日本协力机构官员，2019 年 6 月。

式，为推动非洲国家的可持续发展以及非洲大陆群体性崛起贡献力量。

专栏15——积极担当全球治理责任

继《对外援助管理办法》以中华人民共和国商务部令形式颁布以后，中国政府又出台了《对外援助成套项目管理办法》《对外技术援助项目管理办法》《对外援助项目实施企业资格认定办法》《对外援助物资检验和验放管理办法》《对外援助物资项目管理办法》《对外援助项目采购办法》等一系列对外援助政策法规，积极推进对外援助法制化进程，彰显了大国担当责任、积极参与全球治理的信心和决心。

此次出台的系列对外援助管理办法主要体现了如下特点：

首先，坚持依法行政。其一，依据《行政许可法》制定的《对外援助项目实施企业资格认定办法》将全部援外项目实施企业纳入行政许可，其中成套和物资项目总承包企业采用一般行政许可，其他主体通过资格招标的方式进行行政许可。其二，《对外援助项目采购办法》实现了与《政府采购法》全面对接，统一规范了各类援外项目采购制度，适用于选定各类援外项目实施企业的活动，包括成套项目总承包企业和项目管理企业、物资项目总承包企业、技术援助项目实施单位、人力资源项目实施单位和各类咨询服务单位。其三，依据《招标投标法》的基本原则，进一步完善现行援外项目的竞争招标制度，加强对任务分配权的内控和监督，落实公平、竞争、效率的竞争原则。

其次，转变政府职能。政府主要负责政策规划、法规制度建设、项目前期可行性研究、项目立项和项目后评估；执行管理机构主要负责援外项目立项后的组织实施和监督管理工作；项目的事务性和技术性管理工作交由市场主体承担。政府退出微观事务管理，进一步转变政府职能。同时，进一步强化项目管理机构的监管职能，针对各类型项目均规定按实施阶段和要素进行管理，在落实实施主体责任的同时，对项目管理机构的具体监管环节和监管内容提出明确要求。项目管理机构可综合运用资金拨付、内部审计、检查验货、中检验收、项目巡检等方式，加强对外援助项目的事中和事后监管。

再次，创新管理方式。一方面，减少了援外项目实施主体。《对外援助成套项目管理办法》将1993年以来援外成套项目由考察、勘察设计、施工、监理等多个实施主体分工制衡的传统实施模式，简化为"项目管理＋工程总承包"的新型实施方式，将实施主体减少为项目管理公司和工程总承包企业两类。这有利于分清责任主体，落实各方责任，从而提升管理效率。另一方面，推动了援外项目的本地化实施。《对外援助成套项目管理办法》在传统"中方代建"模式的基础上引入"受援国自建"模式，允许受援方在中国政府援助资金和技术支持下，自行负责成套项目的勘察、设计和建设全过程或其中主要阶段任务，并相应承担建成后运营、维护责任，中国政府对受援方自建项目采取外部监管的管理模式。

最后，防范廉政风险。一是政府部门退出微观事务管理，加强项目管理机构对项目的监督管理，减少行政审批事项。二是加大援外项目的评估和监督力度。三是建立援外项目风险承担机制及风险保障措施。四是完善企业资格认定制度。通过建立实施企业资格认定公开监督机制，优化实施企业队伍。综合考虑实施企业的技术资质、业绩、金融资信条件、履约能力和诚信情况等，科学设定资格审查和资格招标条件，确保有实力、有能力的优秀企业进入援外实施企业队伍。对于不具备申请资格或不符合条件的企业，可撤销其资格；实行资格动态管理，资格有效期3年，到期重新审查时，对于违反援外规章和合同规定受到处罚的企业，将取消其资格。

上述对外援助管理办法从行政法规层面规范了中国对外援助工作，体现了中央和国务院关于全面深化改革、行政审批制度改革以及推进依法治国的具体要求，进一步提升了中国对外援助服务国家对外战略的能力和水平，从而有力推动了中国参与全球经济治理的进程。

（载《国际商报》2016年1月13日）

第三节　中国对非援助实现了发展议题"全覆盖"

中国对非援助覆盖了减贫、健康、教育、两性平等、环保以及治理能力等联合国《2030 年可持续发展议程》中包含的所有发展领域，全面推进非洲受援国的现代化发展进程。

一、减贫

2008 年金融危机爆发以来，中国对非洲最不发达国家的援助始终保持稳步增长。在传统发达国家受国际金融危机影响援助资金增长乏力的情况下，中国对这些国家的援助规模不断扩大，援助重点在于支持减贫和民生事业。

基础设施落后同样是制约非洲最不发达国家经济增长的突出问题，中国根据不同国家经济发展条件，合理安排无偿援助和无息贷款资金，积极发挥公私伙伴关系的融资优势，帮助这些国家建设基础设施项目。2008 年以来，中国援建非洲最不发达国家的基础设施项目涉及交通运输、电力、电信通信等领域，有力支持了这些国家改善基础设施条件。例如，2009 年 5 月，中国援建埃塞俄比亚的格特拉立交桥建成，该桥为四路全互通立交桥，全长（含引桥）8281 米，大大改善了首都亚的斯亚贝巴城区的交通状况。毛里塔尼亚努瓦克肖特友谊港是中国 20 世纪 80 年代援建的项目，年吞吐量 50 万吨，对毛里塔尼亚经济的发展产生了重大促进作用。2009 年 5 月，中国向毛里塔尼亚提供优惠贷款用于友谊港的扩建工程，该项目建成后港口年吞吐量将达到 400 万吨。2011 年 1 月，中国援助的乍得 CDMA20 万线项目竣工，有效改善了乍得的通信状况。中国在刚果（金）、喀麦隆、坦桑尼亚援建的光线骨干传输网项目，联通了众多城市乡镇，有效提高了这些国家的互联网普及率。此外，普通民众受经济危机的冲击最大，中国通过援建城市和农村公共福利设施、民用保障性住宅以及社会活动场馆等方式，支持非洲最不发达国家改善民众生活条件，切实提高生活水平。2008年10月，中国援建赞比亚的城市供水设施维修系统竣工，该项目解决了卢萨卡、恩多拉和基特韦3个城市12万居民的饮用水问题。2011年，中国在多哥的卡拉区和中央区打出200眼人工井，解决了当地2000多户民众的饮水问题。在苏丹达尔富尔地区和南苏丹朱巴市科托尔地区共打30多眼水井，有效解决了当地的缺水问题。2011年4月，中国援建的塞内加尔国家大剧院竣工，该剧院总建筑面积近2万平方米，是目前非洲规模最大的剧院之一。

　　粮食安全问题也是非洲最不发达国家面临的严峻挑战。中国通过援建农业技术示范中心、派遣农业专家以及开展技术合作等方式，积极帮助非洲最不发达国家提高农业生产能力，有效解决饥饿问题。2006年以来，中国已在卢旺达、刚果（布）、莫桑比克等国援助建成15个农业技术示范中心，并正在规划实施另外7个农业技术示范中心。例如，中国援建的利比里亚农业技术示范中心已经推广杂交水稻和玉米种植面积近千公顷，培训当地农业科研人员千余人。中国援建的卢旺达农业技术示范中心于2011年4月建成，总面积22.6公顷，包括培训示范区、生产实验示范区以及道路、水利等工程。该中心目前是卢旺达规模最大、设施最齐备的农业技术培训基地。此外，中国还持续向科特迪瓦格格杜垦区派遣专家和技术人员开展农业技术合作，对垦区农田水利设施和设备的使用与维护进行指导并培训科方人员，提供部分农机设备和农用物资，指导当地农民进行水稻种植。2012年5月，中国举办了"发展中国家菌草技术培训班"，来自贝宁、利比里亚等非洲最不发达国家的学员参加了培训，该项目对于解决当地粮食问题、提高农业生产多样化具有重要意义。此外，中国还向非洲提供紧急粮食援助。2011年以来，非洲之角地区遭遇了60年来最严重的旱灾，3000多万民众陷入饥饿，索马里、埃塞俄比亚、吉布提等国受灾严重。中国政府与国际社会通力合作，帮助上述国家缓解粮食危机。中国先后三次向非洲之角国家提供紧急粮食援助，总额达4.4亿元人民币，其中通过世界粮食计划署向索马里提供了价值1600万美元的粮食援助。2012年非洲萨赫勒地区爆发粮食危机，中国政府向乍得、马里、尼日尔等国提供了7000多万元人民币的粮食援助，帮助当地人民战胜危机。

专栏16——中非合作推动非洲包容性增长

21世纪以来，非洲大陆实现了高速增长，年平均经济增长率接近6%。第一个十年中，世界上经济发展最快的国家有6个在非洲，非洲已经成为世界经济增长新的一极。美国《外交政策》杂志刊文称："非洲正由世界施舍对象成为最佳投资地。"然而，非洲经济增长背后仍存在的问题，诸如非洲经济结构性的矛盾凸显，非洲没有完全摆脱贫困，非洲的发展并未改变其在世界经济体系中的地位。这种"有增长，无发展"的现象背后是包容性增长的缺失，非洲的经济增长还没有更多地惠及广大的普通民众，近一半的非洲民众仍然生活在贫困线以下。基于此，当前中非发展合作应加大力度推动非洲社会的包容性增长，使处于社会底层的非洲人有享受高质量基本服务的机会，从而实现公平、可持续的现代化发展。

要推动非洲包容性增长应重点关注以下两个发展领域：

其一，民生基础设施。首先，有助于将发展惠及贫困人口。大多数非洲人因于低工资和低生产率的工作，随时可能失业。劳动力出现结构性矛盾，同时社会保障体系又不完善，导致大量劳动人口的基本生活难以得到满足。其次，有助于将发展惠及低技能劳动力。非洲拥有世界上最年轻的人口，并且年轻人口比世界上其他地区增长更快。大多数人很难正式就业，大都不能充分就业，许多低技能的工人别无其他生计，很难靠劳动力市场生存。再次，有助于关怀弱势群体。妇女、儿童在转型经济体中处于极为脆弱的地位，很容易在经济急剧发展中被边缘化。

因此，中非发展合作应更多关注民生基础设施及其相关的人力资本投入，关怀底层民众和弱势群体，从而推动非洲经济向更加包容、公平的轨道转型。具体而言，一方面，加大民生基础设施的援助力度。资金短缺无疑是非洲基础设施领域面临的最大挑战。依据非洲基础设施发展计划（PIDA）的优先行动计划，估计到2040年非洲基础设施需要投入3000亿美元。当前，各主要援助方纷纷将关注点聚焦于大型基础设施投入，但民生基础设施领域同样应该重视。未来中非发展合作应继续重视低造价房、学校以及医院的建设，关注流浪者群体、妇女和儿童的基本生存和受教育权利和获得医疗服务的能力。另一方面，关注与民生设施相关的配套技术培训。中非发展合作应为社会弱势群体提供基本劳动技能培训，提高其参与社会分工的能力。同时，重点发展职业教育，提高劳动力的生产技能，保证其经济发展战略的顺利进行。推动教育培训与劳动力市场需求相适，促进充分就业，减小贫富差距，为经济的持续发展提供不竭的动力。

其二，电子商务。首先，有助于将最不发达国家纳入全球价值链。通过互联网平台，使下单、付款、运输更便捷，从而减少了所有贸易相关方的中间成本，为最不发达国家的企业创造了机会；其次，有助于推动中小企业参与全球贸易。通过电商平台，中小企业可以直接与国内市场和海外市场进行高效高质对接，从而降低了其参与全球贸易的难度；再次，有助于降低妇女迈入全球市场的障碍。电子商务减少了面对面的交流频率，也就降低了针对女性从业者的性骚扰和性索贿风险，从而部分克服了制约妇女参与的消极因素。

因此，中非发展合作应促进传统贸易方式与互联网相结合，通过开展跨境电子商务"联通非洲市场"，实现各国互惠互利。具体而言：第一，协助非洲国家规划电商发展。非洲大陆有50多个国家，经济发展水平不同，产业导向差异明显，有典型的资源依赖国家，有典型的转口贸易依赖国家。中国应在充分尊重非洲国家的差异化和个性化的基础上，照顾到不同区域、同一区域不同国家的产业差异，协助非洲国家制定电子商务的发展规划，为非洲大陆的数字互联互通做好政策保障。第二，加大ICT基础设施援助力度。首先，在援助领域上，加大对光缆电信传输网项目的援助力度，加强非洲国家的通信基础设施建设。其次，在融资方式上，可充分发挥中兴、华为在国际市场的技术和运营优势，采取混合注资的方式，推动非洲国家政府和当地企业的参与；再次，在援助渠道上，可以向多边渠道倾斜，利用世行、非洲开发银行、新开发银行等实施渠道，开展跨区域数字联通项目。第三，关注与数字技术有关的培训。在硬技术领域，加强对非洲国家的职业技术培训力度，扩大电子商务人才储备；在软技术领域，一方面要提升非洲国家一线海关官员的监管能力，推广海关报关自动化、电子汇票、单一窗口等管理理念的应用。另一方面要提升对非洲国家对外贸易主管官员的谈判水平，增强其在 WTO 框架下进行贸易便利化谈判的能力，携手共进为跨境电商创造发展机遇。

（载《环球时报（英文版）》2018 年 3 月 16 日）

二、健康

医疗卫生是中国对非援助的重要领域。中国与相关国家卫生合作交流不断深化，合作领域日益扩展，促成了一批影响大、受益广、效果好、口碑佳的早期收获项目。主要援助内容有：建设医院、医疗卫生中心和设立疟疾防治中心，派遣医疗队，培训医疗人员，提供药品和医疗物资援助等。

在援建医院和提供医疗物资方面，中国相继帮助南苏丹建设伦拜克基尔·马亚尔迪特妇女医院，在南苏丹、马达加斯加、尼日尔等国援建各类型医疗设施。根据科摩罗的实际需要，中国在科摩罗昂如昂岛援建了拥有 106 张床位、科室较为齐全的医院项目，同时配备螺旋 CT、彩超、X 光机和化验设备，安装了科摩罗第一部电梯。该医院投入运营后，一定程度缓解了科摩罗民众赴国外就医的难题，科摩罗方面将医院命名为"科中友谊医院"。中国援建几内亚的中几友好医院于 2010 年 9 月建成，总建筑面积 9200 平方米，拥有 120 个床位，被誉为当地的样板医院。此外，中国还向刚果（金）、乍得、毛里塔尼亚、马拉维等国提供抗疟药品，向乌干达、吉布提、几内亚比绍、南苏丹、马里等国提供乙肝疫苗、医疗设备和物资以及药品器械等，改善了相关国家的医疗卫生条件。

在加强公共卫生体系建设方面，中国对外援助通过援外培训、派遣专家等多种方式，提升受援国的公共卫生治理能力。在"后埃博拉"时期，中国继续帮助非洲国家建立疾病预防控制体系、公共卫生体系，加大对非洲公共卫生人才的培训力度，提高其应对突发公共卫生事件的能力。中国紧急投送移动生物安全三级实验室，在利比里亚高标准援建了拥有100张床位的埃博拉诊疗中心，中国支持塞拉利昂建立固定生物实验室、西非热带病研究与防治中心以及病毒性出血热国家参比实验室、病毒检测与生物安全国家培训中心。中国选派公共卫生专家参加联合国特使团、世界卫生组织驻非洲国家工作组。目前，中国应非盟和非洲国家邀请，参与非洲疾病预防控制中心的建设，加强实验室检测、疾病监测能力，邀请非洲医务人员来华进修，并继续派遣中国专家赴非洲国家开展工作，在疟疾、血吸虫等传染病以及妇幼健康等方面帮助非洲国家提高应对能力，支持非洲卫生体系建设。

在巡诊方面，中国的援外医疗队是国际上唯一由政府组织派出、无偿长期提供医疗援助的援外医疗队。自1963年向阿尔及利亚派出第一支医疗队起，中国援非医疗队几乎覆盖了所有非洲国家，极大地缓解了非洲最不发达国家的医疗服务供需矛盾，提升了当地医疗卫生水平。中国援外医疗队员克服环境艰苦、物资匮乏等困难，将中国传统医药、针灸以及中西医结合的诊疗技术带到非洲最不发达国家，成功治愈了一系列疑难顽症。2013年，习近平主席在刚果（布）接见援外医疗队员时，精辟概括中国援外医疗队"不畏艰苦、甘于奉献、救死扶伤、大爱无疆"的崇高精神。除派遣长期医疗队以外，中国也通过多种形式，集合国内专科优势，派遣短期临床专家组，开展免费义诊，并且进行现场集中教学。已开展的短期临床项目涉及白内障复明、唇腭裂修复和心脏病治疗等多个领域，参与的部门和组派的形式也十分多元。以"光明行"白内障复明手术为例，不仅卫生健康委和商务部等中央部门牵头组织了多次行动，地方省区市、民间组织和企业等也充分发挥区位优势开展活动。2010年，中国"光明行"医疗队首次踏上非洲大陆，为津巴布韦、马拉维、莫桑比克以及苏丹等非洲最不发达国家的上千名白内障患者进行治疗。仅2016年，中国在苏丹、喀麦隆、刚果（布）、科摩罗、摩洛哥、毛里塔尼亚、塞拉利昂、布隆迪等12国实施援外"光明行"白内障复明手术共约5000例。

三、教育

教育水平的高低决定着一个国家能否实现长远发展，中国政府历来重视对发展中国家教育领域的援助。中国通过援建学校、提供教学设备、提供来华留学奖学金等方式，积极帮助非洲最不发达国家提升教育水平、增加人力资源储备，从而提高其抵御经济危机的能力。针对非洲，中国教育援助内容主要包括：援建学校、提供教学设备和资料、派遣教师、在华培训发展中国家教师和实习生，为发展中国家来华留学生提供政府奖学金等。

除了派遣教师外，中国政府对非援建的学校项目也按计划成功实施。在2006年中非合作论坛北京峰会上，中国政府承诺为非洲国家援建100所农村小学；截至2009年底，已建成107所小学，并为30所学校提供了教学设备。2009年"沙姆莎伊赫行动计划"中，中国政府决定再建50所中非友好学校，包括小学、中学、职业技术学校等。实际新建了54所学校，并为6所学校提供教学设备。[①] 此外，2007年建成的"埃塞—中国职业技术学院"，可容纳3000名学生，极大地提升了非洲青年的技术水平和就业能力。

在提供来华奖学金领域，中国从20世纪50年代起开始资助其他发展中国家学生来华学习，七八十年代，中国应非洲受援国政府的要求，以接收留学生的方式，为坦赞铁路、毛里塔尼亚友谊港、坦桑尼亚煤矿等部分援建成套项目，专门培养中高级技术和管理人才。随着中非关系的深入发展，中国大幅增加了来华政府奖学金名额和来华培训教师名额，派遣更多的教师帮助受援国发展薄弱学科，加强与其他发展中国家在职业技术教育和远程教育等方面的合作。中国在教育领域的援助促进了受援国教育事业的发展，帮助受援国培养了大批教育、管理、科技等领域的人才，为受援国的经济和社会发展提供了智力支持。

---

① 《中非论坛第四届部长级会议经贸举措将如期落实》，https://www.mfa.gov.cn/zflt/chn/zxxx/t896091. htm。陈明昆、李俊丽、章剑坡：《中国对非教育援助与合作的发展阶段、成效和意义》，载《非洲研究》2016年第1卷，第160页。

四、性别平等

关于性别，中国不仅为非洲女性提供就业技能培训和官员行政能力培训来提升非洲妇女的就业能力和参政议政能力，而且还向非洲国家提供大批生殖健康物资来保障非洲妇女的生育权利。

在技能培训领域，鉴于非洲妇女在土地和财产权、继承权、教育权以及获得信用和技术权等方面都遭受严重的歧视，非洲国家的妇女就业机会少于男性，就业后平均工资也低于男性，中国从 1991 年开始在南非、卢旺达、莱索托等国举办的"走出去"技术班帮助当地妇女掌握食用菌培育技术，并逐渐拓展到传授刺绣、竹藤编等手工艺技术，帮助她们提高就业技能，提升独立能力。在促进女性就业方面，中国企业在非洲进行投资合作的过程中也十分注重为当地妇女创造就业机会。例如，华坚集团在埃塞俄比亚投入大量资金进行女工技能培训，并组织来华学习。后来，由于当地巨大的人才缺口，经华坚培训过的工人大量外流。尽管对华坚集团而言是不小的人才损失，但是对埃塞俄比亚当地而言，无疑实现了最大程度的技术外溢。

在官员培训领域，中国举办了"非洲英语国家女官员参与社会管理能力建设研修班""非盟妇女能力建设研修班"以及"乍得妇女能力建设研修班"等项目，分享中国在推进性别平等、妇女参与社会管理、妇女平等依法行使民主权利、平等参与经济社会发展、保护妇女儿童权益、推动民主法治进程等方面的成果与经验。

在保障妇女生育权利领域，针对非洲的孕产妇死亡率居高不下的情况，基于中国在计划生育、生殖健康以及制药领域的经验，2006 年中国启动了针对乌干达等 6 个发展中国家的"加强区域生殖健康服务中心能力建设项目"。该项目周期为 5 年，总投入规模为 300 万美元，旨在加强非洲国家生殖健康服务能力。

此外，为落实《中非合作论坛北京峰会宣言》提出的"增进在文化、科技、教育、体育、环保、旅游等领域以及妇女事务的交流与合作"的精神，全国妇联与埃及国家妇女委员会于 2009 年 10 月 13—14 日在埃及首都开罗共同举办"中非合作论坛——妇女论坛 2009"活动，此活动为中非合作论坛第四次部长级会议的配套活动。2015 年 12 月 4 日，中国政府在约翰内斯堡发表《中国对非洲政策文件》，要求继续加强中非性别平等领域的交流与合作，进一步深化妇女机构和组织交往，加强妇女问题高层对话，保持在多边妇女事务上的良好协作，共同促进中非妇女事业发展。继续向非洲国家提供必要妇幼领域援助，加强技能培训合作。

五、环保

中国从自身的发展经验出发，注重加强非洲受援国的环境保护意识，避免受援国走上"先污染、后治理"的传统工业化发展道路。

在节能减排领域，中国帮助受援国建设了光伏发电、风电、水力发电等项目，扩大清洁能源使用，减少碳排放。例如，中国为埃塞俄比亚做的清洁能源规划。在项目初期的综合勘查中，中国专家工作组考察了埃塞俄比亚 37 个潜在风电场开发区域和 2 个潜在太阳能开发区域。随后进行了 4 次、历时 2 年多的大规模现场考察，对资源富集的 40 多个区域进行深入调研，了解资源状况、地形地貌、交通条件、电网接入、地质、土地利用、环境保护、人文环境等情况，最终编制完成《埃塞俄比亚风电和太阳能发电规划报告》。埃塞俄比亚政府对于规划成果给予了充分肯定。该规划项目是埃塞俄比亚政府在清洁能源领域的一次宏观规划，对其经济社会发展具有重大意义。此外，中国还设立了 200 亿元人民币的气候变化南南合作基金，并将在发展中国家开展 10 个低碳示范区、100 个减缓和适应气候变化项目及提供 1000 个应对气候变化培训名额，这些援助举措将惠及非洲相关国家。

在应对气候变化领域，中国通过举办培训班、援助清洁能源物资等方式，提升非洲受援国应对气候变化能力。中国的培训项目涉及专题主要涵盖水资源管理与水土保持、旱区农业生产环境调控、环境友好型农业管理能力提升、林业管理和防沙治沙、环境友好型肥料的生产施用及示范、农村可持续发展及环境保护、气象灾害早期预警等领域。此外，中国还为非洲国家民众提供了大量清洁能源物资，帮助他们在日常生活中加强应对气候变化的意识和意愿。例如，中国援助加纳太阳能路灯项目共建设 275 盏太阳能路灯，采用高效的 LED 照明技术，可全自动工作，为总长 9 公里路段提供照明，提高了加纳首都阿克拉市部分道路夜间可视性，改善了公共汽车和夜班车辆的安全状况，为加纳城市道路使用太阳能路灯做出了示范，促进了中国与加纳在应对气候变化领域的合作。

在野生动物保护领域，中国政府积极参与野生动物保护的国际合作，履行相关国际责任和义务，致力于维护全球生态安全。中国向坦桑尼亚、肯尼亚、埃塞俄比亚等国提供野生动物保护相关物资支持，包括夜视仪、全地形车、皮卡车、帐篷、望远镜、野外照相机等，提高这些国家打击盗猎和非法野生动物制品交易的装备水平。由援助资金支持的"中非联合研究中心"在肯尼亚成立，主要围绕生物多样性保护、荒漠化防治和现代生态农业示范等方面加强中肯合作。

六、治理能力

能力建设问题决定着非洲最不发达国家能否实现自主发展，中国坚持"授人以渔"的援助理念，通过人力资源开发合作方式与非洲国家分享治国理政经验。例如，2011 年 8 月，中国为安哥拉举办"开发区建设部级官员研讨班"，来自安哥拉主要部委的 22 名部级和司局级官员考察了北京、深圳、澳门等城市，学习了中国经济开发区的发展经验。2011 年 10—11 月，中国举办"非洲英语国家智库研讨班"，来自非洲 15 个国家的政界、学界、媒体以及非政府组织的 24 名成员参加了研讨。

党的十八大以来，中国积极推进国家治理现代化，并将加强治国理政交流作为中国发展对外关系的重要内容，积极推动中国与其他发展中国家的政治互鉴，构建"人类命运共同体"。

在此背景下，中国对非援助加强了受援国的国家治理能力建设。2015 年 9 月，习近平在联合国成立 70 周年系列峰会上宣布成立"南南合作与发展学院"。该学院于 2016 年 4 月在北京大学挂牌成立，旨在总结分享中国及广大发展中国家的治国理政成功经验，帮助发展中国家培养政府管理高端人才，这是中国推动南南合作、促进共同繁荣的重要举措。2016 年 9 月，学院成功招收第一批来自埃塞俄比亚、柬埔寨、牙买加等 23 个国家共 48 名博士和硕士学员，在长时间的学习生活中，学员们积极参与课程学习研讨，到中国各地实地参访，直观感受到了中国经济的快速发展、社会的蓬勃向上和民生的持续改善，亲眼看见了中国特色发展道路的成功实践，[①] 从而激发了对中国发展经验的学习热情。吉布提争取进步人民联盟总书记、政府财政部长达瓦莱表示："中共治理的是世界上人口最多的国家，其面临的挑战也会是许多发展中国家在寻求现代化与工业化过程中必将遭遇的挑战。中共的经验对发展中国家来说是宝贵的。"

除上述领域外，中国还积极通过多边援助推动非洲的联合自强。近年来，非洲大陆联合自强的步伐不断加快，经济一体化取得实质性进展。中国坚定支持非洲走联合自强之路，积极与非盟及非洲次区域组织开展多边合作。2012 年 1 月，作为近年中国在非最大援建项目的非盟会议中心正式落成，中国宣布未来年将向非盟提供 6 亿元人民币援助。金融合作方面，中国是非洲开发银行、西非开发银行和东南非贸易与开发银行的成员国。自加入以来，中国已向非洲开发银行的软贷款窗口——非洲开发基金累计承诺捐资 6.15 亿美元，并参与了非洲开发基金多边减债行动，支持非洲减贫和区域一体化。此外，中国还与联合国环境规划署、国际减灾战略秘书处等国际组织合作，开展气候变化与减灾合作。2012 年，中国承诺向国际货币基金组织非洲技术援助活动捐资 1000 万美元，推动非洲国家宏观管理能力建设。[②]

---

① 中华人民共和国商务部：《"砥砺奋进的五年"综述稿件：积极开展对外援助 推动构建人类命运共同体》，2017 年 10 月 11 日，http://www.mofcom.gov.cn/article/zt_qgswgzhh2017/gzzs/201710/ 20171002 656068.shtml。

② 中国国务院新闻办公室：《中国与非洲的经贸合作（2013）白皮书：促进多边框架下的合作》，http://www.scio.gov.cn/m/ztk/dtzt/2013/9329142/1429153/Document/1345081/1345081.htm。

专栏17——中国为非洲带来全新发展经验

近年来，随着中国与非洲关系的不断深入发展，治国理政经验交流也成为双方互动的重要方面。不同于西方式的强势"制度输出"，几十年来，无论是从自身的发展经验及非洲受援国的发展诉求角度出发，还是从国际发展范式的理论争鸣角度探讨，中国都支持提升非洲国家的治理能力和水平。以全球发展学公认的"易卜拉欣非洲国家治理指数"来衡量，中国对非援助全面覆盖了"安全与法治""参与和人权""可持续经济发展机遇""人类发展"四个方面。正因如此，中国对非援助在加强非洲治理能力建设方面的经验做法也受到了非洲国家及全球发展体系的积极评价。

从实际来看，中国的发展经验更适用于非洲。长期以来，发达国家一直希望将他们的发展理论应用于非洲，但非洲作为前殖民地不具备与发达国家类似的发展起点和条件，发达国家的强势推进还导致非洲一些国家出现了动乱。相比之下，来自中国的发展经验、理念和理论由于条件相似，对非洲国家有更大的参考借鉴价值。非洲国家政界和知识界不少人士认为，应重点向中国学习如何改善营商环境，吸引外来投资，探索国有经济与私有经济相结合的发展模式，同时应将中国发展经验与非洲实际相结合，不要简单复制。

中国援助更注重中非关系的平等地位。据《纽约时报》报道，"非洲当地人普遍认同，参与非洲基础设施项目的中国人的生活条件不能与殖民主义者相提并论，也不能跟目前在非洲居住的西方人相比。事实上，很多中国人在非洲的生活条件和多数非洲人相同，并且更加勤劳"。中国给非洲国家政要的印象是经常基于尊重和平等的理论与原则与非洲国家打交道。这对于一个曾被殖民统治过、习惯了西方双重标准的非洲大陆而言，具有强大吸引力。

中国援助提升了非洲国家的议价能力。当西方一些国家以停止援助或对投资设限的方式来试图强势制度输出时，中国"不附加条件"援助的跟进使西方国家的努力和作用"不那么容易达到目的"。2002 年，安哥拉结束了长达 27 年的内战。以美国为首的西方国家对安哥拉战后重建援助附加了诸多条件，致使其无法获得启动资金。而中国却坚持无条件资助安哥拉，使得其得以在与西方谈判中主张权利，最终推动了西方的让步。

提升治理能力对于非洲的自主发展至关重要。殖民者的到来使得西方的烙印深深印在了非洲历史发展进程中。在民族独立解放浪潮和第三波民主化过程中，西方宗主国又给非洲国家安排好了西式发展道路和政策路径。然而经历了一个世纪，非洲并未在西方的指导下摆脱发展困境、实现减贫。因此，非洲国家寄希望于从中国这里学到与西方新自由主义发展路径不同的发展经验，这正是当前非洲集体"向东看"的原因。

当然，治国理政经验交流不同于基础设施建设和技术转移。正如一位非洲观察员指出："缺乏透明度仍然是（非洲国家）所有主要财务账户的常态，包括石油收入和钻石收入以及国家银行和国家财政部门的账户等。安哥拉国会每年会忠实地投票通过预算，而其中政府所收到的钱的很大一部分不会出现在预算草案里。因此，官方预算是一份与现实毫无关系的文件，并且其大部分都不会被执行。"治国理政经验如何从交流、口头表态和文化转化为落实和应用，需要中非双方继续探索。相信随着中非双方政治互信的不断加强，外部的推动必将内化为内生的改革动力。

（载《环球时报》2019 年 9 月 24 日）

第六章 怎样评价中国对非援助

对于如何评价中国对非援助，国际组织与广大受援国有不同的看法，发达国家与发展中国家有不同的视角，即便在中国内部，普通民众、知识精英与政府也有不同的观点。"平等互利""共同发展"是中国对非援助始终不变的"初心"，由此出发来评价，我们认为中国对非援助总体来说是有效的。

第一节 西方主导的援助体系的"规训"

随着中非发展合作规模的扩大，西方国家从最初的舆论攻击逐渐转为制度性的"规训"。西方主导的援助体系不断通过制定多边援助框架和规则，希望将中国对外援助特别是中非发展合作遏制在他们的"框框"里。

一、OECD/DAC 倡导的"援助有效性"评估

冷战结束后，国际经合组织发展援助委员（OECD/DAC）探索推出"援助有效性"评估框架，既统合发达国家的援助行为，也旨在规制新兴援助国。1996 年，OECD/DAC 发表了题为《发展合作在塑造 21 世纪中的作用》的报告，初步提出援助有效性概念，强调国际发展合作模式应从援助国主导向受援国主导转变。[1] 2002 年 3 月，联合国在墨西哥蒙特雷市召开发展筹资大会，并通过了《蒙特雷共识》，呼吁采取措施增强援助的有效性，要求援助国根

---

[1]　OECD/DAC: *Shaping the 21st Century: The Contribution of Development Co-operation* (May 1996).

据受援国发展需要和目标提供援助，增加受援国对援助方案的参与，降低援助行政成本，取消援助附加条件，加强援助政策协调和成果评估。① 2003 年 2 月，经合组织与世界银行联合在罗马组织召开了首届援助有效性高层论坛。与会方主要讨论如何通过加强援助国之间的协调来提高援助有效性。② 2005 年 3 月，OECD/DAC 在巴黎召开第二届援助有效性高层论坛，来自 91 个发达国家和发展中国家以及 39 个多边发展组织和非政府组织的高级别代表聚集在一起，讨论衡量援助有效性和提高援助质量的新规则。会后达成了《巴黎宣言》，成为"援助有效性"评估的指导性文件。

《巴黎宣言》提出提高援助有效性的五项原则，旨在规范所有援助国的行为。一是主导权原则，伙伴国（即受援国）在制定和落实本国发展政策和战略过程中行使有效的主导权，并协调在本国开展的各种发展合作行动；援助方应尊重伙伴的主导地位并帮助他们加强行使主导权的能力。二是一致性原则，援助方制订可预测和指标清晰的年度和中长期援助计划，援助计划应与伙伴国的国家发展战略保持一致并尽可能使用伙伴国的管理机构和管理系统（包括公共财政管理、会计、审计、采购、监督等）来实施；伙伴国在援助方支持下加强能力建设，并采取必要的改革措施，建立符合国际规范的公共财政制度和国家采购制度。双方共同对改革进展进行评估。此外，援助国继续推进援助"解除捆绑"进程。三是协调性原则，援助方采取更加协调的援助行动，采用统一的援助方案以及筹资、实施、监督、评估和报告机制，减少重复行为，降低援助成本。四是绩效管理原则，重视援助效果，建立以结果为导向的援助绩效评估体系。五是共同责任原则，受援国与援助国在使用发展资源和实现发展目标上共同承担责任。③

为监督《巴黎宣言》的执行情况，OECD/DAC 于 2008 年 9 月在加纳首都阿克拉召开第三届援助有效性高级别论坛。会议对《巴黎宣言》的执行情况进行了中期评估，认为《巴黎宣言》的落实取得了一定的进展，如许多发

---

① UN: *Monterrey Consensus of The International Conference on Financing for Development* (2002).

② OECD: *Rome Declaration on Harmonisation* (2003).

③ OECD: *Paris Declaration on Aid Effectiveness* (Match 2005).

展中国家提高了对公共资金的管理水平，援助方在受援国逐步加强援助活动的协调。但评估同时认为落实的步伐太慢，改革力度不够。会议通过了《阿克拉行动议程》。议程提出要加快《巴黎宣言》的落实进度，同时对《巴黎宣言》的有关原则进行了进一步的发展和细化。一是主张加强发展中国家的发展主导权。援助国要最大限度地利用受援国的体系实施援助项目，同时，发展中国家政府在制订国家发展政策以及实施和监测国家发展计划时要与议会、地方政府以及公民组织密切合作。二是呼吁建立更有效和包容性的发展伙伴关系。援助方加强分工合作，减少项目重叠，降低管理成本。援助国要最大限度地推进援助"松绑"进程。议程首次对南南合作的方式和特点给予认可，认为南南合作是南北合作的有益补充，并对援助主体的多元化特别是公民社会组织（CSO）的参与表示欢迎，鼓励所有发展援助的参与方在发展合作中将《巴黎宣言》的相关原则作为参考。三是重视发展成果。援助双方要提高援助透明度，相互间开展评估和审议，就发展成果相互问责并同时对各自公民负责。援助方要提高援助可预见性，向发展中国家提供 3 到 5 年援助资金和实施规划。①

为尽快将南南合作以及其他形式的非传统发展合作纳入"援助有效性"评估框架，OECD/DAC 于 2011 年 11 月在韩国釜山召开了第四届援助有效性高层论坛。在会前磋商成果文件的过程中，发达国家和新兴经济体就南南合作性质和所承担义务的表述产生分歧。尤其是发达国家要求开展南南合作的发展中国家，特别是新兴经济体，在从事国际发展合作活动中使用与发达国家同样的监督指标和评估标准，这一要求遭到中国、印度等新兴发展中国家的反对。各方未能就成果文件达成一致。在釜山会议上，磋商小组和发达国家与中印等国就草案进行了多轮磋商，最终接受了中印两国联合提出的修改文案。会议最终通过了关于构建有效发展合作伙伴关系的《釜山宣言》。

《釜山宣言》主要包括两项主要内容。一是在肯定援助有效性原则落实效果的基础上，将"援助有效性"概念扩展为"发展合作有效性"。相比 20 到

---

① OECD: *Accra Action Agenda* (2008).

25 年前，目前援助国对援助实施过程的干预更少，援助做法更加透明。但援助有效性各项原则的落实进度"既不够快速也不够深远"。同时，对于发展问题，发展中国家自身的财政收入应发挥更大的作用。为此，要支持发展中国家加强关键部门的机制和体制建设，并采取必要的改革措施，以便更有效地调动资源和提供服务。二是在明确南南合作的性质和所承担发展责任的基础上，提出建立发展合作全球伙伴关系。《釜山宣言》指出，南南合作、三方合作、新型公共—私人部门合作、促贸援助、公民社会组织和慈善机构的援助活动，以及其他发展合作模式的作用越来越突出，成为南北合作的补充形式。① 因此，有必要构筑一个新的全球发展伙伴关系。该伙伴关系建立在共同的目标和共享的原则基础上。共同的目标就是实现可持续发展。

从《巴黎宣言》到《釜山宣言》，OECD/DAC 确立了国际发展合作新的行动准则，并和《千年发展目标》和《蒙特雷共识》一起构成国际发展合作新的政策和规则框架体系，共同指导新时期国际发展合作的开展。应该承认，援助有效性原则的提出具有一定的合理性，是国际发展援助理论的重大进步。例如，援助有效性原则强调受援国对本国发展战略以及外来援助的实施和协调拥有主导权，这是新规则相对传统规则最明显的重构和进步，改变了多年来发展中国家被动接受发展援助的情形，对发达国家强迫受援国接受西方发展理念起到了一定的遏制作用，同时，也推动了受援国制定本国发展战略能力的提高。再如，援助有效性原则注重援助结果，强调援助的计划性和可预测性，注重效果评估，这些规则有助于提高援助的针对性和效率。

但是，援助有效性议程一直由发达国家主导，更多地体现了发达国家的思路。发展中国家虽然积极参与，但话语权和影响力毕竟有限，很多规则仍是由发达国家主导制定，还存在不少局限性。主要表现在：

其一，援助国通过援助干涉受援国内政的情形并没有根本性改变。《巴黎宣言》倡导受援国在利用援助资源时有更大的自主权利，援助国应尽可能使用受援国的体系实施援助项目，但同时要求受援国必须在援助国的"帮助"

---

① OECD: *Busan Cooperation Forum* (Nov. 2011).

下采取改革措施，改善国家治理，援助国参与对受援国治理能力改善方面的评估。也就是说，受援国必须建立符合西方价值观的国家治理体系，才能取得对发展援助的主导权。从这个意义上说，援助国并没有将发展援助领导权毫无保留地让渡给受援国。在实践中，西方国家常常对受援国实现机制体制改革抱有不切实际的希望。西方国家从未放弃以援助为手段干涉受援国内政，经常对"不听话"的发展中国家实施打压。

其二，援助有效性规则的另一个不足是对援助量的重要性强调不够。多年来，西方发达国家援助投入不足一直是影响援助成效的重要因素。在讨论发展援助的各个国际场合中，发展中国家最关心的就是援助国能否兑现援助承诺，其提供的援助规模何时才能达到联合国多次提倡和呼吁的目标，即占到援助国国民总收入的 0.7%。但发达国家对这一问题一直采取回避的态度，援助有效性各届论坛成果文件对增加援助规模未给予足够的重视和强调，更没有设置指标和完成的年限。自 2005 以来，官方发展援助占援助国 GNI 的比例在 0.3% 左右，远未达到联合国倡导的 0.7% 的水平。众所周知，一定规模的量变才能导致质变。发展援助执行的质量无论多高，如果没有一定的规模，则难以对发展产生足够的影响。特别是国际经济危机以来，发达国家兑现援助承诺，增加发展援助的动力越来越不足。在援助有效性釜山论坛上，发达国家抛出发展有效性的概念，降低发展援助的作用，强调受援国利用本国财政资金满足发展需求的重要性，要求中等收入国家承担更多的发展援助责任，私人资本应对发展做出更大的贡献，这反映了发达国家推卸、转嫁国际发展援助责任的心理。

专栏18——西方援助落入腐败和官僚化陷阱

近期西方舆论频繁围攻中国对外援助，甚至还杜撰"债务外交"这样不伦不类的概念来指责中国对其他发展中国家的正常援助。之所以要造出这种言论，不仅源于西方因面对新兴国家崛起而产生的焦虑，更深层次的内因在于西方国家正面临自身援助体系的整体性困境。

西方援助体系以政府主导的双边援助为主、以对联合国及地区开发银行进行捐款的多边援助为辅，并积极支持国际非政府组织（NGO）开展活动。当前这三种渠道无一不走向异化，并不同程度地打上了"死结"。

受本国民粹主义影响，西方发达国家政府主导的援助发展意涵淡化、公信力下降。援助被当作政治工具，仅投资于有助提升本国竞争力、改善本国利益的领域，并不能真正促进受援国发展。这就导致受援国对西方援助动机的普遍鄙夷。笔者近来与一位尼日利亚高级外交官谈到发展援助时，他一改克制、温和的"外交表情"，愤怒地说："难道我们会相信西方援助是无私的？是慷慨的？是为我们着想的？"此外，近期卢旺达放弃特朗普政府的贸易援助，誓言发展本土纺织业的做法，也让西方援助国大跌眼镜。

国际多边发展机构陷入"自身利益独立化"、害怕评估，导致丑闻频出。国际发展机构雇员由几十万人的精英群体组成，他们拥有中产偏上的高收入，以及明朗的职业发展前景。通常经过国际多边机构几年的历练后，在本国的涉外领域都能谋得更高的职位。这就导致一些西方精英开始固化和加紧维护自身利益，使用各种手段使例行的评估工作表面化。笔者曾在非洲访谈一位相关机构的负责人，如果发现援助项目执行中存在违规和腐败问题怎么办？他的回答倒是开诚布公，说一般会掩盖，因为一旦公布就会影响到他继续获得持续的拨款，那他就失业了。而去年年底联合国在主要注资国的强烈呼吁下对"乌干达难民援助计划"进行调查，发现耗资数百万美元的腐败和不当行为证据。英国旋即宣布停止援助拨款，德国紧随其后。德国驻乌干达大使阿尔布雷希特·康泽表示："对于贪腐行为，德国非常震惊。特别是德国的很多援款来自私人捐款。当捐款人发现自己的捐款没有被很好地使用甚至被挪用时，愤怒可想而知。"

国际NGO正处于道德外衣掩盖下的"问责盲区"，官僚作风严重。笔者在刚刚开启田野调查的时候，就存在一个困惑——为什么越落后的发展中国家，越有超豪华的国际酒店和消费场所？例如安哥拉的首都罗安达就是世界上消费最高的首都。鳞次栉比的高楼大厦与当地的贫民窟形成了极强的视觉冲击。这些高消费场所肯定是当地居民消费不起的，那又是给谁的呢？受援国的官员给了笔者答案，原来他们每年要接待上千名国际NGO派来的各类专家。这些专家每年要到受援国公干，住国际酒店、租车进行"考察"。他们以援助为名，设立专门网站，不但能收到大量国际募捐，还能申请本国政府支持。但是观察家也发现，国际NGO的筹款能力与其实际用于发展的支出存在巨大鸿沟。以缅甸风灾为例，某西方NGO募得了上亿美元的善款，实际对缅甸的救灾支出也就十几万美元，而这些NGO的工作人员所做的可能仅仅是在网络上复制粘贴了风灾的照片到募款网站上。难怪当地人会说"是国际NGO援助了缅甸吗？是的，但是，缅甸首先养活了NGO！"除此之外，这些NGO的文牍主义也一点不比西方政府机构差。他们要求受援国填写包括项目方案、拨款进度申请、评估报告等各类烦杂的文件，这也是导致越来越多的受援国不希望本国出现国际NGO的原因。而西方国家的政府机构也不是没有发现这个问题。一位非政府组织高管表示，"与过去相比，她的组织对美国政府的声音和影响力更小。我们经常像承包商一样被对待。在美国政府看来所有非政府组织都很相似。"

西方援助体系在设计之初确实具有先进性，它考虑到了官民互补、权力制衡以及问责与监督等多面因素。但是任何事物的发展如果不进行自身的反省和调整，都将被时代所抛弃，西方援助体系也不能例外。仅仅依靠打压新兴援助国根本无助于西方走出整体性困境，历史同样将给出证明。

（载《环球时报》2019年6月17日）

二、UNDP 与 OECD 发起"全球有效发展合作伙伴关系"

2011 年，经合组织和联合国开发计划署联合发起成立"全球有效发展合作伙伴关系"（Global Partnership for Effective Development Cooperation，简称 GPEDC），成为当前国际发展援助领域最重要的高级别会议之一。GPEDC 名义上宣布其成立的宗旨在于推动国际发展合作各利益相关方共同参与提高发展有效性，助力实现可持续发展目标（SDGs）。但是，所谓的"国际发展合作各利益相关方"所特指的就是中国为代表的新兴援助国，或者更确切地说主要是中国。

GPEDC 倡导在发展合作中贯彻四项原则：

一是发展中国家对发展议程的自主权。只有在发展中国家的领导下，采取适应不同国家具体国情和发展要求的项目实施方法，发展伙伴关系才能成功。（1）同发展中国家的议会合作，提高他们对所有发展合作项目的审查能力；并赋权于发展中国家的地方政府，将可持续发展目标落实到地方，支持社区同地方政府互动。（2）支持透明、负责任、包容的国家发展战略，鼓励所有援助国尽可能同发展中国家的发展战略相对接。（3）注重加强发展中国家的国家治理体系建设，增进援助方之间的协调，并支持发展中国家的当地企业和非政府组织参与采购过程。

该原则虽然强调发展中国家主导，但是却将发展中国家打散成议会、地方政府、社区等多个行为体，实质上弱化了发展中国家与发达国家的谈判和协调能力，客观上仍然是发达国家援助机构拥有绝对的决策权。

二是注重成果。发展行动必须与发展中国家的发展议程保持一致，对消除贫困、减少不平等以及加强发展中国家的发展能力产生可持续的作用。（1）注重制定并使用国家层面的成果框架，根据动态结果及时调整成果框架，以更好地反映可持续发展目标的子目标和绩效指标，并公布成果数据。（2）支持发展中国家的国家统计体系建设，尽量使用该统计体系，形成分类数据，并公布发展项目进展情况。

该原则实际上是对 2005 年《巴黎宣言》中的指标的再度认可，此前已经广受发展中国家质疑。

三是包容性的发展合作伙伴关系。开放、信任、相互尊重和相互学习是有效地发展合作伙伴关系的核心，应承认每个发展机构承担的不同角色，而这些发展机构之间又发挥着互补的作用。（1）努力为包括发展中国家议会、地方政府、民间社会、企业、慈善机构和工会在内的所有合作伙伴创造有利环境，并支持建设国家层面的合作平台。（2）改善政策环境，鼓励企业从事负责任的、包容的、可持续的商业实践，支持企业与援助国建立伙伴关系、开展对话。（3）支持民间社会充分发挥其作为独立发展行动方的作用，确保其尽可能有效运作。（4）最大限度地与公益慈善机构建立伙伴关系，发挥其对可持续发展的特殊作用。

该原则尽管在表述上比较务虚，但其实质是要加强对发展中国家各利益群体的影响，以期达到把控发展中国家国内政治经济变革的目的。

四是透明度与双向问责制。建立双向问责机制是对发展合作项目的预期受益者和利益相关方的负责任之举，对于实现发展成果至关重要。而确保项目的透明度是加强问责的基础。（1）加强发展合作数据的及时发布，支持所有合作伙伴使用这些数据。（2）提升国家层面的相互问责制度，以包容和透明的方式将所有发展伙伴纳入问责体系。（3）提升受援国地方政府和议会信息公开的能力。（4）支持企业采用透明且负责任的公共和私人资金管理系统。

该原则仍然是对 2005 年《巴黎宣言》的重复，要求所有合作伙伴公布数据的延续，其实质不仅仅是统计口径对接的问题，而是发展合作理念和方式的"强制规范"。此外，"双向问责"应以权利对等为基础，而事实上发展中国家并不具有与发达国家谈判和议价的能力。

GPEDC 每两年举行一次会议，制定工作方案，明确各合作伙伴的工作目标与责任。2016 年 12 月，全球有效发展合作伙伴关系第二届高级别会议（GPEDC HLM2）在肯尼亚首都内罗毕召开。本次会议由肯尼亚政府和GPEDC 三个主持国（co-chairs）墨西哥、马拉维和荷兰联合主办，会议以论坛、全会、边会、辩论会等形式开展。除部长级别、议会级别会议外，会议还组织了包括青年、妇女、商务、私人部门、非政府组织等各种主题的论坛，讨论了最具包容性的国际发展合作可能的框架和评估体系，并选出了孟加拉、乌干达和德国三国作为新一轮主持国。会议通过了《内罗毕成果文件》，规定了在未来两年内各合作伙伴的工作职责和目标。

《内罗毕成果文件》重申了"四项原则"，并对各发展合作伙伴提出了明确要求。一是致力于确保发展进程不让任何一个国家掉队。二是在科学、技术和创新领域投资，以促进有效的发展合作。三是支持脆弱的、受冲突影响的国家，帮助他们获得推进具体发展优先目标所需的资源和伙伴关系。在推动脆弱国家的发展进程中，GPEDC 将努力加强各合作伙伴在发展、维和、安全和人道主义等领域的投入。GPEDC 将促进脆弱、受冲突影响的国家互相学习。四是认识到女性权利、性别平等以及女性赋权既是各自独立的目标，也是贯穿实现可持续发展始终的问题。GPEDC 将通过深化多伙伴关系，跟踪资源分配，加快实现这些目标；加强促进两性平等的预算编制和规划能力；增加妇女组织对发展伙伴关系的参与度。五是致力于青年与儿童的发展。GPEDC 将立即改进针对儿童相关发展合作和国内资源使用情况的报告机制，并加强青年参与问责的能力。六是了解到中等收入国家（MIC）所面临的具体问题，并将确保发展合作能够解决这些问题。GPEDC 还将促进有效的南南合作和三方合作。

尽管《内罗毕成果文件》既没有权威性也没有法律约束力，但是为落实《内罗毕成果文件》，GPEDC 在 2017—2018 年重点在五个领域开展了工作。第一，加强对国家层面有效发展合作的支持。GPEDC 通过对发展中国家提供战略支持，推动国家层面有效性原则的实施。GPEDC 认为如下三个因素从国家层面提升了发展有效性：通过政策框架凸显国家所有权；建立各利益攸关方对话的平台；包容性政策的出台。基于此，2017—2018 年，GPEDC 通过选择试点国家，重点支持上述三个因素，突出有效的发展合作和利益相关方伙伴关系对实现国家发展优先事项的影响，并在此基础上总结加强发展合作政策和体制安排的有益经验。2017 年 9 月，GPEDC 选择孟加拉国、坦桑尼亚、肯尼亚、老挝、墨西哥、乌干达以及缅甸作为试点国家（Pilot），2018 年 2 月针对试点国家的相关情况举行研讨会。第二，释放发展有效性及提升对

"2030 议程"的监测能力。GPEDC 的监测框架被认为是发展合作有效性相互问责的重要工具,是联合国统计委员会监测可持续发展目标 5 和 17 进展情况的证据来源。它追踪发展利益相关方在提高效率方面取得的进展,即伙伴国家如何有效地建立有利的环境和系统,以最大限度地发挥合作的影响,以及国际发展合作伙伴如何有效地提供支持。基于此,2018 年 2 月,GPEDC 组织讨论了针对试点国家的监测框架,2018 年 5 月公布了更新后的监测框架体系。第三,促进知识分享,扩大创新性发展解决方案。GPEDC 将所有利益相关方提供的有关发展有效性的知识和创新做法汇总起来,及时通过举办研讨会,进行知识分享。例如,2017 年 11 月举行了"新兴经济体研究人员非正式交流",促进不同发展合作方式间的交流;2018 年 7 月 13 日举办的"2018 年伙伴关系交流"等。第四,通过发展合作拓宽私营部门的参与。GPEDC 积极促进公私合作,以吸引商业投资和创造"共享价值"。2018 年 2 月,GPEDC 在孟加拉国举办了"推动私营部门参与发展合作技术研讨会"。第五,强化高层政治参与,加强宣传和公共传播。为此,GPEDC 举办了一系列公关活动,例如 2018 年 5 月举办的"发展数据节"以及"促进可持续发展行动全球节"等。

GPEDC 强调对所有发展合作伙伴"一视同仁",以及"参与即认可"原则。这是对新兴援助国和广大受援国利益的共同约束。这种"一视同仁"的立场表述恰恰是在全球经济低迷、发达国家保护主义抬头的背景下提出来的。尽管以金砖国家为代表的新兴经济体已经成为国际舞台上的一支重要力量,新兴大国在国际发展合作领域的实力整体走强,发达国家因陷于经济社会发展困境对外援助不断缩水,使得"南升北降"的趋势日益明显,但是 DAC 国家无论是在经济体量上,还是在发展援助的技术经验都拥有绝对的优势。发达国家仍应在推动 SDG 的过程中承担更大的责任。

因此,GPEDC 提出的"共同责任"实际上是出于实用主义外交利益,一方面企图弱化其为发展中国家提供资金、技术和能力建设等方面的承诺,另一方面试图要求新兴国家承担更多、更大的责任,并希望将新兴国家纳入西方主导的援助政策和规则中,接受西方标准的评估与监测,如援助的透明度、问责和监测机制等。这也导致了 GPEDC 吸引力的下降，依据 OECD/DAC 工作人员透露，由于前两届高级别会议中国和印度等新兴国家未出席，GPEDC 将原来每隔两年召开一次的高级别会议调整为四年一次，在中间召开一次司局级会议。

基于此，中国应在战略上继续联合以金砖国家为代表的新兴经济体，坚持"共同但有区别的责任"原则。同时，积极关注和跟踪 GPEDC 的进展，听取受援国的相关反馈，对后期是否参与 GPEDC 的相关会议进行内部讨论和应对。在技术层面上，应认真分析其原则表述和操作方法，如发展中国家是否有能力进行"双向问责"等，积极为发展中国家发声，维护南南合作的集体利益。

第二节　中国国内对援助非洲的"困惑"

2014 年 7 月，中国政府第二次发布《中国的对外援助（2014）》白皮书，并且引发了公众对中国援外的热议。依据百度指数显示，随后 30 天内对"中国援助"的搜索指数同比上升 81%。从国内普通民众到知识精英都在不同程度上对当前中国对外援助战略提出了质疑，再加上国际舆论的抨击，导致中国援外政策的决策者压力倍增。其中，依据该《白皮书》公布的数据显示，中国对非援助占据对外援助总规模的一半以上，成为"舆论焦点"。因此，分层次、有针对性地解答普通民众的困惑，化解知识精英的疑虑，厘清决策层的理论难题，不仅有助于优化中国援助模式、推动受援国减贫进程，而且有助于中国参与全球治理、贡献南南合作经验。

一、普通民众：中国是否有必要提供对非援助

60 多年来，中国共向 160 多个国家及组织提供力所能及的援助，积极支持发展中国家经济社会发展，取得了举世瞩目的成就。与此同时，国内民众

对中国援外的质疑也越来越多。作为发展中国家，中国国内贫困人口近1亿，为什么每年还要投入近300亿元人民币资金援助其他国家？为什么每年还要投入150亿元人民币去支援遥远的非洲？只有从根本上回答这个问题，消除普通民众对于中国援外的困惑，获得民众的支持，才能夯实中国对外援助的根基。

（一）对外援助是中国对外战略的重要内容

新中国成立以来，中国对外援助紧密配合国家对外战略需要，使中国在恢复联合国合法席位、遏制台湾"弹性外交"、反对"藏独"和"疆独"等事关主权和领土完整的重大问题上，在挫败西方反华人权提案及联合国改革等重大外交斗争中，在加入世界贸易组织、申奥、申博等涉及国家重大利益的关键时刻，得到了广大受援国的宝贵支持。对外援助在营造和平稳定外部环境方面发挥了不可替代的作用，确保了中国在国际斗争与合作中的主动地位，有力维护了国家核心利益。近年来，全球发展失衡问题日益严重，发展议程成为国际竞争新焦点。主要大国纷纷加大对外援助力度，一些新兴大国也加大对其他发展中国家的援助，战略竞争和遏制矛头直指中国。同时，一部分受援国政治生态发生重大变化，新生代政治精英对华政策实用主义倾向增强，对中国援助期望值和各种要求不断攀升。中国与发展中国家之间的合作关系也面临新调整，利益竞争与分歧摩擦有所增多。今后，广大发展中国家依然是中国外交的战略依托，是中国在重大国际事务中的主要依靠力量。因此，中国对外援助必须顶住外部挑战，进一步加大投入，坚持发展模式自信，不断自我创新完善，以掌握经济外交主动权，表明中国珍视与发展中国家保持传统友谊的坚定立场，澄清一部分受援国的误解和质疑，巩固中国对外关系的传统阵地，从而确保中国对外关系大局的稳定。

（二）对外援助是中国应该履行的大国责任

中国致力于加强南南合作，积极承担应尽的国际义务。中国对外援助建设了一大批工农业和基础设施项目，并提供了大量适用技术，有力增强了受援国的自主发展能力。中国援建的学校、医院、饮水设施等民生工程，丰富和改善了当地人民生活。通过开展援外培训，中国为受援国积累了宝贵的人力资源。中国对外援助为推动发展中国家减贫脱困、改善民生、促进经济社会可持续发展做出了重要贡献。此外，中国还积极参与国际人道主义救援。当特大自然灾害发生时，即使发达国家短时间内也难以应对，迫切需要国际社会伸出援手。例如，针对非洲埃博拉肆虐、"非洲之角"饥荒等重大灾害，中国均及时开展紧急救援行动，体现了国际人道主义关怀，充分展示了求和平、谋发展、促合作、负责任的大国形象。

（三）对外援助是中国企业"走出去"的有益途径

中国政府开展对外援助的首要目的是满足受援国的发展需要，帮助受援国提高自主发展能力。同时，通过对外援助的战略投入，带动中国与发展中国家的经贸合作，缓解自身重要能源资源的瓶颈制约，提升中国具有自主知识产权产品、技术和标准的国际化程度，为推动中国企业"走出去"拓展市场空间。中国政府鼓励企业通过承担援外项目走出国门，并进一步开展有利于当地发展的投资、贸易、工程承包、劳务合作等商业活动。对外援助带动双边经贸合作，会更好地促进受援国的经济发展。中国现代化建设已取得巨大成就，但也存在许多结构性矛盾，保持经济社会可持续发展面临诸多挑战。广大发展中国家资源丰富、市场潜力巨大，与其加强互利合作，是中国拓宽能源资源供给渠道，缓解部分产业产能过剩矛盾，实施市场多元化战略，摆脱对传统市场过度依赖的关键所在。

因此，无论从配合对外战略角度，还是从应尽的大国义务角度来看，中国都有必要开展对外援助。同时，对外援助也促进了中国与发展中国家政府间、企业间和民间的合作交往，为用好两个市场、两种资源发挥了积极作用。

二、知识精英：如何通过对非援助彰显中国价值

随着中国对外援助规模的扩大，西方传统援助国对中国援助的诟病也日益增多。透过西方的媒体和社交网络，中国的知识精英看到了另一番图景："中国援助不透明""中国援助滋生了非洲受援国的腐败"。那么，与西方援助国相比，中国的软实力能否彰显？这个问题直接折射出中国援助的有效性与可持续性。解决这个问题应从两个方面入手。

（一）优化对外援助结构

基础设施建设既是中国对外援助的最主要形式，也是当前西方国家逐渐退出的领域。中国应继续重视对受援国的基础设施建设，夯实中国优势领域，重点安排农业、教育、医疗、供水、用电、经济型住房、环境保护等民生项。但是，随着国家实力的提升，中国对外战略正在从"利益和权势导向"转向"利益和价值导向"。这就要求加大软援助的力度，通过做好"人"的工作，把中国的"道路自信、理论自信、制度自信和文化自信"转化为国际社会认同的无形力量。

一是突出国别援助项目主题。中国对外援助一直沿袭"撒胡椒面"方式，呈现给每个受援国的都是一个融合物资、成套设备、技术合作等方式的援助，类似口味的"拼盘"。这种"面面俱到"实际上忽视了对援助主题的突出，难以针对受援国的发展短板制定差异化的援助政策。因此，应加大规划咨询等软援助力度，在受援国需求调研上做足功课。针对各国的具体情况，设置短期援助规划，重点解决某一领域的发展难题。在明确援助主题和方向的前提下，再添加相应的工程类项目、技术合作和相关专家派遣等。

二是加强境外人力资源开发。不久前非洲某国总统访华，外媒大肆渲染其因未拿到理想援助款而不悦。虽然传闻子虚乌有，却在一定程度上反映出中国援助的缺陷。以硬件设施为主的援助方式很容易被矮化为单纯的"金钱关系"。相比之下，西方发达国家早在 20 世纪 60 年代就开始对受援国派出志愿者，开展人文关怀。例如，在许多贫困的角落几乎都能看到美国和平队的影子，或多或少修复了"山姆大叔"傲慢的国际形象。此外，日本的协力队员以及银发志愿者也为本国海外活动加分不少。未来，中国援助应一方面加大志愿者派遣力度，适当延长派遣时间，侧重文化传播和人文交流等领域，提高中国软实力的对外影响。同时完善志愿者选拔和培训制度，建立与回国就业相挂钩的考核激励机制。另一方面，启动境外培训项目。根据受援国不同需求，派遣专家在教育、科技、文化、卫生、农业、环境保护、矿业、经济技术等领域开展针对草根阶层的技能培训，将中国的发展理念切实有效地传达给当地人民。

三是善于联络当地民间组织。不可否认，一些受援国由于民主制度不完善，政府腐败现象严重。当前，中国只针对受援国现政府的援助模式难免授人以柄。再加上宣传不到位，一些民众甚至认为中国援外工程队是来抢他们饭碗的。有鉴于此，中国不能一再忽视受援国民间组织的作用。因为在一些弱势政府的国家，社会组织发挥了制衡政府的"第二轨道"作用；而在一些转型国家中，社会组织正在积极推动"官民共治"。为了将对外援助打造成展示中国传统价值和发展经验的平台，可尝试将受援国有影响力的民间组织纳入软援助中来。参照联合国开发计划署（UNDP）"全球环境基金"的经验，设立专项资金与受援国当地民间组织开展旨在推动减贫的联合研究和技术分享等。

（二）灵活利用三方合作平台

近年来，以金砖国家为代表的新兴援助国异军突起，传统援助国开始积极探讨与其开展在发展领域的合作。新形势下，灵活利用援外三方合作，能够扩大中国软实力的影响。为此，中国可以采取以下措施：

一是树立开放大国心态、积极探讨援外三方合作。当前国际发展援助格局正在发生深刻变革。一方面，三方合作在援助国间迅速展开并逐渐成为一种主要的援助方式。北—北—南、北—南—南、南—南—南合作日益普遍，联合国、亚洲开发银行等国际组织也纷纷加入，以构建"全球伙伴关系"为宗旨的发展援助革命正在酝酿之中。另一方面，按照经合组织标准，中国已从受援国名单"毕业"，西方逐步停止对华援助，转而寻求三方合作。有鉴于此，中国应以自信、包容的态度与各援助方探索国际合作的可行性，并在受援国同意的前提下，适度开展三方合作。以此为平台，中国既可以扩大援助规模，节约援助资金，也可以利用西方传统援助国的网络扩大中国影响。以美国国际开发署为例，其近万名员工遍布受援国。而中国商务部援外司加上合作局、交流中心以及研修学院这三家执行机构的人员尚不足 300 人。借助发达国家已经成型的援助网络，充分发挥援外三方合作的波纹效应，对中国来说不失为一种明智选择。

二是借助三方合作平台，提升中国专家技术水平。援外三方合作的困境在于合作方的责任分配。中国政府一贯主张"共同而有区别"的责任。以传统援助国作为主要出资方为前提，中国可以发挥人员和技术优势。西方国家特别是欧洲由于地域所限，很难具备这样的技术优势。此外，中国还可以通过开展国际合作，促进与发达国家和国际组织的联络和经验分享，打造一支政治素质高、业务能力强，具有全局观念、战略眼光以及国际视野的援外专家队伍。

三是适当注入专项资金，加强中国自身硬件设施。中国在援外三方合作中面临的最大挑战在于以下两点：其一，发达国家以中国同为援助方为由，要求中国资金注入；其二，发达国家在项目资金使用方面设置多重条件，禁止将援款用于中国的硬件改善。而中国在向受援国传播发展经验的过程中，也相应查摆出自身的治理盲点。中国政府可以在三方合作项下设立专项资金，用于改善和优化中国经验的传播。这样既回应了合作方的要求，也将对外援助与中国减贫有机结合，节约行政成本。

综上所述，由于传统的硬件基础设施在"交钥匙"之后，无法再作为中国价值观的载体，发挥展现和分享中国理念和价值的作用。因此，只有扩大软性援助、优化援助结构，才能传播和弘扬中国"亲诚惠容"与"真实亲诚"的正确义利观。同时，通过巧妙搭建与发达国家的三方合作平台，能够扩大中国软实力的影响，最大力度地推动广大发展中国家"向东看"。

三、决策层面：中国治理经验可否为非洲借鉴使用

近年来，国际发展机构将援助有效性作为提供对外援助的重要指标，而且受援国的政府治理水平低下是导致"援助死亡"的最主要因素逐步成为国际共识。要从根本上消灭贫困滋生的温床，最终难以回避治理问题，这是中国援助政策决策者面临的终极议题。只有破解该议题，才能将中国对外援助，特别是对非援助引入良性的发展路径。

（一）树立对中国治理经验的自信

如果从一党执政以及马克思主义主导的一元化政治意识形态来静态地看待中国政治，那么很容易得出中国的政治体制迥异于任何受援国，中国的发

展经验无法移植的机械观点。但是，如果将治理改善作为世界各国，特别是后发展国家普遍面临的议题出发，来审视中国政治的变迁，我们就会对中国治理经验的普适性充满自信。经过30多年的政治体制调整，中国在依法治国、公民参与、民主决策、社会治理、公共服务、政府问责、政治透明、行政效率、政府审批、地方分权和社会组织发展等方面取得了巨大进步，实现了从一元到多元、从集权到分权、从人治到法治、从封闭到公开、从管制到服务的转变。我们完全可以说，中国能够在社会基本稳定的前提下保持经济的长期发展，首先得益于中国治理改革的成功。因此，对中国治理经验理论化和系统化的总结，是中国对全球治理，特别是对后发展国家治理转型的重要贡献。

（二）将援助与受援国治理改善相结合

中国的对外援助是发展中国家之间的相互帮助，以不干涉受援国内政和不附加政治条件为原则，从不将自己的意志强加于人，这是中国对外援助一直遵循的原则。但是，随着南南合作的深入拓展，推动受援国经济发展和民生改善，很难不触及治理模式的变革。因为只有一个高效、优良的社会治理模式，才能保证中国援助最大限度地惠及普通民众，才能推动受援国经济社会的可持续发展。因此，中国援助应该继续加大对受援国政府官员以及社会精英的培训力度，广泛提高受援国社会治理的参与水平。同时，在受援国主动提出的前提下，中国应积极参与受援国社会治理的改革规划设计，积极贡献中国自身的治理经验。

（三）利用镜像效应提升自身治理水平

党的十八届三中全会将"完善和发展中国特色社会主义制度，推进国家治理体系和治理能力现代化"作为全面深化改革的总目标，这对中国的社会主义现代化建设具有重大而深远的理论和现实意义。提供对外援助、参与全球治理为中国的治理改革提供了一个有益的经验分享和相互学习的平台。一方面，中国可以通过受援国对中国治理经验的评价与不同看法来反观自身。由于同属后发展国家，受援国对中国政治改革的意见相对于西方国家更加务实、更加去意识形态化。中国可以一个开放大国的心态，兼收并蓄、闻过则喜，对自身的治理经验进行反思与修正。另一方面，中国也可以在同发展中国家的互动中，学习和借鉴他国的治理经验。后发展国家共同面临着治理现代化的任务，每个国家的探索和成功经验都是对政治改革理论和实践的有益贡献。中国可以在援助其他发展中国家的过程中，吸收和借鉴其社会治理的宝贵经验。例如，非洲国家由于遭受西方殖民统治，受西方的影响较深，在劳工保障和劳动者权益等方面优于中国。随着中国企业在非进行对外投资、进行经济合作的不断深入，关于劳动者权益保障等方面的意识和制度也在不断完善。

作为一个发展中国家，中国对以非洲为代表的其他发展中国家的援助并非是单方面的赠予。中国在参与南南合作的过程中，不仅可以将自己的治理改革经验贡献给受援国，也可以在推动全球减贫进程中，吸收和借鉴其他发展中国家的发展经验，从而提升中国自身的治理水平，实现治理现代化。

专栏19——如何避免对非洲援助的死亡

过去半个多世纪里，非洲国家获得大量基础设施和技术援助，但在减贫和现代化建设进程中收效甚微，非洲学者甚至将其称为"援助的死亡"。

新千年以来，中非发展合作不断加强，官方与民间的经济、政治和文化互动异常活跃。在深化合作过程中，所有参与方都达成了一个共识——非洲不缺增长机遇，缺的是政策引导能力；非洲也不缺先进理念，缺的是知识转化能力。

当前，非洲国家面临的主要问题是政治制度化的发展落后于社会和经济变革，政府公共服务能力不足，导致国家难以有效整合社会资源推动发展。基于此，要将非洲工业化嵌入全球价值链、将非洲减贫纳入全球治理议程，就必须在中非合作中加强治国理政互鉴，推动非洲治理现代化。

第一，在指导原则上，应明确分享中国经验是中国对非洲甚至全球治理的重要贡献。大部分非洲国家在第三波西方民主浪潮的推动下，急速推动体制转变，但国家由于缺乏健全的制度设置及有效的政治权威，尚无法协调多元社会不断增加的利益分歧并消化因改革而迅速激化的政治矛盾。而同样作为后发国家，中国能够实现经济腾飞的根本原因，在于拥有一个具有强烈经济发展意愿的政府，这一政府拥有有效动员和配置各种资源以推动国家发展的能力。因此，分享中国在外资政策制定、反腐败等方面的经验并不是援助附加政治条件，也不是干涉他国内政，而是对全球治理议程和格局的负责任之举。

第二，在实施途径上，应从经验交流向推动政策执行转变。当前大部分非洲国家领导人甚至普通公务员都接受过较高水平教育或培训，进而接受了一些现代化管理理念。比如"一站式"服务等早已写入非洲政策文件，只是很少得到执行。有援助国因此猜测，这或许仅仅是非洲国家向援助方示好的一种方式而已。基于此，中国应在帮助非洲国家起草行业发展规划的同时，协助他们制定落实方案，以自身经验向非洲国家强调建立服务型政府的必要性，推动它们行使富有效能的行政权力，减少"懒政"和不作为。

第三，在保障措施上，应引入评估和问责机制。尽管治理能力低下是造成非洲减贫乏力的根本原因，但一些国际援助方出于机构自身利益，名义上在推动治理改善，实际上却对援助效果不予置评。他们担心一旦进行评估和问责，就得叫停不合规用款，这必然遭到出资方和纳税人的质疑，使自身面临融资风险。这种不负责任的行为不仅滋生了腐败和依赖，也加深了南方国家对西方主导的全球治理体系的担忧。有鉴于此，要想在中非之间打造"共商、共享、共建"的新型合作关系，首先就需建立一个问责和纠错机制，引入更多利益相关方参与评估，从而避免权力寻租和违规操作。

（载《环球时报》2017 年 7 月 29 日）

第三节　中国对非援助是否有效

回溯中非发展合作近 70 年的历史，总体上实现了互利共赢的目标。从非洲国家角度来看，促进了受援国的政治独立和民族解放，推动了经济发展和社会进步；从中国的角度来看，有力地配合了中国的总体外交战略，提升了国际地位和国际影响，为维护国家根本利益产生了积极影响。这也使得中非发展合作获得了更多的国内认可。依据美国皮尤中心于 2016 年 10 月做出的调查结果显示，62% 的中国人支持政府增加对发展中国家的援助，支持率高于欧洲的 53% 和美国的 48%。①

一、中国对非援助的成就与优势

（一）经济方面

从非洲方面讲，中国对非援助提升了非洲的经济发展水平。主要表现在三个方面：第一，促进非洲农业的发展。农业是大部分非洲国家的支柱产业和优先发展领域，粮食安全事关非洲发展稳定和脱贫减困。中国一贯重视与非洲开展农业合作，通过援建农业示范中心和农村学校、派遣农业专家开展技术合作等方式，积极支持非洲国家提高农业自主发展能力。2018 年 9 月，在中非合作论坛北京峰会上，中国政府承诺支持非洲增强高科技粮食生产、农产品加工等农业生产能力，帮助非洲应对粮食安全挑战以及粮食短缺问题。双方鼓励发展可持续农业和有机农业，提高食品安全与粮食安全水平、环境友好型生产技术利用能力和自然资源管理效率，利用可再生能源和节水系统，

---

① Pew Research Center: China and the world (OCTOBER 5, 2016), https://www.pewresearch.org/global/2016/10/05/2-china-and-the-world/.

降低生产成本，提高气候变化适应力。① 第二，支持非洲基础设施建设和一体化发展。随着经济社会快速发展，非洲作为一个整体在世界政治经济格局中的地位不断上升，更加重视基础设施建设和区域一体化发展。基础设施一直是中国对非援助的重点领域。坦赞铁路是中国早期支持非洲跨国基础设施建设的标志性项目。多年来，中国持续开展技术合作，为铁路运营管理提供帮助。2018 年中非合作论坛北京峰会所发表的《北京行动计划》中，中国和非洲各国愿根据非洲跨国跨地区基础设施建设规划，在兼顾国家发展实际需求和项目经济社会效益基础上，探讨并推进非洲大陆、地区和次区域互联互通项目的建设合作。中国决定和非盟启动编制《中非基础设施合作规划》，支持中国企业以投建营一体化等模式参与非洲基础设施建设，重点加强能源、交通、信息通信、跨境水资源等合作，同非方共同实施一批互联互通重点项目。第三，推动中非医疗卫生合作。中国长期致力于帮助非洲国家改善医疗卫生条件。截至 2018 年 8 月，自 1968 年北京市派出第一批 36 人医疗队至今，50年来已累计向非洲 45 个国家和地区派出 51 批援外医疗队，人员 1.6 万人次，其中有 11 人将生命永远留在了受援国。② 此外，中国援建了近 30 所医院和 30个疟疾防治中心，并提供 8 亿元人民币的医疗设备物资和抗疟药品，为非洲国家培训医护人员超过 3000 名。③

从中国自身看，中国对非援助推动了中国开放经济的发展。主要表现在三个方面：第一，带动了中国在非洲的资源开发。随着中国经济的高速发展，各类资源能源的消耗增多，资源缺口越来越大。非洲拥有 12 亿多人口，总面积有 3000 多万平方公里，其中，森林覆盖率为 21%，草原占 27%，水利资源蕴藏量占世界的 40%。非洲享有"自然资源库"之美称。据国际矿业协会统计，非洲铂、铬、锰、铱等储量占世界总储量的 80% 以上，钻石

---

① 《中非合作论坛—北京行动计划（2019—2021 年）》，https://focacsummit.mfa.gov.cn/chn/hyqk/t1592247.htm。
② 《迎难而上 授人以渔——北京近年医疗援非扫描》，新华社，http://www.gov.cn/xinwen/2018-08/31/content_5318102.htm?_zbs_baidu_bk。
③ 国务院新闻办公室：《中国的对外援助（2014）》白皮书，2014 年 7 月 10 日，http://www.scio.gov.cn/zfbps/ndhf/2014/Document/1375013/1375013.htm。

占 60%，黄金、磷酸、钴等占 50% 以上，铀、钽、石墨等占 30% 以上，铜占世界总储量的 20%。[①] 利用援助资金中国逐渐进入非洲受援国的能源领域，由此形成了"安哥拉模式"。第二，扩大了中国对非投资。就外资吸收能力来说，非洲大陆的潜力很大。据美国商务部调查，非洲是当今世界上投资回报最丰厚的地区。世界平均投资回报率为 14%，亚洲为 16%，而非洲高达 36%。[②] 在中国对非援助优惠贷款的带动下，中非基金等优惠性质的商业基金纷纷建立，有力地推动了中国在非洲的投资。第三，对非援助带动了中国企业"走出去"。20 世纪 90 年代中期，伴随"大经贸"战略贯彻实施，中国政府开始积极提供优惠贷款推动有实力、守信誉的企业"走出去"与受援国政府企业开展合资合作经营。正如时任副总理的李岚清同志在访问西非时所指出的，"改革（对外援助的改革）的主要内容是以发展经济为中心，援助、互利合作和发展贸易相结合，政治和经济相结合，政府行为和企业的参与相结合，中央和地方并举，调动各方面的积极性"。[③] 对外援助实施中，特别是在项目和工程援助中，中国承建公司使用的材质质量优良、定价合理，而且能定期交工，这为中国企业树立了良好的形象和影响力，从而有利于扩大在受援国的承包工程和劳务合作业务。1995 年，中国在非洲承包、劳务合作营业总额达 79310 万美元，新签合同额 72028 万美元。[④] 而 2014 年，承包工程、劳务合作和设计咨询业务完成营业额达 5297475 万美元，新签合同额 7548656 万美元。[⑤]

（二）政治方面

从非洲方面讲，中国对非援助支持了非洲国家的独立自强。一方面，中国的援助项目给新独立的非洲国家政府以有力支持，加强了其执政的合法性。1964—1970 年，有 10 个非洲国家先后与中国建立了经济技术合作关系，中

---

① 武晓芳：《中国对非援助及其贸易效应研究》，天津财经大学硕士学位论文，第 10 页。
② 黄梅波、郎建燕：《中国的对非援助及其面临的挑战》，载《国际经济合作》2010 年第 6 期，第 39 页。
③ 吕博：《改革援外医疗队工作促进互利合作深入开展》，载《国际经济合作》1997 年第 12 期，第 28 页。
④ 中国商务部主编：《中国商务年鉴》，中国商务出版社 1997 年版，第 891—897 页。
⑤ 中国商务部主编：《中国商务年鉴》，中国商务出版社 2015 年版，第 327 页。

国积极支持第三世界国家民族独立、冲破美苏封锁，壮大世界反帝力量。中国援建的坦赞铁路，是稳定坦桑尼亚、赞比亚前线政治经济秩序的运输大动脉，对坦赞两国人民摆脱殖民统治、实现政治独立起到了重要作用。另一方面，中国与非洲开展的教育与人力资源开发合作涵盖领域广泛，为非洲国家提高自主发展能力做出了积极贡献。2010年以来，中国在非洲国家陆续援建了150所中小学校，提供中国政府奖学金名额增至每年5500名，为非洲国家培训各类人才总计4.7万名。2012年，中国宣布实施"非洲人才计划"，在今后三年内为非洲培训3万名各类人才，提供政府奖学金名额18000个；[1]为非洲国家援建更多职业技术培训设施，以提高青年职业技能，促进就业，推动非洲人口红利转化为发展优势。

从中国自身看，中国对非援助有力配合了中国的外交战略。第一，帮助中国打破了外交孤立。从20世纪50年代后期到60年代末，中国同许多国家建立了外交关系，形成第二次建交高潮。到1969年底有50个国家同中国建交，比1955年底同中国建交的23个国家增加了一倍多。在同新中国建交的国家中，除法国外，都是亚非拉国家。在这些国家中，除了锡兰（今斯里兰卡）、柬埔寨、老挝和古巴外，又都是阿拉伯国家和非洲国家。[2] 1971年10月25日，第26届联合国大会通过阿尔巴尼亚、阿尔及利亚等23国提出的要求恢复中华人民共和国在联合国的一切合法权利的议案，提案的23个国家中，除南斯拉夫没有直接接受中国的援助外，另外22个国家都是中国的受援国，[3]而在投赞成票的76个国家中，有58个是第三世界国家。第二，有力配合了中国的对外战略。1990年以后，我国依靠对外援助长期积累的政治优势，连续11次挫败西方反华人权提案，粉碎了某些西方国家以人权为名干涉我国内政的企图。在加入世贸组织（WTO）的谈判中，我国得到广大发展中国家的支持和帮助，于2001年加入WTO，保障了改革开放事业的顺利进

---

① 中国国务院新闻办公室：《中国的对外援助（2014）》白皮书，2014年7月10日，http://www.scio.gov.cn/zfbps/ndhf/2014/Document/1375013/1375013.htm。

② 中国外交部网站，http://www.fmprc.gov.cn/mfa_chn/ziliao_611306/wjs_611318/t8964.shtml，2015年2月3日访问。

③ 《光辉的历程——程飞（前外经部副部长）谈援外》，载《对外援助工作通讯》2008年第3—5期。

行。2012年以来，中国政府提出了构建人类命运共同体主张，顺应国际发展潮流，致力于推动实现联合国《2030年可持续发展议程》，在联合国大会、中非合作论坛等重要场合多次推出一系列重大对外援助举措，受到国际社会尤其是发展中国家的高度赞扬，为构建和平、发展、合作的时代主题和繁荣的和谐世界做出了重要贡献。

二、中国对非援助存在的问题

（一）项目可持续性较弱

一些媒体报道中国的对外援助侧重于楼堂馆所等"标志性项目"建设，而有一些大型项目又出现了质量问题，如"安哥拉罗安达省总医院裂墙事件"。[①]一些项目出现了后续管理运营问题，如"坦赞铁路的后续运营难题"。这在不同程度上反映了中国援助非洲的大型基础设施项目的可持续性较弱。

造成大型基础设施项目可持续弱的原因主要是，非洲国家财政资金紧张，投入项目维修的资金较少。中国援建公共设施项目的运营收入只能补贴日常维修费用，设备和建筑缺乏必要维护资金。基础设施或成套项目过渡移交以后，受援国普遍提出仍需依赖中方进行维护、运营和管理。大部分项目移交受援国后仍需依赖中国进行长期的技术援助，达到一定年限还要大修。这给中国造成了很重的负担，占用了大量的援助资金。

造成民生项目可持续性弱的原因在于配套设施难以同时到位。民生类项目本身不盈利，因此存在后续管理和资金支持由谁负责的问题。而学校项目的效果与师资力量是否配套有直接关系，中方在援建时欠缺统筹考虑，没有及时进行技术合作。

---

① 该医院由中国政府援建，2005年12月建成移交。2010年7月医院墙体出现明显裂缝。为查清原因并采取相应措施，中方立即派组赴安对医院进行了现场检测，并对采集的数据进行分析处理，论证检测结论和维修方案。经专家分析一致认为，援安哥拉罗安达省总医院出现问题的原因是多方面的，从安方角度讲，安方未按双方签订的设计合同要求披露、评价地基持力层的湿陷性和下伏不透水层的特殊地质情况，也未提供地基承载力值。安方地质勘查资料和数据不准确、不全面，导致中方设计单位未能得出准确判断，并做出适合复杂地质情况的地基基础设计。从中方角度讲，中方设计单位在没有得到确切的设计依据的情况下进行设计，对可能存在的风险估计不足。

造成生产型项目鲜有成功的原因在于，非洲受援国不积极培养专业化的管理队伍接手经营，缺乏自力更生、独立管理移交项目的充分准备和实际能力。此外，无后续资金支持造成生产困难或销路不畅，最终陷入停产，设备闲置。

（二）筹资渠道有待拓展

当前中国对非援助由三种资金方式组成，即：无偿援助、无息贷款以及优惠贷款。方式的单一导致中国对非援助面临外界的种种批评。

其一，中国向非洲提供的优惠贷款利率与世界银行及西方国家相比偏高，中国的优惠贷款并不优惠。这是由于近年来随着援助贷款规模急剧扩大，且央行基准利率逐步上升，以及通货膨胀因素，这给央行贴息造成了一定的压力。

其二，近年来中国对外援助规模增长较快。依据《中国的对外援助（2014）》白皮书公布的援助数据显示，中国每年对外援助近300亿元人民币，而中国国内尚面临脱贫和发展任务，导致国内民众对此批评不少。民意和现实也使得在保持现有的援款资金方式下，很难大幅增加中国的对非援助总额。

其三，中国对非援助很多是撒胡椒面式的，一些钱用出去了效果不一定好。2010年至2012年，中国共向121个国家提供了援助，其中非洲地区有51个国家（见图2）。[1] 而非洲的现实是，大部分国家普遍供水、供电、交通、通信等基础设施匮乏，急需各种援助资源。这就造成了长期以来中国在非洲的受援国较多，项目行业分散，且各自独立，很难突出重点。而援款总额有限又加剧了这个问题。

---

[1]　中国国务院新闻办公室：《中国的对外援助（2014）》白皮书，2014年7月10日，http://www.scio.gov.cn/zfbps/ndhf/2014/Document/1375013/1375013.htm。

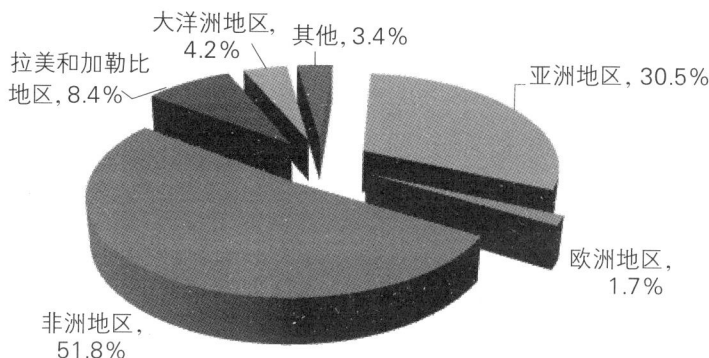

图 2：中国对外援助的区域分布（2010—2012 年）

资料来源：《中国的对外援助（2014）》白皮书。

（三）中国发展理念未充分彰显

非洲受援国政府治理水平低下是导致"援助死亡"的最主要因素，已成为国际共识。要从根本上消灭贫困滋生的温床，难以回避治理问题。而长期以来，中国以成套项目为主的援非模式，在项目移交后，很难将中国的发展理念与治理经验传递给非洲受援国。

党的十八大完成了中央领导集体的新老交替，标志着中国的改革发展进入了一个崭新阶段。2013 年 11 月，党的十八届三中全会将"完善和发展中国特色社会主义制度，推进国家治理体系和治理能力现代化"作为全面深化改革的总目标，这对同样处于全面深化改革阶段的中国对外援助事业具有重大而深远的理论和现实意义。新一届中央领导集体在对外工作上提出的新理念和新举措，显示出今后一个时期中国对外援助的态度将更加务实，策略将更加丰富。

以习近平同志为核心的党中央高度重视对外援助工作，提出要以中国梦的实现造福世界人民，对外援助的方式、内容不断得以扩大和丰富。2013 年 3 月 25 日，习近平从坦桑尼亚开启担任国家主席之后的首次非洲之行，并发表题为《永远做可靠朋友和真诚伙伴》的重要演讲，他强调：中国人民正致力于实现中华民族伟大复兴的中国梦，非洲人民正致力于实现联合自强、发展振兴的非洲梦。中非人民要加强团结合作、加强相互支持和帮助，努力实现我们各自的梦想，同国际社会一道，推动实现持久和平、共同繁荣的世界梦，为人类和平与发展做出新的更大的贡献。

如果以治理改善作为后发展国家普遍面临的议题，审视中国政治变迁，我们应该对中国治理经验的普适性充满自信。经过 40 多年的政治体制调整，中国在依法治国、公民参与、民主决策、社会治理、公共服务、政府问责、政治透明、行政效率、政府审批、地方分权和社会组织发展等方面取得了巨大进步。我们完全可以说，中国能够在社会基本稳定的前提下保持经济的长期发展，首先得益于中国治理改革的成功。因此，对中国治理经验进行理论化和系统化的总结，是中国对全球治理，特别是对后发展国家治理转型的重要贡献。

展望篇

自 20 世纪 50 年代以来，中国与非洲国家开始建立外交关系。随着国际形势以及中非双方发展诉求的变化，中非关系的主旋律也在相应做出调整。发展合作作为中非关系中最重要的内容，为实现中国不同时期的国际战略目标做出了重大的贡献，并发展成为国际发展援助领域具有影响力的中国模式，成为南南合作的典范。

　　进入 21 世纪以来，特别是在 2008 年全球经济危机爆发以来，发达国家遭遇了不同程度的经济危机，对非洲的发展支持也出现了不同程度的缩水。在此背景下，非洲国家对中国的预期不断高涨，他们普遍希望中国能在非洲现代化进程中发挥更大的作用。面对新的期待，中非关系应站在新的历史起点上重新规划、创新思路，共创中非发展合作的新篇章。

第七章 "一带一路"倡议与非洲发展战略对接

"一带一路"倡议是中国国家主席习近平于 2013 年 9 月和 10 月在出访哈萨克斯坦和印度尼西亚期间提出的，旨在深度推动中国与沿线国家的发展合作，包括政策沟通、设施联通、贸易畅通、资金融通以及民心相通。起初，"一带一路"的合作范围只包括"丝绸之路经济带"和"21 世纪海上丝绸之路"沿线的 64 个国家，广大非洲国家并不在其中。而随着非洲自主发展意愿的不断增强以及"一带一路"合作接连取得早期收获，非洲国家纷纷主动要求将自身的发展战略与"一带一路"相对接，共享发展经验与成果。

第一节 非洲自主发展意愿不断增强

进入 21 世纪，非洲国家经济快速发展，其中埃塞俄比亚、莫桑比克、坦桑尼亚、刚果（金）、加纳、赞比亚和尼日利亚共 7 个非洲国家跻身于全球十大经济发展最快国家行列。这极大地激发了非洲国家自主发展的热情。

一、非盟制定《2063 年议程》

《2063 年议程》起源于非洲领导人认识到有必要重新调整和重新确定非洲议程的重点，以修改"非洲统一组织"（非统组织）关注的反对种族隔离和实现非洲大陆政治独立的斗争。非洲领导人一致认为，当前应优先考虑包容性社会和经济发展，大陆和区域一体化，民主治理，和平与安全以及旨在重新定位非洲的其他问题。

在非洲各层次的发展努力中，非盟《2063年议程》代表了整个非洲大陆层次的总体努力。它是当前非洲本土制定的、关于非洲包容性增长与可持续发展的共同战略框架。《2063年议程》不仅规划未来50年非洲的发展愿景，而且总结了非洲民族独立运动后数十年的发展经验和教训。其基本思想和具体规划体现于2015年1月非盟第24届峰会通过的《2063年议程框架文件》和第一个十年执行计划之中。它提出非洲未来50年的愿景是，"依靠非洲人自身力量，建设一体化的、和平繁荣的非洲并成为强大而积极的全球行为体"。为实现这一愿景，议程提出了七大愿景、20个具体目标及相应的行动战略，同时分析了具体挑战、成功要素及实现议程的保障举措。

七大愿景的主要内容如下：

第一，实现普遍增长和可持续发展的繁荣的非洲。希望到2063年，非洲将成为一个繁荣的大陆，拥有推动自身发展的手段和资源，并能对其资源进行可持续和长期的管理：人民生活水平和质量高、健康和福祉好；受过良好教育的公民，以科学、技术和创新为基础，促进知识社会的发展，没有儿童因贫穷或任何形式的歧视而失学；城市成为文化和经济活动的中心，拥有现代化的基础设施，人们可以获得可负担的体面住房，包括住房融资以及所有生活必需品，如水、卫生、能源、公共交通等；经济结构转型，为所有人创造体面的工作和经济机会；提高生产、生产力和现代农业有助于农民和国家的繁荣以及非洲的集体粮食安全；非洲独特的自然环境和生态系统都受到保护，经济和社会能够适应气候。

第二，以泛非主义的理想和非洲复兴的愿景为基础的一个统一的大陆、政治上团结一致。希望到2063年，非洲将成为一个统一的区域；拥有横跨非洲大陆的世界级综合基础设施；与流动人口有着积极和互利的联系；大陆上国界无缝连接，通过对话管理跨界资源。非洲所有殖民主义残余都将结束，所有被占领的非洲领土都将完全解放。非洲将是一个人口、资本、货物和服务自由流动的地区，非洲国家之间的贸易和投资显著增加，达到前所未有的水平。非洲还将建立必要的基础设施，支持非洲一体化并加速经济增长、技术转型、贸易和发展，包括高速铁路网、公路、航运、海运和空运，以及发达的信息、通信技术和数字经济。泛非高速铁路网将把非洲大陆所有主要城市与邻近的公路和天然气、石油、水的管道以及信息、通信技术宽带电缆和其他基础设施连接起来。

第三，一个善政、民主、尊重人权、正义和法治的非洲。非洲应具有善政、民主价值观、两性平等、尊重人权、正义和法治的普遍文化。希望到2063年，非洲将成为一个民主价值观、文化、习俗、普遍人权原则、两性平等、正义和法治根深蒂固的大陆；在各级建立有能力的机构和变革性领导，非洲大陆将实现可负担的、及时的、独立的审判权和司法权，这些法院和司法机构将毫无畏惧，不偏袒地伸张正义。腐败和有罪不罚的现象将不再出现；公民将积极参与社会、经济和政治的发展和管理，各级政府的机构将是发展的、民主的和负责任的；将在所有领域（政治、经济、宗教、文化、学术、青年和妇女）以及在大陆、区域、国家和地方各级建立变革性领导。

第四，和平与安全的非洲。非洲将是一个和平与安全的大陆，社区之间的和谐将从基层开始。希望到2063年，非洲将形成人权、民主、两性平等、包容与和平的稳定文化，并使之蓬勃发展；所有公民的繁荣、安全和保障；促进和捍卫非洲大陆集体安全和利益的机制。非洲应没有武装冲突、恐怖主义、极端主义和性别暴力。到2063年，非洲将有能力通过共同防御、外交和安全政策，确保和平，保护其公民及其利益。

第五，一个具有强烈文化认同、共同遗产、共同价值观和道德观的非洲。希望到2063年，泛非主义将得到充分巩固；非洲文艺复兴达到顶峰；在文化、遗产、语言和宗教方面的多样性将是力量的源泉，包括非洲岛国的有形和无形遗产。泛非理想将充分融入所有学校课程，泛非文化资产（遗产、民俗、语言、电影、音乐、戏剧、文学、节日、宗教和精神）将得到加强。非洲被盗的文化、遗产和手工艺品将被归还并得到很好的保护。非洲妇女和青年应发挥重要作用，推动变革。非洲大陆将继续强烈反对一切形式的宗教政治化和宗教极端主义。

第六，一个依靠非洲人民，特别是非洲妇女和青年的潜力，以人民为动力，并照顾儿童的非洲。非洲全体公民将积极参与各方面的决策。非洲应是一个包容各方的大陆，在那里，任何儿童、妇女或男子都不会因性别、政治派别、宗教、民族派别、地区、年龄或其他因素而被抛在后面或被排斥在外。希望到 2063 年，非洲将实现以人为本，关心他人的原则；把儿童放在首位；使妇女有权在生活的各个领域发挥其应有的作用；在生活的所有领域都享有充分的两性平等；让年轻人参与并增强他们的能力。非洲妇女将在所有领域得到充分授权，享有平等的社会、政治和经济权利。将消除对妇女和女孩一切形式的基于性别的暴力和歧视（社会、经济、政治）。2063 年的非洲将实现完全的性别平等，妇女将至少占各级民选公职的 50%，占公共和私营部门管理职位的一半。儿童和青年的权利受到法律保障，才能得到充分发展、奖励和保护，以造福社会。

第七，作为一个强大、团结和有影响力的全球角色和伙伴的非洲。非洲将是国际社会中的一个强有力的角色，在世界事务中发挥重要作用。希望到 2063 年，非洲将成为世界上一支重要的社会、政治和经济力量，在全球公域（土地、海洋和空间）中占有应有的份额；积极平等地参与全球事务、多边机构，推动和平共处和建立一个可持续和公平的世界；完全有能力支持自身发展。非洲将在全球治理的政治、安全、经济和社会体系中占据应有的地位，以实现其复兴。非洲应继续主张改革联合国和其他国际机构，特别是联合国安全理事会，以纠正非洲在安理会没有常任理事国席位的不公平历史。

《2063 年议程》涵盖不同领域各行业在未来 50 年的发展规划。这些规划涉及农业、贸易、食品安全、合作伙伴、和平安全、妇女权益等内容，为非洲大陆提供了非洲未来 50 年的最基本的标准，也是衡量非洲发展的最基本的指标，作为未来 50 年的总发展目标，力争加快非洲一体化进程，实现非洲复兴。非盟方面认为，只有借由非洲联盟成立 50 年的契机，努力实现和平稳定，促进团结、民主、可持续发展，才有可能将非洲发展成为和平、繁荣、发展的非洲，让非洲人民过上富裕的生活，并对未来抱有希望。正如非盟委员会主席祖马所说："除了前进和爬坡，非洲别无选择。"《2063 年议程》充分体现了非洲国家和人民注重发展、期待繁荣、追求幸福的美好愿望，为充满生机和活力的非洲描绘了一幅宏伟蓝图，值得非洲人民为它变成现实而孜孜奋斗，也必将引领非洲步入发展快车道。

二、主动要求加入"一带一路"

自中国提出"一带一路"倡议以来，中国与沿线发展中国家的经贸合作不断深化，有力地推动了沿线国家的现代化发展进程。在双边贸易方面，据中国海关统计，2014—2017 年，中国与"一带一路"沿线国家货物贸易规模基本保持在 1 万亿美元左右水平，在中国货物贸易总额中所占比重始终保持在四分之一以上；在对外投资方面，2014—2017 年，中国对"一带一路"沿线国家直接投资累计达 646.4 亿美元，年均增长 6.9%，东南亚是投资最集中地区，占比达 56%。2014—2017 年，沿线国家对中国投资额总计 272 亿美元，注册企业数超过 10000 家。东南亚对华投资累计达 255.7 亿美元，占沿线国家对华投资总额的 94.8%；[①] 在对外援助方面，在"一带一路"建设过程中，中国秉承平等互利、共同发展理念，为发展中国家提供力所能及的援助，推动基础设施互联互通建设，持续加大农业、卫生、减贫等民生援助力度，积极支持相关国家能力建设，不断丰富创新援助方式，充分体现大国担当，为促进相关国家经济社会发展、推动构建人类命运共同体做出积极贡献。

其中，"六廊六路多国多港"是共建"一带一路"的主体框架，为各国参与"一带一路"合作提供了基本导向。"六廊"指新亚欧大陆桥、中蒙俄、中国—中亚—西亚、中国—中南半岛、中巴和孟中印缅六大国际经济合作走廊。"六路"指铁路、公路、航运、航空、管道和空间综合信息网络，是基础设施互联互通的主要内容。"多国"指一批率先合作国家，通过取得早期收获成果，发挥示范带动效应。"多港"指若干保障海上运输大通道安全畅通的合作港口，通过与"一带一路"沿线国家共建一批重要港口和节点城市，进一步繁荣海上合作。"六廊六路多国多港"勾画了中国与"一带一路"沿线国家开展合作的总体蓝图，充分体现了中国推动"一带一路"建设的雄心。

---

① 数据来自中国"一带一路"网，https://www.yidaiyilu.gov.cn/info/iList.jsp?tm_id=513。

表1 "一带一路"六大经济走廊

经济走廊名称	基本情况
新亚欧大陆桥经济走廊	由中国东部沿海向西延伸，经中国西北地区和中亚、俄罗斯抵达中东欧
中蒙俄经济走廊	"丝绸之路经济带"同"欧亚经济联盟"、蒙古国"草原之路"倡议对接，打造中蒙俄经济走廊
中国—中亚—西亚经济走廊	由中国西北地区出境，向西经中亚至波斯湾、阿拉伯半岛和地中海沿岸，辐射中亚、西亚和北非有关国家
中国—中南半岛经济走廊	以中国西南为起点，连接中国和中南半岛各国，是中国与东盟扩大合作领域、提升合作层次的重要载体
中巴经济走廊	共建"一带一路"的旗舰项目，中巴两国政府高度重视，积极开展远景规划的联合编制工作
孟中印缅经济走廊	连接东亚、南亚、东南亚三大次区域，沟通太平洋、印度洋两大海域

资料来源：《推动共建丝绸之路经济带和21世纪海上丝绸之路的愿景与行动》。

　　此外，为保障"一带一路"建设的有序开展，中国政府出台多项相关规划和政策文件指导"一带一路"合作。包括，国务院于2015年5月发布了《国务院关于推进国际产能和装备制造合作的指导意见》；教育部于2016年7月发布了《推动共建"一带一路"教育行动》；科技部、国家发展和改革委员会、外交部、商务部等四部委于2016年9月联合发布了《推进"一带一路"建设科技创新合作专项规划》；国家发展和改革委员会于2016年9月发布了《关于建设中蒙俄经济走廊规划纲要》，于2016年10月发布了《中欧班列建设发展规划（2016—2020年）》；交通运输部、外交部、国家发展和改革委员会、公安部、财政部、商务部、海关总署和质检总局等八部委于2016年11月联合发布了《关于贯彻落实"一带一路"倡议 加快推进国际道路运输便利化的意见》；国家中医药管理局与国家发展和改革委员会于2016年12月发布了《中医药"一带一路"发展规划（2016—2020年）》；文化部于2017年1

月发布了《"一带一路"文化发展行动计划（2016—2020 年）》；国家发展和改革委员会与国家能源局于 2017 年 5 月发布了《推动丝绸之路经济带和 21 世纪海上丝绸之路能源合作愿景与行动》；环境保护部于 2017 年 5 月发布了《"一带一路"生态环境保护合作规划》；农业部、国家发展和改革委员会、商务部、外交部等四部委于 2017 年 5 月联合发布了《共同推进"一带一路"建设农业合作的愿景与行动》；环境保护部、外交部、国家发展和改革委员会、商务部等四部委于 2017 年 5 月联合发布了《关于推进绿色"一带一路"建设的指导意见》；国家发展和改革委员会与国家海洋局于 2017 年 6 月发布了《"一带一路"建设海上合作设想》；国家标准化管理委员会于 2018 年 1 月发布了《标准联通共建"一带一路"行动计划（2018—2020 年）》。

"一带一路"建设的稳步推进使得非洲国家开始以更大的热情分享中国发展的红利。于是，非洲国家开始积极响应"一带一路"倡议，大力推动中非在共建"一带一路"框架下加快推进全方位合作，实现发展战略对接。根据非洲国家与地区多样化发展的特点，中国采取了自东向西、点线面相结合的渐进方式推进"一带一路"建设。除埃及与南非两个重点国家外，中国选择了对华长期友好、政局相对稳定、经济增速快且一体化进展顺利的东部非洲国家肯尼亚、埃塞俄比亚、坦桑尼亚以及中部非洲的刚果（布）为产能合作的先行先试国家，然后顺势再向其他国家推进。截至 2018 年 8 月底，共有埃及、南非、苏丹、马达加斯加、摩洛哥、突尼斯、利比亚、塞内加尔、卢旺达 9 个非洲国家先后与中国签署了共建"一带一路"合作谅解备忘录；还与埃及、阿尔及利亚、苏丹、埃塞俄比亚、肯尼亚、坦桑尼亚、南非、莫桑比克、刚果（布）、安哥拉、尼日利亚、加纳、喀麦隆 13 个国家签署了国际产能合作框架协议。中国公司在上述 19 个国家大多有代表性合作项目实施对接，并已取得良好的阶段性成果，实现了合作成果的利益共享。[1]

2018 年中非合作论坛北京峰会开启了中非共建"一带一路"新篇章。2018 年 9 月 3 日，习近平主席在中非合作论坛北京峰会开幕式致辞中强调，

---

[1]　姚桂梅、许蔓：《中非合作与"一带一路"建设战略对接：现状与前景》，载《国际经济合作》2019 年第 3 期，第 7 页。

要把"一带一路"建设与非盟《2063年议程》、联合国《2030年可持续发展议程》以及非洲各国发展战略相互对接。9月4日习主席宣布的《关于构建更加紧密的中非命运共同体的北京宣言》和《中非合作论坛—北京行动计划（2019—2021年）》指出，中非将携手实施"产业促进行动、设施联通行动、贸易便利行动、绿色发展行动、能力建设行动、健康卫生行动、人文交流行动、和平安全行动"（简称"八大行动"），来共建"责任共担、合作共赢、幸福共享、文化共兴、安全共筑、和谐共生"（简称"六个共"）的中非命运共同体。北京峰会期间，共有非盟和27个非洲国家与中国签署了共建"一带一路"合作文件，掀起了中非共建"一带一路"建设的热潮，由此"一带一路"大家庭里的非洲成员已经达到37个。

专栏20——"一带一路"倡议推动发展中国家提升自主发展能力

实现可持续发展是当今世界各国共同的目标与愿望。"一带一路"建设与可持续发展理念一脉相承，与联合国《2030年可持续发展议程》高度契合。在"创新、协调、绿色、开放、共享"的新发展理念指引下，中国不仅高度重视和回应相关国家经济和社会发展诉求，始终聚焦发展这个根本性问题，坚持"义利相兼、以义为先"的原则，支持"一带一路"相关国家和地区基础设施建设，而且中国还根据相关国家经济社会发展现实需要，结合双边经贸合作的重点领域和方向，通过各种方式助力人才培养，积极与相关国家共享发展经验，转移先进适用技术，支持相关国家加强在经济管理、多边贸易谈判、公共事务管理、职业教育等领域的能力建设，促进可持续发展，共同构建人类命运共同体和利益共同体。

第一，分享治国理政经验。习近平主席指出："国际上的问题林林总总，归结起来就是要解决好治理体系和治理能力的问题。"中国通过举办培训班、研讨班等方式与相关国家交流治国理政经验，培训班、研讨班的内容和形式丰富多彩，包括授课、专题陈述和演示以及实地考察等，亲眼见证中国在各领域的发展面貌，探访企业、大学、工厂和社区，收集相关中国治理体系和经济管理经验的第一手资料。2015年9月，习近平主席出席联合国成立70周年系列峰会并主持召开南南合作圆桌会时，宣布设立南南合作与发展学院。在中国对外援助资金支持下，2016年4月，南南合作与发展学院在北京大学正式挂牌成立。学院旨在分享治国理政经验，帮助其他发展中国家培养高端人才，共同探索多元化发展道路。中国与相关国家关于治国理政经验的交流加深了双方对彼此政治制度、发展经验和不同国情的理解，对于促进各国"政策沟通"发挥了重要作用。

第二，加强管理人员培训。中国围绕相关国家对于推动工业化进程、改善基础设施、促进优势产业发展等方面的强烈诉求，有的放矢地设计培训主题，为相关国家培养了大量经济社会发展所需的管理人才。例如，很多国家希望借鉴中国园区发展经验，中国有针对性地设计经济特区与工业园区的多边、双边培训主题。六年来，中国举办相关的研讨班、研修班近百个，培训管理人员千余名。此外，中国针对相关国家的经济社会发展短板，着力加强规划咨询合作，从顶层设计介入，积极帮助相关国家制定包括基础设施、电力、园区建设等相关领域的发展规划。例如，为适应柬埔寨新时期经济社会发展实际需要，助其改善制约经济发展的综合交通运输体系，中国利用援助资金帮助柬埔寨制定国家路网规划，为柬埔寨交通运输领域的可持续发展发挥了积极作用。

第三，促进技术能力提升。中国重视为相关国家培养国民经济发展急需的适用技术人才。六年来，中国共举办技术培训项目千余个，参训学员2万余人次。例如，中国连续多年举办针对柬埔寨技术人员的农产品（植物）检验检疫技术班，通过系统分享中国进出口商品检验检疫法律法规、中国动植物检疫概论、证书体系以及动植物、卫生、食品等检验检疫工作情况，帮助柬方检验检疫技术人员掌握专业技术，并应用于实际工作。为扩大技术培训的受众范围，中国启动了境外技术培训模式。在援外资金支持下，由国际竹藤中心承办了为期一个月的"2017年埃塞俄比亚竹子手工艺加工技术海外培训班"，为 40 余名埃塞俄比亚竹藤编织、竹藤家具、竹藤手工艺等领域的从业人员，讲授了竹家具设计与制作、竹资源的可持续经营与管理、竹材防护处理等实用技术。此次培训活动使学员对竹子加工业的发展有了更加深入全面的认识，为埃塞俄比亚竹子加工技术人才的培养与传承提供了有力支持。中国对相关国家的能力建设支持正逐渐从适用技术拓展到高新技术领域。中国援助埃及的卫星总装集成测试中心项目已经进入设备研制阶段，各系统将陆续开展设备研制、加工和调试工作。这是中国对埃及开展航天领域合作的首个无偿援助项目，也是中国航天在非洲地区的第一个航天基础设施项目，该项目的实施将全面提升埃及宇航工业基础能力及宇航人才储备，并为中埃航天技术领域合作奠定基础。

"一带一路"倡议不仅推动了中国与沿线国家的经贸合作，而且也极大地提升了发展中国家的治理能力和技术水平，为发展中国家的现代化发展进程以及"2030 年可持续发展目标"的实现做出了积极贡献。

（载《环球时报（英文版）》2019 年 4 月 23 日）

第二节 怎样对接"一带一路"

"一带一路"倡议自 2013 年提出以来，取得了举世瞩目的成就，充分彰显了中国"美美与共"的大国责任担当。有鉴于此，其他发展中国家也纷纷表示希望分享中国改革开放的成果和红利，主动要求加入"一带一路"倡议。2018 年 9 月，中非合作论坛北京峰会正式宣布中非将携手共建"一带一路"。那么，针对当前非洲国家的发展需求以及中非合作的现状，要想精准对接"一带一路"必须综合利用金融合作、产能合作以及第三方市场合作等多种渠道，缺一不可。

一、金融合作是引导

自 2000 年成立中非合作论坛以来，中非双方建立了持续稳定、相互扶持、全面发展的新型伙伴关系，在重要领域的合作不断加快。为了推动中非投资合作不断向前发展，中国积极与非方深度对接发展战略、系统梳理合作项目、设计搭建内外机制，共同推动相关工作的落实。具体来看，目前中非投资合作呈现两个特点：第一，投资合作规模逐年上升。近年来，中国对非投资存量呈现稳定增长态势。2017 年，中国流向非洲对外直接投资 41.1 亿美元，同比增长 70.8%，是五大洲中增长最快的目标市场。对非洲直接投资占当年对外直接投资流量的 2.6%。截至 2017 年末，中国在非洲地区的投资存量为 433 亿美元，占中国对外投资存量的 2.4%。第二，对非投资仍然比较集中。首先是国别集中。根据《中国对外投资合作发展报告 2017》的统计，从存量看，截至 2017 年末，中国企业在非洲地区的 52 个国家开展了投资，投资覆盖率为 86.7%，设立的境外企业超过 3400 家，占境外企业总数的 8.7%，主要分布在赞比亚、尼日利亚、埃塞俄比亚、南非、肯尼亚、坦桑尼亚、加纳、安哥拉、乌干达等国家。从流量上看，2017 年对非洲投资主要流向安哥拉、肯尼亚、刚果（金）、南非、赞比亚、几内亚、刚果（布）、苏丹、埃塞俄比亚、尼日利亚、坦桑尼亚等国家。其中，对安哥拉直接投资流量为 6.4 亿美元，同比增长 3.9 倍；对肯尼亚直接投资流量为 4.1 亿美元，同比增长 13.8 倍。截至 2017 年末，中国在南非的直接投资存量达到 74.7 亿美元，位居非洲首位。其次是行业集中。中国对非直接投资行业领域继续拓宽，行业仍保持相对集中。2017 年，中国对非洲地区的投资存量主要分布在 5 个行业领域，依次为建筑业（29.8%）、采矿业（22.5%）、金融业（14.0%）、制造业（13.2%），以及租赁与商务服务业（5.3%）。建筑业及采矿业仍继续保持在前两名位置。其中，建筑业占比比上年上升 1.5%。金融业增速加快，占比上升 2.6%。上述 5 个行业投资存量合计为 367.4 亿美元，所占比重高达 84.8%。[1]

---

[1] 《中国对外投资发展报告 2018》，http://www.ccpitcq.org/upfiles/201901/20190131090817850.pdf。

尽管中国对非投资逐年稳步增长，但当前依然存在一些制约中国对非投资的瓶颈，集中反映在融资以及投资保障等方面。一是中国企业对非投资在融资上面临一定困难。中国企业对非投资项目大多周期长、资金需求大，但国内金融机构出于对境外法律担保可执行力的担忧，对"外保内贷"等业务的办理缺少积极性，尤其是对民营企业，授信额度控制更严，且审批环节多、周期长，企业很难真正得到资金支持。与此同时，目前非洲国家的金融制度、融资方式、融资条件以及融资法规与国内存在着较大的差异，中资企业如果想在非洲当地进行融资，难度也较大。而向国内金融机构进行融资，即使成功，也会面临汇率波动风险，而且相关利润可能会因为当地国家的外汇管制而无法及时汇回，给企业造成损失。二是投资保障不到位。一方面，之前中国签署的 BIT（Bilateral Investment Treaty，双边投资协定）主要内容是立足于政府间经贸争端的解决，不利于有效保护中国企业作为投资主体的对外投资权益；另一方面，尽管中国信保在协助企业转移投资风险方面发挥了重要作用，但目前在承保规模方面仍较为有限，承保费率也相对较高，使一些投资企业望而却步，而且对所承保风险缺少分保机制，没有一般保险机构的参与。

基于此，开展金融合作对于破解中国对非投资瓶颈、引领中非合作精准对接"一带一路"建设具有重要意义。

首先，中国的政策性金融机构可探索与非洲国家主权财富基金开展股权合作，联合为非洲伙伴国提供行业规划、项目咨询、项目投资及运营管理等相关支持，推动大型基础设施项目顺利开展。根据国际货币基金组织最新发布的《世界经济展望报告》预测，尼日利亚和安哥拉经济温和增长，将是最近两年非洲经济复苏的主要动力。这些国家都建立了主权财富基金，但是受2008年国际金融危机影响，大宗商品价格大幅下跌，这些以资源出口盈余为来源的主权财富基金也饱受损失。鉴于主权财富基金主要面向海外的投资战略一直为国内公众诟病，加上信贷危机期间的大肆收购交易报亏，公众质疑其在浪费国家和人民财产。为支持本国经济，平抑国内众怒，主权财富基金收缩海外投资，转而投向本国股市和基础设施建设，以刺激本国经济。同时，由于主权财富基金规模较大，投资又多以长期投资为主，而且对投资回报率的要求仅为 5% 以上，投资策略追求稳健原则，与"一带一路"倡议项目的投向一致。再加上主权财富基金治理模式的优点在于其主管部门是国家机构，能够从更高层面对基金进行战略管控，从而对市场变化做出更及时的判断和反应。此外，主权财富基金的负债率极低，一般不会因资本充足率或定期偿付额不足等因素而从市场中突然撤资。因此，探讨与主权财富基金的合作模式成为当前"一带一路"资金合作重要路径之一。中国可通过与非洲国家的主权财富基金开展金融合作，有效汇聚金融资本，拓宽项目的资金来源。

表 2 2019 年中国与非洲国家设立主权财富基金情况

国家	主权财富基金名称	资产总量（十亿美元）	设立时间（年）	来源
中国	中国投资集团	941.4	2007	非商品
中国	香港金融管理局	509.4	1993	非商品
中国	国家外汇投资公司	439.8	1997	非商品
中国	全国社会保障基金	341.4	2000	非商品
利比亚	利比亚投资局	66.0	2006	石油
阿尔及利亚	收入管理基金	7.6	2000	油气
博茨瓦纳	普拉基金	5.5	1994	钻石及矿产
中国	中非发展基金	5.0	2007	非商品
安哥拉	安哥拉主权基金	4.6	2012	石油
尼日利亚	巴耶尔萨州发展与投资公司	1.5	2012	非商品
尼日利亚	尼日利亚主权投资局	1.4	2012	石油
塞内加尔	塞内加尔主权战略投资基金	1.0	2012	非商品

续表

国家	主权财富基金名称	资产总量 （十亿美元）	设立 时间（年）	来源
加蓬	加蓬主权财富基金	0.4	1998	石油
加纳	加纳石油基金	0.45	2011	石油
毛里塔尼亚	国家碳氢化合物储备基金	0.3	2012	矿产
赤道几内亚	下一代基金	0.08	2002	石油

资料来源：Sovereign Wealth Fund Institute: Sovereign Wealth Fund Rankings https://www.swfinstitute.org/fund-rankings/sovereign-wealth-fund。

其次，推动中非发展基金、中非产能合作基金与非洲当地金融机构联合组建多边金融公司，开展针对大型基础设施项目的贸易融资、股权融资以及融资租赁业务，利用资产证券化、发行固定收益证券等方式提高项目的收益率。中国在"一带一路"倡议和"产能合作"战略指引下，先后成立了两支"类主权财富基金"。2014年成立的"丝路基金"注册资本100亿美元，既是一个回收周期更长的私募股权投资（PE），又是一个开放式的平台，旨在为"一带一路"沿线国家基础设施、资源开发、产业合作和金融合作等与互联互通有关的项目提供投融资支持。丝路基金偏重股权投资，共有四个股东，都是企业法人。可以进行股权、债权、基金贷款等投资，也可以与国际开发机构、金融机构等发起设立共同投资基金，还可以进行资产受托管理、对外委托投资等。丝路基金也对能够责任共当、利益共享、风险共担的有实力的合作伙伴持开放态度。此外，2016年1月7日，继中非发展基金之后，中国又一只专门针对非洲的投资基金——中非产能合作基金完成注册并启动运作。中非金融合作，特别是投融资合作进入多强并进、多元发展的新时期。至此，中国将有中非发展基金和中非产能合作基金两只规模分别为100亿美元、国际上规模最大的对非投资的单只基金。中国政府可推动这些"基金"与非洲国家当地的金融机构开展合作，创新金融产品，共同注资大型的互联互通项目。

再次，加快建设南非离岸人民币中心。目前，全球 24 个国家公开宣布持有人民币，其中非洲国家有 6 个。[①] 非洲需要建立离岸人民币中心，承担投融资及提供流动性、风险管理、国际清算的渠道职能。南非作为非洲的经济、贸易、商务、金融、物流和资金流中心，是中非经贸的桥头堡，也是非洲唯一的金砖国家和 G20 成员国，具有建立非洲离岸人民币中心的天然优势。[②] 环球银行金融电信协会（SWIFT）数据显示，2015 年人民币作为支付货币在南非的使用量较 2014 年增长 33%，较 2013 年增长 191%。2015 年 6 月，南非与中国（含内地和香港）间的直接支付约三分之一采用人民币结算，而 2014 年同期仅为约十分之一。[③] 由此可见，在南非设立离岸人民币中心具有较强的优势，有利于加速人民币国际化进程。

复次，在非洲增设中资银行的分支机构。一方面，建议简化中资金融机构海外并购的审批流程，建立覆盖非洲主要区域的机构网络，弥补北非、西非、东非和中部非洲经营性金融机构的空白。中资金融机构在进行网络布点时，可将中非工业化合作的先行示范国家和产能合作重点对象国作为起点，有序扩展。另一方面，建议中资银行以收购方式进入非洲银行业。例如，2008 年 3 月，中国工商银行收购南非标准银行 20% 的股份，成为其最大的单一股东。[④] 自此，双方全面开展了在资源银行、公司银行、投资银行、全球资源基金、非洲与国际业务以及全球市场等六大业务领域的合作。

最后，推动金融工具多样化。金融工具种类缺乏，削弱了金融中介的作用。鼓励政策性金融机构探索新的支持模式，开展国际结算、保函、贸易融资等低风险业务，鼓励保险公司创新与进出口业务有关的保险品种。为应对非洲国家金融体量较小、货币稳定性差、信用体系不够完善等问题，可通过

①　六国分别为尼日利亚、南非、肯尼亚、加纳、安哥拉和坦桑尼亚。
②　詹向阳、邹新、马素红：《中国工商银行拓展非洲市场策略研究——兼谈后金融危机背景下的中非金融合作》，载《西亚非洲》2010 年第 11 期，第 25—26 页。
③　倪涛：《人民币国际化在非洲不断提速》，《人民日报》2015 年 8 月 10 日。
④　李峰、吴海霞：《非洲人民币国际化现状及路径选择》，载《现代国际关系》2015 年第 7 期，第 40 页。

信托投资为非洲能源基础设施建设和产业发展项目提供有针对性的融资和担保，鼓励融资租赁为中国出口大型成套设备提供支持。逐步扩大货币互换规模，推动双边贸易使用人民币计价和结算，并考虑在具备条件的国家之间建立多边结算体系。

专栏21——亚洲开发银行发展融资模式改革对"一带一路"融资借鉴意义

到2017年12月末，亚洲开发银行（以下简称"亚行"）的贷款改革已经进行了整整一年，并且收到国际评级机构"穆迪"（Moody's）给予的AAA级评价，这引起了国际社会的广泛关注。

此次改革不仅对于国际发展筹资领域产生了极大的影响，为国内开发性金融改革提供了丰富经验和指导参考，而且为共建"一带一路"提供了更高效的融资支持。

亚行推动软、硬贷款窗口合并，是应对当前经济格局变动的必然之举，因为当前世界经济进入了经济危机爆发以来最缓慢和最乏力的一次复苏。同时，基础设施投资作为刺激经济增长的重要措施，在发达国家和发展中国家均存在较大的缺口。基于此，亚行不得不探索新的范式，以提高其筹资和放贷能力。

亚行的改革措施是将软贷款和硬贷款两个窗口进行合并。其中，软贷款窗口提供亚洲发展基金（ADF），是捐赠基金，每四年进行一次增资，向贫困国家提供优惠贷款（长期限、低利率）和赠款，接收国主要包括巴基斯坦、孟加拉国、越南、尼泊尔和柬埔寨等；硬贷款窗口提供普通贷款（OCR），是为中等收入国家提供的准市场利率贷款。

具体而言，亚行的改革内容包括：第一，把ADF的股本和贷款业务并入OCR的资产负债表；第二，将ADF作为赠款专用捐赠基金，向符合条件的国家提供赠款援助；第三，继续为贫困国家提供来自扩大后的OCR优惠贷款，条款和条件与ADF贷款一致。

该改革放宽了针对 ADF 和 OCR 的诸多限制，将 ADF 股本转为 OCR 股本（普通储备金部分），更有效地利用扩大后的 OCR 资产负债表。

一方面，亚行改革增加了亚行对贫困国家（以前 ADF 国家）的资金援助，使得符合 ADF 接收条件的贫困国家能够继续收到来自扩大后 OCR 的优惠贷款，条款和条件同 ADF 贷款一致。另一方面，增加了来自扩大后 OCR 的非优惠业务，有助于进一步支持当前仅接收 ADF 的国家转变为混合国家，并从混合国家名单中进一步转为仅接收非优惠资金的国家。

随着中国经济发展进入新常态，全球经济发展也逐步放缓。映射到全球发展领域，就必然表现为基础设施投资领域的压力下行。这是因为，基础设施投资受到诸多因素的限制，包括资金缺乏，成本较高，回收期较长，以及利益分配不均衡等。而在财政支出有限的情况下，投资需求的满足需要考虑释放更多的融资渠道。因此，当前在共商、共享、共建"一带一路"的过程中，可尝试借鉴亚行改革的经验，创新发展筹资模式，扩大资金基础、提高贷款流动性，为沿线国家提供更多的公共产品。

第一，推动两优结合。优惠贷款与优惠出口买方信贷在管理机构、贷款流程以及资金投向等方面存在诸多相似性，也一度造成了受援国的困惑。未来可在操作层面上推动两"优"结合，赋予进出口银行更大的决策权和评审权，加强问责力度，从而降低贷款回收风险、提升资金流动速度。

第二，扩大混合贷款。推动无偿援助、无息贷款、优惠贷款与主权财富基金和商业贷款相结合，共同资助跨区域的大型基础设施建设。一方面能够发挥援助资金的政策引导作用，另一方面可以灵活设计贷款偿还条件，规避单纯使用援款的道德风险，加快资金回笼。

第三，动员民间资本。一些沿线国家实行严格的外汇管制，导致中国企业利润难以汇回，使得私人资本在当地进行再投资的预期上升。我

国可适时在沿线国家进行发债和私募，通过公私伙伴关系（PPP）和建
设—运营—移交（BOT）等渠道实现政府援助与私人资本相结合。

（载《环球时报（英文版）》2017年12月10日）

除此之外，在利用金融合作引导中非共建"一带一路"的过程中，还应
注意以下三方面问题：第一，发挥高层的政策引导作用。应充分利用中非合
作论坛等多边机制，加强政策沟通，提升双边政治对话的机制化水平。建
立、巩固和完善与各国金融政策协调与业务合作机制、财长对话等机制，通
过平等磋商在金融监管透明度、金融政策协调、相关信息披露等方面达成深
层次共识，协调推进金融合作进程。在金融互信的基础上，推动中国投资集
团等与非洲国家的主权财富基金发展合作，并在此基础上逐步推动"丝路基
金""产能合作基金"等开发性金融与非洲国家当地金融机构先行开展合作，
发挥示范和引领作用。第二，遵循市场运作为主体的模式。金融合作应遵循
市场运作，充分发挥市场在资源配置中的决定性作用和各类企业的主体作用。
在高度重视具体项目的前期可行性评估的前提下，推动中国金融机构和企业
发挥相互配合和补充的作用，实现优势互补、合作共赢。充分发挥东道国知
名咨询公司、律师事务所、高校科研机构的本土化优势，在基础设施、能源
资源、经贸合作、产业投资、金融合作、人文交流、生态环保等领域深入开
展专项规划。第三，注重合作融资项目风险管控。应充分重视"一带一路"
项目的风险评估，在防范系统性风险的前提下，稳妥推进金融合作。从企业
角度，金融机构和企业作为市场主体应当遵从市场规律，在实施创新的同时
做到风险可控。要实现对重大项目的有效融资合作，就必须高度重视具体项
目的前期可行性评估；从政府角度，要顺畅金融合作，就必须完善金融监管
理念，加强并完善对外投资咨询机构的建设与服务，鼓励科研机构设立针对
"一带一路"国家风险的专业智库，推动政府、企业、专业机构的合作，利用
各自比较优势有针对性地防范风险，从而更有效地提升风险防控效果。在监
管手段上，加强网络技术创新，提高对互联网金融的监管能力。

专栏22——互利对接中东主权财富基金

在"一带一路"建设的大背景下，加强与中东国家发展战略对接并推进产能合作项目顺利落地，解决融资问题是关键。

中东国家拥有相当规模的主权财富基金，投资实力雄厚。全球十大主权财富基金资产排名中，海湾国家占了四席，分别为阿布扎比投资局（4500亿美元）、沙特货币局（3840亿美元）、科威特投资局（2300亿美元）和卡塔尔投资局（700亿美元）。中东国家设置主权财富基金的目的是在石油资源枯竭之前，为国家和民族可持续发展思考，做长线投资，具有新型"国家资本主义"的特征。

主观上，中东国家与我开展金融合作，共同引领产能合作的意愿也同样强烈。2008年金融危机后，主权财富基金主要面向海外的投资战略饱受国内公众诟病，加上信贷危机期间的大肆收购交易报亏，公众质疑其在浪费国家和人民财产。中东国家十分重视将本国剩余资本大量投入海外市场以保值增值。特别是美国推动页岩气革命以来，中东油价备感压力，投资多元化的欲望也随之增强。不仅如此，中东区内大国参与全球治理意愿强烈，积极响应我"一带一路"倡议，推动区域互联互通和贸易便利化，伊朗、土耳其、沙特、埃及均为亚投行的创始会员国。

从中国角度看，撬动中东主权财富基金的战略意义深远，有利于减少产能合作项目的落地阻力，维护能源安全，抢滩战略板块，并通过深度金融合作，拉近我与海湾合作委员会和传统"77国集团"的关系，从而扩大我国在发展中国家的代表性。

基于此，应积极推动中国企业开展与中东国家的金融合作，实现"三个引导"：一是引导主权财富基金投入本国的产能合作项目；二是引导主权财富基金投入中东地区的产能合作项目；三是引导主权财富基金投入域外其他发展中国家的产能合作项目。具体措施可有：

第一，推动丝路基金与中东国家主权财富基金联合设立"中国—中东国家产能合作基金"。

第二，以股权合作的方式联合注资产能项目。股权投资更看重长期可持续发展能力。其一，推动国家开发银行和进出口银行与中东主权财富基金投资公司开展股权合作。其二，鼓励国内商业金融机构与主权财富基金合作进行股权合作项目融资。其三，以股权合作的方式，吸纳主权财富基金加入丝路基金的子基金。

第三，利用商业运作手段吸纳主权财富基金。通过发行债券、概念股、公募、保险等金融创新方式吸纳主权财富基金，可让400亿美元的"丝路基金"发挥万亿美元功效。甚至可考虑发行以人民币计价的丝路基金债券，用以补充其资本金。另外，中国进出口银行和国家开发银行也可与中东主权财富基金开展战略合作，新设多边投资公司。

（载《环球时报》2017年3月18日）

二、产能合作是重点

目前，中非产能合作与非洲工业化进程高度契合，中非合作正迎来新的机遇。2015年，非盟发布的《2063年议程》明确提出，到2063年非洲制造业占其国内生产总值的比重要达到50%以上，吸纳新增就业50%以上。而中国拥有门类齐全、独立完整的产业体系，正在积极推进国际产能合作，中国优势产业和产能符合非洲工业化需要，而非洲具备承接中国产能的强烈意愿和需求。因此，中非双方应在发展的坚实基础之上，着力创新合作方式，使中非产能合作能够最大限度地推动非洲工业化进程。

毋庸置疑，经贸合作是"一带一路"建设的重要内容之一，而基础设施联通和国际产能合作又是经贸合作的两个重要引擎。国际产能合作主要是围绕生产能力新建、转移和提升的国际合作，以企业为主体、市场为导向，以制造业及相关基础设施、能源资源开发为主要领域，以直接投资、工程承包、装备贸易和技术合作为主要形式。为此，中非产能合作的实施也正围绕着基础设施与园区建设推进。

非洲各国对中非产能合作充满期待，主要聚焦于三个方面：首先，希望中非产能合作能够对接《2063 年议程》。目前非洲已经在全非洲、次区域以及国别三个层次制订了发展规划，并列出非洲未来发展的七个优先领域。中国优势产能转移能够对接非洲需求，帮助非洲发展培育本土配套工业，打造高端制造业。其次，希望中国加强对非洲的农业援助。中国发展的经验表明，解决粮食安全问题是工业化的前提，这在非洲已经形成广泛共识。因此，中非产能合作的出发点应该是农业产能化。中国能够在对非农业援助过程中注重种植、仓储、加工、市场推广相结合。再次，希望扩大中非教育合作。非洲工程技术教育水平低，90% 受教育人才为人文科学背景，工业化建设所需的自然科学、技术以及工程类人才极度短缺。深化教育合作、加强技术培训是产能合作的基础。

从中方讲，中国正处在经济转型升级、构建开放型经济体的战略发展期，需要推动优势产能转移。当前，中国面临较突出的产能过剩矛盾，需要化解结构性、周期性的产能过剩，同时保持合理的经济增速。凭借过去 30 多年在工业化发展方面的长期积累，中国不少行业的制造水平和技术标准已处于国际先进或较先进水平，拥有大量富余产能和优势产业。[1] 以高铁为例，中国高铁在工程建造、高速列车、列车控制等领域，已形成了具有自主知识产权的核心技术体系，成为世界上高铁系统技术最全、建设成本最低、运营里程最长、在建规模最大的国家。[2] 而非洲是中国利用国际资源和国际市场解决中国产能过剩的重要平台。客观上讲，当前中非发展合作已进入产能对接的新阶段。[3] 通过对外援助、承包工程等多种形式，很多产能合作项目已在非洲大陆落地。

---

[1]　张钟凯：《稳增长、促转型——"中国制造"夯实强国之路》，新华网，2015 年 7 月 3 日，http://www.zj.xinhuanet.com。
[2]　《发改委就〈关于推进国际产能和装备制造合作的指导意见〉举行发布会》，中国网，2015 年 5 月 20 日，http://www.china.com.cn。
[3]　例如，2014 年 11 月，中国与尼日利亚签署沿海铁路项目合同；2015 年 1 月，中国和非洲在高速铁路、高速公路和区域航空三大网络及基础设施工业化（三网一化）领域展开合作签署备忘录；2015 年 9 月，中国公司承建的埃塞俄比亚首都城市轻轨正式通车；埃塞俄比亚至吉布提铁路、肯尼亚内罗毕至蒙巴萨铁路、津巴布韦卡里巴南岸水电站扩展工程等项目，建成后将有力帮助非洲提升经济发展内生动力。

　　基于此，中国优势产能转移有望对接非洲需求，帮助非洲培育本土配套工业，打造高端制造业。此外，非洲具有推进工业化的自然资源和低成本劳动力。素有"世界原料仓库"之称的非洲几乎拥有工业化所需的各种原材料。[①]非洲人口具有明显的年轻化特点，而且自然增长率高。[②]当前，中国和越南等国的劳动力成本不断上升，区域一体化程度的加深有可能让非洲大陆成为下一个世界工厂。[③]非洲已基本具备承接中国优势富裕产能的实力和基础。

　　具体而言，对非产能转移可以分四步进行推动：

　　首先，从国家战略层面入手，大力推动对非产业链布局。借助中非合作论坛提供的便利交流机制和平台，在市场准入、渠道建设、技术标准等方面，加强次区域和单个国别谈判，最大限度地争取非洲国家对中国产业标准和质量体系的认同，塑造有利于中国的竞争新规则、新标准等。建立国家层面的利用非洲产能转移协调机制，尽快编制非洲产能转移开发规划。根据中国对非投资总体规划，由相关部门制定非洲市场战略规划及重点国别的投资规划，对非洲市场开发进行战略设计，明确重点国别、投资产业、投资空间、重点项目、开发时序及政策措施。

　　其次，充分发挥产业集群效应，推动对非投资从产业链上下游延伸。通过跨行业跨地区的联合、兼并、重组，形成具有跨国经营能力的产业集群，推动拟投资企业尽快实现联合，打造工业园区，以集群效应争取更多的国家优惠政策，不断增强园区内产业链上下游供给能力，形成产业链优势，进而迅速转化为竞争优势。在投资方式上，可尝试采取公私合营（PPP）模式，帮助企业争取政府和金融商业机构的优惠专项资金的扶持，降低单个企业的投资风险。

　　再次，建立有利于中非产能合作的金融机制。继续加大"中非基金"的融资力度，推动其与企业自有资金形成合力，把对非产能转移作为支持重点。

① 李智彪：《"六大工程"能为非洲带来什么？——中非经贸合作的长线战略思维》，载《人民论坛·学术前沿》2014 年 8 月（上），第 73 页。

② Af DB, OECD, UNDP & UNECA, *African Economic Outlook 2013*, OECD Publishing, 2013.

③ 《美媒：非洲或可取代中国成为下一个世界工厂》，参考消息网，2013 年 11 月 2 日，http://www.cankaoxiaoxi.com/。

同时，建立推动产能转移的专项引导基金，引导其与援非资金相结合，通过金融、财税、援助等多种方式支持对非产能转移，充分发挥中国产能性价比和资金支持优势，弥补市场拓展方面的不足，帮助企业规避在产能转移过程中可能遇到的风险。

最后，中国可充分利用对非援助资金的杠杆作用，支持重大产能合作项目，特别是非洲跨区域的交通基础设施建设。在融资方式上，可利用援助资金撬动商业资本和民间资本，通过 PPP 模式共同注资；在运作上可采用"投资—建设—运营"一体化的模式，并由中国国内相关主管部门在融资评审、外汇管理、业绩考评等方面给予中国企业支持。

此外，在保障设施上，还应该强化产学研对接，注重技术转让。推动技术类大学、智库与企业对接。项目选择与目的国的国情相结合。加大对国内非洲研究智库的支持力度，对产能合作可能出现的问题做好前瞻性研究，如双重征税问题。

专栏23——如何应对高铁海外潜亏风险

世界上还没有一个国家能够像中国一样，在国际舞台上开展这么大规模的高铁推广。高铁要想盈利，必须满足三个前提条件，即：保证一定的旅客规模、车次频率以及旅客收入，但是目前中国的海外高铁项目尚未满足上述条件。因此，应直面高铁外交面临潜在亏损风险的分析，积极做好应对之策。

第一，针对项目盈利风险，完善项目风险评估。高铁外交的东道国社会制度、经济文化、地理环境等各不相同，在铁路发展的轨道制式、建设方式、运营模式、投资融资等诸多方面也有很大差异。因此，应充分做好前期工作，不仅要做好硬性环境的评估，还要做好软性环境的评估。在此基础上，有针对性地提出铁路规划、勘探、建设、装备、运营、维护、投融资等技术集成方案。同时，还要提供有关投资、成本、运营、载客量等详细的数据供东道国决策。

　　第二，针对贷款回收风险，创新项目融资方式。高铁具有初始投资大、建设周期长、投资回报率低、投资回收慢且风险高等特征。因此，急需多渠道融资，避免将债务风险下行至政策性银行。例如，尝试PPP模式。推动与中国企业、商业银行以及东道国商业机构、基金会等私人部门开展合作；或者撬动东道国配套资金，对于拥有雄厚财政收入的东道国政府，可推动其注入主权财富基金，以国家资本主义方式共同投资高铁项目。对于资源富集国，可利用"安哥拉模式"，将其资源出口转化为股权。

　　第三，探索特许经营模式。"一带一路"沿线国家大多铁路建设管理基础薄弱，本土技术管理人才匮乏，难以支撑本国铁路事业发展。而对于从互联互通考量有重大战略价值，但经济回报较差、资金需求大、东道国经济实力和运营管理经验严重不足的项目，可尝试特许经营模式，推动东道国政府采取公开招标的方式，选定特许经营企业负责运营维护。

（载《环球时报》2016年12月8日）

三、第三方市场合作

　　"一带一路"倡议源于中国，成果属于世界。因此，"一带一路"倡议是包容和开放的，中国欢迎其他国家积极加入，共同支持沿线国家发展。截至2019年底，中国已与日本、法国、加拿大、新加坡、西班牙、荷兰、比利时、意大利、澳大利亚等国家正式签署了第三方市场合作文件，使"一带一路"朋友圈进一步扩大。

　　法国是第一个与中国探讨第三方市场合作的国家。早在2015年6月，中法发表《中法关于第三方市场合作的联合声明》，首次提出"第三方市场合作"这一概念。在合作区域选择上，明确将非洲列为发展重点，这是鉴于法国在非洲根基深厚、经验丰富，尤其在非洲法语国家优势明显。在合作领域方面，将能源和交通基础设施列为重点领域，法国是传统核能强国并在近年大力发展可再生能源，而能源合作也是中国在非洲开展国际产能合作的重要内容，这为中法双方在非洲加强核能与可再生能源方面合作奠定了基础。而在交通物流领域，法国高铁技术具有先发优势，而中国高铁技术在近些年也取得高速发展，周期及成本优势明显，双方加强合作具有一定的互补性。该联合声明明确了中法第三方市场合作应当遵循的"企业主导，政府推动""平等协商，互利共赢""互补、互利、开放、包容"等原则，并由中国国家发改委和法国财政总局联合组建指导委员会，旨在设立示范项目清单机制，并积极探索和发掘优秀合作范例，以推动中国与其他欧盟成员国之间开展第三方市场合作。

日本于 2018 年 10 月与中国签署第三方市场合作协议，并同时达成了 52 项初步合作协议。作为世界第二大和第三大经济体，中日两国在短时间内就"第三方市场合作"达成的发展共识和初步成果深受世界瞩目。"一带一路"沿线多为发展中国家，正处于工业化初期，急需发展基础设施，并面临工业化挑战，缺乏技术和资金。中日第三方市场合作有利于加快这些国家的发展速度，提高经济发展水平。中日第三方市场合作虽然起步较晚，但发展迅速，借助"中日第三方市场合作论坛"等合作机制已推进一大批合作项目，为中国与其他国家的第三方市场合作发展做出了典范。科技领域是中日第三方市场合作非常重要的领域。日本在技术创新方面的优势非常明显，比如医疗、人工智能、高端制造业，但由于市场有限、人口老龄化，限制了日本的发展。中日在科技领域开展的第三方市场合作，有助于推动非洲的制造业发展，从而助推非盟《2063 年议程》的实现。

意大利于 2019 年 3 月与中国签署第三方市场合作协议。意大利副总理、经济发展部部长迪马约表示："'一带一路'建设是巨大机遇。我去年上任伊始就访问中国，就是因为我始终坚信要与中国加强合作，包括加强在第三方市场的合作。我希望意中两国的战略合作取得良好进展，双方签署更多互利共赢的项目。""意大利同中国的经济高度互补。当前，双方经济合作还有很大潜力可挖，第三方市场合作为两国企业发展开辟新空间。"[①]

新加坡于 2019 年 4 月与中国签署第三方市场合作协议。在中新第三方市场合作中，互联互通是亮点，金融合作是有力支点。新加坡工商联合总会主席张松声表示，希望看到更多两国企业合作开发第三方市场。双方强强联合可以发挥互补作用，带动"一带一路"倡议框架下企业"走出去"。[②]

英国于 2019 年 6 月与中国签署了第三方市场合作协议。英国由于脱欧问题，迫切希望有欧洲以外的市场来实现自身的发展。中英两国在"一带一路"第三方市场的合作不仅基于两国在产业发展上较强的互补性，也基于中英两国政府在开放市场和推进自由贸易方面相近的理念。在合作区域方面，英国是东部、南部非洲的前宗主国，与这些国家建立了传统的政治、经济以及文化联系，中英在非洲开展第三方市场合作，有助于中国企业精准对接当地标准，从而高效开展市场竞争。在合作领域方面，英国在工程设计、法律、咨询、管理等方面具有优势；而中国在施工效率、工程技术创新、成本管控、供应链管理、性价比等方面是强项；中英在非洲加强基础设施建设领域的合作，有助于加速推动非洲的互联互通。

截至 2019 年 6 月，中方已与法国、日本、意大利、英国等 14 个国家签署第三方市场合作文件，建立第三方市场合作机制，共同为企业搭建了合作平台、提供了公共服务。

第三方市场合作对于非洲的未来发展来说是一个"三赢"的选择。对于中国来说，第三方市场合作有利于中国产业链升级，从而为中非产能合作注入更强劲的动力。当前，中国经济已经从工业化初期阶段发展到工业化中后期阶段，制造业取得长足发展，产业门类不但齐全且拥有优质产能，但其产业链地位、核心技术水平与西方发达国家相比，依然存在差距。第三方市场合作能够将发达国家先进技术、管理理念与中国的优质产能相对接，不仅能

---

① 《意大利各界把握"一带一路"建设机遇 第三方市场合作实现双赢多赢》，《人民日报》2019 年 3 月 25 日。
② 《中新力拓"一带一路"合作新空间 第三方市场合作成新闪光点》，新华网，2018 年 11 月 12 日，http://www.xinhuanet.com。

够有效推动中非产能合作，而且有助于中国实现技术水平提高和产业链向中高端水平迈进的需要。对于发达国家来说，开展第三方市场合作不仅有助于改善其在非洲国家一以贯之的霸权主义形象，而且还有利于分摊投资风险。英、法等国在非洲有着不光彩的殖民历史，非洲人民对他们始终怀有复杂和警惕的心理，而同中国开展合作可以在一定程度上弱化这种二元的权力结构，此外也能缓解与中国企业在非洲市场激烈的竞争。对于"一带一路"沿线的发展中国家来说，他们则是"第三方市场合作"的最大受益者。众多"一带一路"沿线发展中国家仍处于工业化初期阶段，工业化和城市化水平较低，技术水平较为落后，虽然蕴含丰富的资源但缺乏资金，更急需产业技术、装备产能和投融资等的外部支持，而"第三方市场合作"可以为沿线国家扩大资金支持，从而对接发展需求，加速推进沿线国家的工业化和现代化发展进程。

第三方市场合作为"一带一路"经贸合作提供了崭新的发展思路，有助于化解"一带一路"经贸合作风险和地缘政治忧虑，但是在开展第三方市场合作过程中也应注意两方面问题。一要注重建立政策沟通与协调机制。对于在"一带一路"沿线国家进行贸易合作和投资的所有企业而言，只有通过长期有效的协调机制和政策沟通渠道，明晰双方的关键合作领域和比较优势，明确第三方市场合作的具体目标，才能有的放矢地进行项目合作。同时，应建立和完善对接三方合作的信息服务平台，在项目合作的前、中、后期保证信息的及时更新和互通有无，从而精准对接项目合作需求、有效管控投资合作争议、及时调整合作策略。[①] 二要注意合作中的利益分配问题。尽管法国等发达国家对在第三方市场开展合作的倡议颇感兴趣，但仍对与中国的竞争充满疑虑，因此他们期待中方能够提出更具体的合作方案。特别是法国、英国、日本这些国家占有的市场份额已相对固化，他们与中国企业长期存在竞争关系，如何化竞争为合作、推动第三方市场合作行稳致远，就一定要在市场份额、供应链和利润分配等方面与合作方达成共识，并形成妥善的安排。

---

① 吴浩：《第三方市场合作："一带一路"的新动能》，载《学术前沿》2019 年第 1 期，第 89 页。

第八章　面对全球保护主义的严峻形势
应积极培育非洲市场

当前，全球保护主义盛行，阻碍信息、技术、资本等生产要素在全球范围内的流通，降低资源的有效配置，导致创新动力不足，抑制全球经济一体化进程。而当今世界各国经济高度相互依存，需要构建更为开放包容的全球经济市场，从而为全球经济注入新的动力。鉴于非洲拥有较大的、未完全开发的市场潜力，因此积极培育非洲市场、充分帮助非洲释放市场动能，不仅有利于中国应对全球保护主义、构建开放型经济体，而且有助于中国充分履行全球经济治理责任、推动发展中国家的群体性崛起。

第一节　非洲经济一体化

打破保护主义、实现经济一体化一直是非洲独立以来的发展诉求。早在20世纪60年代，非洲国家就开始了推动区域一体化的努力。随着"非洲统一组织"的建立，非洲国家逐渐加快了非洲大陆经济一体化进程，其突出表现为多个区域经济组织的建立和非洲大陆自贸区的成立。

一、非洲联盟

在非洲大陆层面，非洲联盟是最重要的经济一体化组织，其前身是1963年成立的"非洲统一组织"。"非统"的重要文件《非洲统一组织宪章》《拉各斯行动计划》《非洲经济共同体条约》等已经对非洲经济一体化做了设计，之后非洲国家着手建设相应的组织和制度。在经济全球化浪潮的冲击下，非洲出现了被边缘化的趋势，非洲国家为了应对这种挑战，制定了"联合自强，自主发展"的发展战略，并以"非洲联盟"代替了"非洲统一组织"。这两个全洲性组织在本质上是完全一致的，都以非洲的统一为奋斗目标，后者是前者在新历史条件下的延伸。必须指出的是，"非盟"与"非统"相比，"非统"松散、无权，仅具有协商职能，而"非盟"是集政治、经济、军事等为一体的全洲性政治实体，具有更大的权力和权威，在制度设计和制度能力建设方面优于"非统"，这为非洲的经济一体化发展提供了机制化保障，有助于经济一体化的稳步提升。此外，"非统"强调非洲国家的主权，而"非盟"则淡化单个国家意识，强化非洲统一目标，比"非统"更加重视次区域经济组织与非洲经济一体化。

　　"非盟"从制度层面设定了推动非洲经济一体化建设的目标，是非洲经济一体化进程中的一个里程碑。《非洲联盟宪章》的目标部分明确指出，"促进经济一体化建设；协调和统一当前和未来的区域经济组织的政策，以逐步实现非盟目标"。[①]"非盟"的组织机构包括首脑会议，执行董事会，非盟委员会，泛非会议，和平与安全理事会，非洲发展新伙伴计划，经济、社会和文化理事会，非洲法院以及金融机构等。[②]其中，"非盟"的最高权力系统为首脑会议，每年的年初和年中召开两次例会，从 2019 年起首脑会议仅在年初召开，年中的首脑会议改为非盟与次经济区域体协调会，这足以体现"非盟"对经济一体化建设的重视；泛非议会的议长和副议长根据平衡原则分别来自非洲的五个次区域，这有助于非洲各次区域加强在泛非会议框架下的经济协商合作，相互交流和借鉴彼此经济建设的经验，推动各区域的经济一体化建设水平，从而推动整个非洲经济一体化进程；非洲发展新伙伴计划是由南非、尼日利亚、阿尔及利亚等国发起，在 2001 年第 37 届"非洲统一组织"首脑会议上一致通过，于 2002 年被确立为非盟经济社会发展纲领，2010 年并入非盟

---

① Constitutive Act of the African Union，http://www.peaceau.org/uploads/au-act-en.pdf, pp.4-5.
② 外交部：《非洲联盟》，2019 年 8 月，https://www.fmprc.gov.cn/web/gjhdq_676201/gjhdqzz_681964/lhg_683022/jbqk_683024/。

框架。该计划第 18 条列出促进经济一体化发展的八个行为准则，即"货币和金融政策透明度良好做法守则；财政透明度良好做法守则；预算透明度最佳做法守则；公共债务管理准则；公司治理原则；国际会计准则；国际审计准则；有效银行监管的核心原则"。[①]该计划致力于推进非洲经济一体化的发展，增强非洲经济发展的可持续性，具体实施路径包括：一是通过重大经济技术项目推动非洲经济发展。二是通过非洲各区域经济体内部的发展以及相互间的发展来实现非洲大陆层面的经济合作，最终建立起成熟的非洲经济共同体；经济、社会和文化理事会由"非盟"成员国的专业团体、非政府组织等多个成员组成。随着"全球本地化"的发展，非国家行为体在"高级政治"领域中发挥着越发重要的作用。因此，对于非洲经济一体化的建设而言，不仅需要非洲各国政府的努力，也需要各国的非国家行为体，如专业团体、非政府组织等去推动。当非洲国家因为国家利益与区域利益发生冲突而在推动经济一体化的建设中缺少合作动力时，非国家行为体可以凭借其对"国家利益"的适度超脱去推动经济一体化发展目标的实现；金融机构包括中央银行、非洲货币基金、非洲投资银行。中央银行有助于从宏观层面调控非洲经济的发展。非洲货币基金可向非洲各国提供贷款，在货币问题上促进各国合作，加强各国经济政策的协调。非洲投资银行旨在通过促进投资，提升非洲经济市场的活力。这些金融机构的建设有助于保持非洲经济一体化的稳定发展，为经济一体化的发展提供源源不断的动力。

"非盟"的建立有力地推动了非洲经济一体化的发展。第一，"非盟"有助于从宏观层面协调非洲地区经济的发展。"非盟"在充分协调各成员国利益的基础之上，建设协调各成员国经济发展的机制，制定符合各国和非洲整体利益的经济政策，推动各国经济发展成果的互享以及经济建设经验的互鉴，从而提升各国经济发展效率，增进地区经济一体化的发展水平。第二，"非盟"有助于提升非洲大陆整体的经济治理水平。鉴于一国的经济治理水平直接决定着其推动减贫和维持社会稳定的效果，因此"非盟"在全非洲范围内

[①]　The New Partnership for Africa's Development(NEPAD), https://www.un.org/en/africa/osaa/pdf/aprm-declaration.pdf, p.7.

实施重大的经济技术和能力建设项目，旨在提升各国的经济治理水平，增强其应对经济建设风险的能力，为经济一体化的深入发展创造良好的社会环境。第三，"非盟"有助于促进次区域经济组织的内部建设。"非盟"经过长期的发展，在经济一体化建设方面的经验颇多。根据"背驮原理"，次区域组织可以借鉴非盟经济一体化的建设成果，如制度性安排、机构设置等，从而加快自身发展。此外，"非盟"还为各次区域组织交流互鉴搭建了一个平台，各方可从交流中汲取有益经验，也可通过非盟协调经济一体化政策，促进各方政策的相向而行，从而推动非洲整体经济一体化建设水平。

二、次区域组织

在次区域层面，非洲国家也根据共同的发展诉求，积极探索区域经济一体化，其中最具代表性的次区域组织包括：

阿拉伯马格里布联盟（UMA），成员国为摩洛哥、阿尔及利亚、突尼斯、利比亚和毛里塔尼亚等 5 个国家。该联盟旨在协调各方经济和社会方面的立场、观点和政策等，推动成员国经济的互补合作，促进该地区的经济一体化发展。该联盟组织机构的最大特色为设立了多个委员会，这有助于决策过程中充分听取各方的意见，增强决策的合理性和科学化水平，从而有助于制定高效的经济一体化建设政策。

东非共同体（EAC），成员国为肯尼亚、乌干达、坦桑尼亚、布隆迪、卢旺达和南苏丹 6 个国家。该组织旨在加强成员国在经济、科技、外交等领域的合作，协调成员国的发展战略，促进成员国经济的可持续发展，建立促进经济发展的关税同盟、共同市场、货币联盟等。东非共同体的首脑会议历来强调经济一体化的发展，如 2018 年第十九届首脑会议的主题为"促进经济社会发展，推进一体化进程"；2019 年第二十届首脑会议的主题为"加强东共体经济、社会和政治一体化"。①

西非国家经济共同体（ECOWAS），由尼日利亚、贝宁、布基纳法索、佛

---

① 外交部：《东非共同体》，2019 年 5 月，https://www.fmprc.gov.cn/web/wjb_673085/zzjg_673183/fzs_673445/dqzzhzjz_673449/dfgtt_673535/gk_673537。

得角、冈比亚等 15 个国家组成，该组织旨在促进成员国政治、经济、社会等层面的合作，加强经济联系水平，增强西非地区的经济一体化水平。该组织机制化建设发展迅速，2003 年就已建成西共体投资和开发银行，银行负责制定区域投资政策，向西共体成员国项目建设提供资金，促进各国的经济发展。"为了促进非洲一体化的进程，西非经济共同体的各成员国领导人接受从 2020 年起将'埃科'作为该地区的单一货币。"①

南部非洲发展共同体（SADC），由南非、安哥拉、纳米比亚、坦桑尼亚等 16 国组成，该组织旨在建设开放型的经济，促进成员国间的贸易投资，逐步统一关税和货币，最终实现经济一体化。该组织为南部非洲最为活跃的次区域组织，南共体不仅积极推进地区的经济一体化建设，还积极推进与其他组织的经济关系。如 2015 年 6 月南共体同东共体、东南亚共同市场正式启动三方自贸区建设；2016 年 6 月，南共体成员国与欧盟签署了经济伙伴协议。② 协议中明确指出"欧盟将保证博茨瓦纳、莱索托、莫桑比克、纳米比亚和斯威士兰的全部进口商品免税。欧盟也将全部或部分取消 98.7% 南非产品的关税"。③

萨赫勒—撒哈拉国家共同体（CENSAD），由利比亚、苏丹、尼日利亚、加纳等 29 个国家组成，该组织旨在加强成员国的政治经济合作，促进地区的经济一体化水平。该共同体的发展目标是建立一个全面的经济联盟，促进资本的自由流动，保证各成员国的经济活动自由，改善成员国的交通运输网络。该共同体的下设各机构经常举行会议，加强彼此间的政策协调，从而有助于推进经济建设各领域的协调发展，推进经济一体化建设水平。

东部和南部非洲共同市场（COMESA），由布隆迪、埃及、肯尼亚、津巴布韦等 21 个国家组成，旨在实现成员国商品和劳务的自由流通，协调成员国

---

① CNN: West African countries choose new 'ECO' single trade currency, July 9, 2019, https://edition.cnn.com/2019/07/01/africa/single-trade-currency-ecowas/index.html.

② Economic Partnership Agreement (EPA) between the European Union and the Southern African Development Community (SADC) EPA Group, June 2016, https://trade.ec.europa.eu/doclib/docs/2014/october/tradoc_152818.pdf.

③ 舒运国：《非洲经济一体化渐入佳境》，载《当代世界》2013 年第 3 期，第 20 页。

的关税政策，协调各国的经济结构。该组织是非洲成立最早、规模最大的经济合作组织，也是全球第四大区域经济组织。该共同体有着非常明确的发展目标，即逐步实现贸易、关税、投资、财政的一体化，达到地区间高度的融合，其将在 2020 年实现货币单一化，这将极大地促进该地区经济的融合。

中部非洲国家经济共同体（ECCAS），由安哥拉、中非、卢旺达、喀麦隆等 11 个国家组成。该组织旨在协调成员国的经济和社会活动，促进人员、财务、资金等的自由流动，通过设立基金促进欠发达国家的发展。由于地区冲突等不稳定因素，中非国家经济体在建立之初不够活跃。在 1999 年被确立为非洲经济共同体八大支柱之一后，该共同体的发展提速，积极推动该地区的经济平衡发展、增强地区成员国的经济发展活力。

非洲次区域层面经济一体化组织的建立有助于促进本地区经济一体化水平的发展。由于非洲每个地区的发展状况不同，在经济一体化建设过程中很难做到同步，而次区域经济一体化组织的建立则有助于解决这一问题。相邻国家因共同的历史、资源禀赋等原因易于在经济发展中进行合作，可以做到次区域的同步。同时，次区域层面的国家因地缘等因素更容易在经济政策方面进行协调，从而有助于一体化的发展。此外，各次区域经济组织的发展各有特色，彼此借鉴经验，也有助于加速非洲整体经济一体化的进程。

三、非洲大陆自贸区

长期以来，非洲区域内贸易比重偏低。联合国非洲经济委员会数据显示，非洲区域内贸易仅占其贸易总额约 16%，远低于世界其他区域水平。为进一步鼓励非洲国家在当地加工原材料、工业品，进行内部贸易，2015 年 6 月，"非盟"成员国启动非洲大陆自贸区谈判。2018 年 3 月 21 日，《非洲大陆自由贸易区协议》在卢旺达首都基加利通过并交由各国签署；2019 年 5 月 30 日，在 22 个签署国批准并递交相关文件后，《非洲大陆自由贸易区协议》正式生效。2019 年 7 月 7 日，非盟特别峰会在尼日尔首都尼亚美开幕，会议正式宣布非洲大陆自贸区成立。会议决定，非洲自贸区的总部将设于加纳，自贸区将联合近 13 亿非洲人民，构建规模约为 3.4 万亿美元的区域经济体，并将于

2020 年 7 月起正式运作。截至目前，"非盟" 55 个成员中，除厄立特里亚外，54 个成员已签署协议，其中 27 个成员按本国相关法律程序批准协议后向非盟委员会递交了协议批准书。

"非盟"希望通过非洲大陆自贸区的建设降低关税、消除贸易壁垒，促进区域内贸易和投资发展，实现商品、服务、资金和人员在区域内的自由流动。自贸区协议生效后，非洲将逐步取消区域内 90% 的商品关税，预计到 2022 年，区域内贸易额将比 2010 年提高 52%。如果非关税壁垒同时减少，域内贸易额有望提升一倍。同时，自贸区成立将激活区域内工业发展，特别是制造业生产的活力，拉动就业，助推非洲大陆经济发展。①

非洲大陆自贸区的成立对于非洲的未来发展具有重要意义。首先，自贸区的成立将极大地推动非洲经济一体化的进程，提升非洲整体在国际经济体系中的议价能力。依据《非洲大陆自由贸易区协议》，非洲各国将在 5—10 年内消除域内 90% 的商品关税，其余 10% 针对敏感商品的关税也将逐渐取消。并且还将逐步消除非关税壁垒，并就货物贸易协议、服务贸易协议、争端解决协议、合作竞争协议、知识产权协议和投资协议达成一致，促进区域内贸易、投资，实现商品、服务、资金在非洲大陆的自由流动，从而建立一个覆盖整个非洲大陆的单一市场。其次，从区域政治角度讲，非洲经济一体化的实现还将助推非盟走向更深层次的一体化。欧盟、东盟等区域组织都是在实现经济一体化之后才进一步走向深度融合的，非盟在逐步实现经济一体化后，对非洲大陆的深层次融合具有重要意义。最后，从全球竞争角度看，非洲各经济体如果始终单独应对竞争，将缺乏支持经济多元化和工业化的能力，不利于国际竞争，但如果以自贸区形式应对外部挑战，将在国际竞争中获得更多筹码。

然而《非洲大陆自由贸易区协议》真正落实仍面临诸多经济、政治等方面的掣肘。第一，因非洲国家历史上长期被殖民，其贸易主要是与域外宗主国进行的，各宗主国与附属国的贸易类型基本类似，这使得非洲各国产业结构类似，互补性低，单纯的自贸协定的制度性安排难以实现各国产业互补、

---

① 非洲大陆自贸区建设正式启动，《人民日报》2019 年 7 月 9 日。

协同发展的目标。例如，赞比亚和津巴布韦资源禀赋相似度高、工业发展起点相当，相互需求有限，两国间贸易量少。第二，区域经济发展机制的层叠制约了非洲经济的发展。为了促进区域内自由贸易发展，非洲国家建立了东南非共同市场、中部非洲国家经济共同体等多个区域一体化组织。它们都宣布要实现经济和区域一体化，但都没有很好落实。如东南非共同市场的各成员国经济、政治、地理等差距较大，利益诉求不同，虽制定许多一体化目标，但无法确保其按期实施。第三，基础设施严重不足阻碍《非洲大陆自由贸易区协议》的落实。由于电力基础设施落后，在 36 个非洲国家，只有五分之二的人全天都能获得可靠的能源供应。[①]

　　非洲大陆自贸区的成立为中非经贸合作迎来新机遇，意义非凡。未来，中非发展合作可着力于推动"一带一路"对接非盟《2063 年议程》，帮助非洲国家克服结构性和制度性困境，通过加大力度支持非洲国家发展基于本国资源禀赋的、差异化的加工业，推动非洲国家的治理能力现代化以及整体提升市场能力等一系列措施，推动非洲大陆一体化的纵深发展，帮助非洲实现群体性崛起。同时，非洲大陆自贸区的成立也为中国企业参与中非经贸合作创造了新的发展机遇——针对非洲大陆拓展区域内贸易的发展诉求和政策支持环境，中国企业可考虑在制造业、电子商务、交通基础设施等领域加大投资力度，不仅可以精准对接非洲大陆自贸区的发展方向，而且能够有效利用统一市场提供的更多空间和便利。

---

① CNN: Why are 600 million Africans still without power? April 1, 2016, https://edition.cnn.com/2016/04/01/africa/africa-state-of-electricity-feat/index.html.

第二节   提升非洲贸易能力

为回应非洲经济一体化的发展诉求，以积极的态度应对全球保护主义，中国应加强对非促贸援助力度，积极推动中非自贸区建设，从而全面提升非洲的贸易能力。

一、何为"促贸援助"

"促贸援助"对于中国政府与民众来说，还是一个比较陌生的概念。所谓"促贸援助"是指通过一系列援助行为来帮助发展中国家提高利用贸易促进经济发展的能力，特别是帮助"最不发达国家"提高其参与全球贸易的能力。值得特别指出的是，"促贸援助"作为一种援助手段，其帮助对象是发展中国家，目的是提升对象国的贸易能力，而不是促进援助国对受援国的出口。

该概念由世界贸易组织（WTO）首发，并由 WTO 负责牵头协调组织相关国际机构，通过制定政策和援助方案，向发展中国家提供贸易培训、配套贸易通关设施建设等方式，改善其出口货物和服务的能力，使其有效融入多边贸易体系、增加市场准入机会。1997 年，WTO 与 IMF 等机构共同启动了"对最不发达国家提供与贸易有关的技术援助综合框架"，以帮助弥补最不发达国家在技术和制度能力方面的不足，特别是在贸易政策、人力资源和管理体制等领域，帮助发展中国家提高对国际贸易体制的理解。2005 年，在香港举行的 WTO 第六次部长级会议上，WTO 成员方敏锐地意识到，为了使贸易成为发展中国家一个真正有效的经济增长工具，需要发展和提高扶贫开发的能力，需要提高产品的竞争力，需要有竞争力的价格和物流运输。而实现这些，需要各国政府、国际组织和区域援助的有效配合，因此发起了"促贸援助"倡议。[①] 该大会自 2005 年起每两年举行一次。并从 2007 年开始，WTO 与 OECD 启动了针对"促贸援助"有效性的评估，旨在从政策制定和执行层面推动"促贸援助"在发展中国家减贫和可持续发展方面发挥更大的作用，该评估也是每两年进行一次。

"促贸援助"旨在帮助发展中国家，特别是最不发达国家，提升它们履行《WTO 协定》的能力，帮助它们进行扩大贸易所需的供应方面的能力建设，以及援助它们建设贸易有关的基础设施。尽管促贸援助带来的发展效益无法与多哈发展议程相比，特别是在市场准入方面，但它可以作为多哈发展议程的有重要价值的补充。而对于发展中国家而言，提高贸易能力则是从经济全球化中获益、实现可持续发展的重要途径。

自 2005 年"促贸援助"倡议出台以来，全球发展领域不断加大对促贸援助的实施力度，帮助发展中国家提升贸易能力。截至 2017 年底，全球已有 3000 亿美元资金投入促贸援助领域，其中 27% 以上投入最不发达国家。[②] 尽管受国际金融危机影响，来自欧美等发达国家的援助资金有所下降，但这一援助仍是一个较为优先的援助项目。中国也积极响应 WTO"促贸援助"倡议，通过加强基础设施建设，提高生产能力，给予零关税待遇，培训经贸人才等方式，帮助发展中国家，特别是最不发达国家有效参与多边贸易体制，提升贸易发展能力，取得了显著成绩。

---

① 商务部对外援助司：《促贸援助》，2013 年 9 月 4 日，http://yws.mofcom.gov.cn/article/public/201309/20130900285975.shtml。

② WTO & OECD, *Aid for Trade at a Glance 2017: Promoting Trade, Inclusiveness and Connectivity for Sustainable Development*, p.3.

单位：百万美元

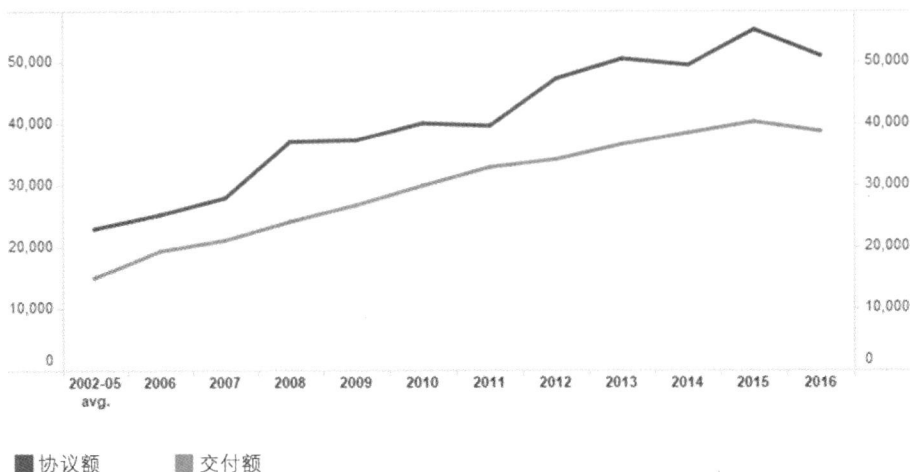

■ 协议额　　　■ 交付额

图 3：全球 "促贸援助" 发展趋势

数据来源：OECD。

二、升级中国对非 "促贸援助"

中国充分认可贸易发展水平低下是阻碍非洲最不发达国家实现发展的主要因素。为此，中国积极履行 WTO 承诺，通过一系列援助举措帮助非洲国家提升贸易能力。

第一，加强与贸易有关的基础设施建设。随着非洲国家经济社会迅速发展，国际机场、港口、大桥等交通枢纽能力不足的问题越发突出，增加了其物流成本。一方面，中国向非洲国家援助建设交通基础设施，改善受援国的贸易条件。例如，中国援助的多哥洛美机场、肯尼亚西卡公路、马里巴马科三桥、毛里塔尼亚友谊港扩建等项目，极大地改善了受援国的贸易运输状况；另一方面，中国支持非洲国家建设的光纤骨干网扩大了通信网络的覆盖面，降低了当地的通信成本，促进了电子商务的发展。例如，中国援助的肯尼亚国家光纤骨干网项目，有力推动了肯尼亚信息通信产业实现跨越式发展，网络速度大幅提高，网络通信费用降低了 90%，网络用户激增。肯尼亚信息技术行业快速发展，已成为近年来当地发展最快的产业。再如，中国援建的坦桑尼亚国家宽带骨干网项目共分五期，一、二期建成后，形成了 7560 公里的国家光缆骨干传输网络，覆盖坦桑尼亚全国所有 26 个行政区，连接周边六个邻国及两条国际海底光缆，并已经为布隆迪、卢旺达、赞比亚和马拉维等 4 个国家提供国际电路转接服务，成功实现成为东非区域通信枢纽的愿望。截至 2016 年 6 月，骨干网项目运营已为坦桑尼亚政府实现超过 7000 万美元的收益。同时，该项目的运营使坦桑尼亚的电话资费较建设前降低了 58%，互联网资费也降低了 75%，很多农村地区也享受到通信发展带来的变化。骨干网的建设使用为坦桑尼亚消除数字鸿沟，促进各行业信息化普及，从而为最终实现"宽带坦桑、智慧城市"奠定了坚实基础。

第二，提供贸易相关的物资设备。一方面，中国向喀麦隆、厄立特里亚等国提供的新舟 60 飞机为受援国商贸人员提供了快捷的出行服务，加强了非洲国家间的商务联系。另一方面，为有效提高非洲国家货物通关速度和效率、促进贸易便利化、推动运输业和国际贸易发展、打击走私和贩毒，中国分别向埃及、毛里求斯、津巴布韦、坦桑尼亚、赞比亚、乍得、埃塞俄比亚、毛里塔尼亚、卢旺达、吉布提、科特迪瓦、塞拉利昂、肯尼亚等国援助了集装箱检测设备。这些项目的顺利实施帮助非洲国家提升了海关通关能力和贸易便利化水平，切实推动其融入全球价值链。

第三，开展旨在提升商品质量的技术合作。2011 年 12 月，中国在世界贸易组织第八届部长级会议期间，与贝宁、马里、乍得和布基纳法索组成的非洲"棉花四国"达成合作共识，并通过提供优良棉种、农机、肥料，示范和推广棉花种植技术，支持生产企业技术升级改造和产业链拓展，以及开展管理和技术人员培训等合作方式，旨在帮助四国促进棉花产业发展、扩大贸易规模、优化贸易结构。

第四，给予非洲零关税待遇扩大对华产品出口。中国于 2005 年首度对非洲 25 个最不发达国家 190 个税目的商品实施零关税。在 2006 年中非合作论坛北京峰会上，中国宣布扩大非洲最不发达国家对华出口商品零关税待遇受惠面。2011 年 11 月，中国在 G20 戛纳峰会上宣布，对最不发达国家 97% 税目的产品给予零关税待遇。截至目前，最不发达国家对华出口 5000 个税目商品享受零关税待遇。在国际经济危机大背景下，中国扩大零关税待遇范围有效地促进了处于全球产业链底端国家的对华产品出口。2008 年以来，中国连续多年成为最不发达国家第一大出口市场，吸收最不发达国家约三分之一产品出口，并持续成为非洲第一大贸易国。

第五，举办"促贸援助"相关培训。中国为非洲国家举办了多期与贸易发展相关的专题研修班，涉及主题包括国际物流运输与多式联运服务提升、铁路互联互通合作、国际产能合作、电力基础设施互联互通合作、装备制造标准化合作、贸易与可持续发展、跨境电商政策、农产品流通与贸易、出入境动植物检验检疫、进出口食品安全、贸易便利化等，有力加强了中国与非洲国家的经贸政策沟通对接，提高了非洲国家融入全球产业分工的能力。

然而，近年来经济全球化面临诸多阻碍，贸易保护主义不断抬头，促贸援助呈现出收缩趋势，这也给中国对非促贸援助带来了一定的挑战。

第一，国际贸易发展不确定性增加。当前，全球经济低迷，发达国家贸易保护主义抬头，纷纷将关注重点转向促进本国商品的出口，无暇关注非洲国家市场的培育。从 2015 年开始，OECD/DAC 国家对外提供的促贸援助金额开始下降，非洲国家再次面临在全球贸易领域被边缘化的风险。以美国对非洲的促贸援助为例，美国在 2000 年通过《非洲增长与机遇法案》（AGOA）给予非洲国家 6000 多种商品进入美国市场零关税待遇，同时要求美国行政部门在基础设施和农业等领域增加对撒哈拉以南非洲国家的发展援助，以提升其贸易能力。历届美国政府都将 AGOA 作为美国针对非洲地区最主要的促贸援助政策，用以促进非洲的经济和政治发展。但近期特朗普政府出于"实用主义"和"美国优先"的考虑，围绕该法案做出一些"强化美国利益"的新举动。2018 年 3 月 29 日，特朗普政府宣布终止卢旺达在 AGOA 项下所享受的零关税待遇 60 天，直到卢旺达降低从美国进口二手服装的关税。此举引起了非洲国家，特别是最不发达国家的普遍不满和担忧。实际上，非洲大陆整体对二手服装的征税，正显示了其志在成为下一个"世界工厂"、保护本国服装业的雄心。特朗普政府开始以"贸易对等"原则对非洲国家进行更有力的约束，这将导致 AGOA 本来的促贸援助政策特性进一步弱化。而美国作为世界第一大援助国，其对"促贸援助"的消极态度必然对最不发达国家参与多边贸易体系造成更加不利的影响。

第二，当前中非贸易结构仍然比较集中。整个非洲大陆除了南非和埃及等少数几个国家的经济发展状况比较好之外，非洲大多数国家经济发展较为单一，产业间的发展水平和速度极不平衡，完整的国民经济体系也尚未建立。此外，交通基础设施和通信基础设施的落后严重制约了中非贸易的发展，进而导致中国与非洲国家的贸易发展水平参差不齐。一方面，中国对非贸易仍然集中于少数几个非洲国家。如 2015 年，中国与南非、安哥拉、尼日利亚以及埃及四国的进出口总额占中国与非洲大陆进出口总额的 52.3%；另一方面，尽管中国两次宣布对非洲最不发达国家输华商品施行零关税待遇，但中国自非洲进口的商品仍然以大宗商品为主。

为有效应对中非促贸援助所面临的挑战，并回应在发达国家贸易保护主义抬头背景下非洲国家对中国赋予的更高预期，建议全面升级中国对非"促贸援助"：

第一，以"促贸援助"支持非洲工业园区规划。当前，中国在海外支持的境外工业园区主要是以中国企业开发为主导，由中国企业与东道国签署合作协议。一般情况下，按照协议，中国企业负责承建园区内的基础设施和园区管理，东道国政府负责提供水、电等配套基础设施。但由于东道国政府的治理水平有限，往往做出的承诺无法履行，导致园区无法正常运作。中国可利用援助资金支持境外工业园区的整体规划，由中国出面与东道国进行协调，对东道国无法提供的园区配套设施，可以援助资金进行支持，以保障境外园区的正常运行。这样做有助于加快园区的建设，从而帮助非洲国家优化营商环境，吸引更多的资金和技术，提升本国产品的国际市场竞争力。

第二，以"促贸援助"引导中非产能合作。当前，非洲最不发达国家多种产品享有零关税进入中国市场的优惠贸易待遇，但由于与中国商品进口标准不对接、质量不达标等因素，导致其出口不畅。中国一方面可以运用优惠贷款资金在非洲国家援建一批生产性项目，以此为依托培训当地劳动力，帮助其提高生产能力，从而在非洲大陆自贸区内扩大非洲国家间的贸易规模；

另一方面，可依托受援国的资源优势，进行产业链中端环节转移，推动非洲国家按照中国标准直接进行生产、加工、组装，并对符合标准的产品开启快速通关的"绿色通道"，从而大幅拉动非洲对中国的出口。

第三，以"促贸援助"推动生产标准互认。尽管中国宣布对非洲国家部分产品实施零关税，但中非贸易结构仍然比较集中的一个主要原因是中国与非洲的产品生产标准不对接，难以跟中国本土产业链形成配套服务。因此，中国可利用援助资金与非洲国家建立关于"标准化"的常设机制，定期对其进行中国生产标准的培训和交流沟通，帮助非洲国家适应中国现行的产品标准和规范，使其能够顺利与中国市场需求对接，增强其产品在中国市场的竞争力。

专栏24——象牙禁贸令标志着中国积极参与全球生态治理的态度

2016年12月30日，国务院宣布，中国将在2017年底前禁止所有商业性象牙贸易和加工。这一声明得到国际社会高度评价，体现了中国政府积极参与全球生态治理的态度。

中国传统文化一直将象牙视为财富和地位的象征。象牙雕刻工艺在商代（约公元前1600—公元前1046年）达到高峰，并在2006年被列入中国非物质文化遗产。中国作为濒危野生动植物种国际贸易公约（CITES）的签署方，得到了CITES常委会的准许通过合法渠道从南非国家来进口尚未出售的象牙制品，并且有权利指定特定工厂和零售商在中国从事象牙的制作和销售。在中国销售的每一件合法象牙制品都必须附有带该产品照片的"收藏证明"。

但是，政府针对小范围象牙贸易的政策引发了诸多问题。第一，它实际上引发了大规模的非法象牙贸易，帮助非法象牙产品清洗身份为合法产品。目前，"收藏证明"没有办法百分之百地证明产品的合法性。不仅古董市场被黑市交易摧毁，还有一些指定卖家牵涉到非法交易中。

第二，大部分在中国售卖的象牙制品仅仅是首饰，并不带有文化内涵。更确切地说，这些产品降低了象牙制品的价格，并让中国成为世界上最大的非法象牙贸易市场。

第三，少量的合法象牙贸易掩盖了用虚假账号在网络上进行的非法贸易，使得监管变得困难。

第四，失控的非法象牙贸易严重损害了中国在非洲的形象。一些在非工作的中国人非法购买象牙并且走私回国牟利。此外，部分中国旅客在不受监管的商店购买象牙并企图逃避非洲海关检查，这让针对中国旅客的检查变得更严格。

同时，非法象牙贸易对非洲来说是一场灾难。非洲象整个物种濒危。最重要的是，整条象牙贸易链的腐败破坏了非洲大陆的治理体系。此外，非法象牙贸易为加强整个非洲大陆冲突的极端主义势力提供了资金。

有鉴于此，中国打算积极参与国际合作，并且逐渐淘汰国内非法象牙贸易。2015年9月，中国国家主席习近平对美国访问期间，根据白宫声明，"中美承诺对象牙进出口实行完全禁止"。中国的积极参与不仅提升了中国作为野生动物保护者的形象，并且也为中国在全球治理中赢得了更大的影响力，还推动了其他国家和地区限制象牙贸易。

尽管如此，值得注意的是，禁令只是中国对抗非法象牙贸易的第一步。如果根本需求没有消除，象牙贸易可能会转移到黑市。并且由于价格会随着增加的风险和供不应求的市场关系上升，偷猎和走私的情况会更加严重。

如果没有配套的政策，禁令的效果难以得到保障。其一，中国需要加强推行象牙禁贸令的力度来防止黑市走私。禁令将会通过减少判断贸易合法性的工作来降低政府成本，从而集中精力打击非法贸易。然而，国内非法贸易商可能放弃实体售卖，转而利用社交媒体的保密性进行非法交易。因此，林业、公安、海关、工商等多个政府部门应该共同努力，打击违法象牙贸易。

其二，中国应拓宽投资渠道，抑制国内对象牙的需求。解决这场危机的根本就是抑制象牙需求，减少象牙消费。在降息和经济缓慢增长的背景下，各种金融产品的收益大幅下降，导致人们缺乏高质量的投资选择。这是象牙热的直接原因。此外，销毁没收的象牙只会刺激象牙价格攀升，加剧对象牙疯狂的投资热情。为了降低国内对象牙的需求，需要更多努力来创新投资产品，并将资金引入实体经济。

其三，中国应该更积极地参与国际反对象牙贸易的活动。这就意味着需要发展新技术和地理信息系统，找到偷猎的热门地区和走私路线，来加强海关和边境检查，以及加强国家和地区间的信息分享和数据分析。

其四，应该努力提高人们不买象牙制品的意识，探索象牙雕刻的代替品。

（载《环球时报（英文版）》2017 年 1 月 9 日）

三、探索建立中非自贸区

为推动中非贸易的扩大和升级，中国于 2017 年 12 月启动了与毛里求斯的自由贸易协定谈判，这是中国与非洲国家商签的第一个自由贸易协定。双方经过四轮正式谈判和多轮会间磋商，最终于 2018 年 8 月 30 日双方就自贸协定全部内容达成一揽子协议。该协定范围涵盖货物贸易、服务贸易、投资、经济合作等众多领域，使得未来双方零关税的税目比例和贸易额占比均将超过 90%，中国游客前往毛里求斯将更加便利，中国投资者可以在毛里求斯设立酒店、餐馆等，毛里求斯投资者也可以在中国设立旅行社。该协定的达成不仅为深化中毛双边经贸关系提供更加强有力的制度性保障，也为深化中国与非洲大陆自贸区整体经贸合作奠定了基础。

下一步，建议中国继续加速与非洲国家自贸协定商签进程，并以此为基础大胆探索建立中非自贸区。因为在当前全球贸易形势紧张、美国贸易保护主义加剧以及英国脱欧等消极因素影响下，建立中非自贸区尤其具有重要的战略意义。

第一，建立中非自贸区有助于非洲实现联合国"2030 年可持续发展目标"。非洲受全球大宗商品价格下降影响，出口创汇严重缩水，导致其面临着巨大的偿债风险。在此背景下，世界银行和国际货币基金组织收紧了对非洲的优惠信贷支持。这使得非洲获得外部发展资金支持的空间更加有限，导致其实现SDGs的前景更不明朗。因此，对于非洲国家来说，提高自主发展能力是当前唯一可靠的发展途径，而设立中非自贸区以贸易能力带动经济发展则成为不二之选。一方面，设立中非自贸区必将吸引更多外商投资进入非洲，活跃经济行为，从而直接助推非洲实现"SDG1：消除贫困""SDG2：消除饥饿""SDG3：良好健康与福祉""SDG8：体面工作和经济增长""SDG12：负责任的消费和生产"等发展目标。另一方面，建立中非自贸区有助于推动中非贸易全面升级。中非贸易长期呈现出地域不平衡、进出口不均衡以及产品结构不均衡等特征，设立中非自贸区有助于从供给端入手，将资源和劳动密集型产业交由非洲国家主导，将高科技和高附加值产业的供给由中国引领，在中非自贸区框架下实现内部产业链的重组，从而全面提升中非贸易层级，帮助非洲实现"SDG9：工业和创新目标"。

第二，建立中非自贸区有助于中国经济的持续健康发展。一方面，设立中非自贸区对保持中国外贸稳定增长、应对外部不确定风险具有重要意义。当前中美贸易摩擦的不确定性风险对中国在全球生产网络中的地位产生了消极影响，使得中国国内劳动密集型和低附加值产品生产企业的出口受到冲击。而多年来，对外贸易一直是拉动中国经济增长的重要引擎，对外贸易一旦出现重大滑坡将直接冲击中国国内的实体经济、金融市场以及就业形势的稳定，因此急需以中非自贸区为依托，拓展发展中国家市场，从而为中国的出口商品找到新的市场。另一方面，设立中非自贸区有助于促进中国产业升级。非洲拥有大量丰富的矿产资源以及世界上最年轻的劳动力，非常适合承接中国的优势产能。当前，中国正在积极通过政策引导推动国内的产业结构调整和升级，从而推动高质量发展与增长。建立中非自贸区正好可以利用非洲的资源禀赋和人口红利推动中国的资源和劳动密集型企业投资非洲，将国内的生产线整体转移到非洲，既可以打造新的"出口转内销"局面，也可以利用非洲的区位优势以及欧美给予非洲的进口优惠将本地生产的产品销往非洲大陆之外，还可以借助非洲大陆自贸区的政策利好为非洲国家间创造相互依存的贸易需求。

第三，建立中非自贸区有助于配合"一带一路"建设。2018 年中非合作论坛北京峰会以"合作共赢，携手构建更加紧密的中非命运共同体"为主题，与会各非洲国家一致倡议将共建"一带一路"与非洲各国发展战略对接起来，以帮助非洲培育内生增长能力为重点，创新合作理念方式，推动中非合作向更高水平发展。中非自贸区的设立将有力响应"一带一路"贸易畅通的倡议，同时中非自贸区产生的积极外溢效应将带动中国与非洲国家的政策沟通、设施联通、资金融通以及民心相通，从而为中国与其他"一带一路"沿线国家的合作起到示范和推动作用。

同时，建立中非自贸区的前期条件已经具备。一方面，中国在非洲设立了若干经贸合作为中非自贸区的签署和设立积累了有益经验。在最近 20 多年里，中国的国有企业和私营企业在非洲设立了多个经贸合作区，不仅优化了非洲的营商环境，而且也积累了与非洲经贸管理部门沟通和协调的经验。在此基础上，中方对于非洲各国的贸易管理能力、承诺落实能力以及生产加工能力都有了全面的掌握，有利于中非自贸区的商签谈判。另一方面，非洲大陆自由贸易区的建成为设立中非自贸区降低了谈判成本。2019 年《非洲大陆自由贸易区协议》正式生效，非洲建成了一个经济总量达 3.4 万亿美元的巨大市场，成为全球最大的区域性自贸区。而这个自贸协定的谈判历时多年才得以达成，在艰苦的谈判过程中，非洲国家得以对自贸区的意义有了统一认识。这不仅为中非自贸区的谈判奠定了思想基础，而且也避免了中国与非洲国家分别开展关税谈判，使得中非自贸区谈判更加高效和便利。此外，2011年和 2012 年中国分别与东非共同体和西非经济共同体签署了"经贸合作框架协定"，也为商签中非自贸协定奠定了谈判基础。

尽管设立中非自贸区的必要性和可行性均已完备，但是鉴于非洲国家的经济发展水平不同、资源禀赋差异以及制度文化的差异，中非自贸区的建设也必将面临困难与挑战。在进行中非自贸区协议商签的过程中，建议中国始终坚持以推动非洲的可持续发展为导向、精准对接非洲国家的经济发展战略、尊重非洲各国的发展诉求，逐步、渐进地推进中非间的贸易便利化和自由化。

专栏25——非洲自贸区为中企带来新机遇

在全球贸易保护主义抬头的背景下，非洲大陆却在建设自己的统一大市场。2019年5月30日，《非洲大陆自由贸易区协议》正式生效。非洲大陆自贸区的建成旨在推动非洲国家间的贸易。中国企业可针对非洲大陆拓展区域内贸易的发展需求和政策环境，立足非洲国家的资源禀赋加大投资力度，为非洲的减贫和现代化发展做出积极贡献。

协议带来多项利好

截至目前，非洲联盟55个成员中有52个已签署非洲自贸区协议。在52个签署国中，包括南非、埃及、加纳、埃塞俄比亚、肯尼亚在内的23个国家已批准协议，其中22个国家已向非盟委员会办公室交存批准文件，达到生效门槛。随后，协议将于7月7日开始正式实施。这标志着非洲大陆自贸区正式建成，一个国内生产总值总计2.5万亿美元、覆盖12亿人口的单一市场将逐渐形成。

非洲大陆自贸区建成后将极大地提升非洲的经济增长潜力。第一，非洲的营商环境将进一步改善。当前，大部分非洲国家均奉行高保护政策，关税和非关税壁垒森严，并采取外汇管制，笔者曾不止一次在机场被要求开箱检查是否携带过多外汇出境，这极大地限制了外资进入非洲的热情。而非洲自贸区建成后，非洲国家将加速市场化改革和经济结构转型，为外资提供便利。

第二，非洲区域内贸易量将得到提升。现阶段非洲区域内贸易只占非洲大陆贸易总额的16%，远远低于拉美、北美、亚洲和欧洲等50%—70%的比例。非洲各国都以出口初级产品为主，相互之间的贸易需求较少。例如，赞比亚出口铜、加蓬出口木材、尼日利亚出口石油，它们的出口目的地都是非洲大陆之外，彼此的贸易联系薄弱。此外，与出口到非洲以外地区相比，非洲企业出口产品到其他非洲国家需要支付的费用反而更高。非洲大陆自贸区建成后，区域内关税和非关税壁垒将大大降低，区域内贸易规模将不断扩大，这将加速非洲各国生产、服务多样化和工业化进程，最终区域内贸易、经济多样化和工业化这三方面有望步入相互促进、协调发展的良性轨道。

三大领域值得关注

面对非洲大陆自贸区逐步改善的投资环境以及日益扩大的区域市场潜力，中国企业可考虑在三大领域加大投资力度。具体而言：

一是中国企业可加大对非洲制造业的投入，提升货物贸易供给能力。较低的劳动力成本、丰富的自然资源、便利的过境贸易区位、巨大的消费市场，都将助力非洲成为低成本和资源密集型制造业的中心。在行业领域的甄别方面，可进一步发挥中企的资金、技术和专业管理能力优势，以及非洲的资源、劳动力、政策及区位优势，充分利用中非市场互补性，优先选择钢铁、水泥、平板玻璃、电解铝、基础化工、船舶、车辆机具和家用电器等领域开展对非直接投资，注重发展能源、矿产、农业加工业，向下游产业链延伸，提高非洲原料产品附加值，将自身资源优势切实转化为发展优势，促进非洲工业化进程。

二是中国企业可投资非洲电子商务相关领域，推动服务贸易平台建设。非洲大陆自贸区将有助于成员国逐步消除关税，促进大陆内部贸易。非洲各国已普遍认识到发展电子商务对于推动非洲国家的包容性增长具有重要意义：第一，电子商务有助于将非洲最不发达国家纳入全球价值链；第二，电子商务有助于推动非洲中小企业参与全球贸易；第三，电子商务有助于降低非洲妇女迈入全球市场的门槛。电子商务减少了面对面的交流频率，也就降低了针对女性从业者的性骚扰和性索贿风险，从而部分克服了制约妇女参与的消极因素。

基于此，在电商平台建设方面，中国电商企业可以与当地电商企业进行合作，通过参股、兼并、整合业务等多种方式，共同开发市场。这样既能为当地电商提供充足的资金，还能弥补它们在技术、经验上的不足。同时，中国电商企业也可以借助它们在非洲地区已建立的客户认可度和现有市场，使整个市场得到更加充分开发，并拓展自身业务，增加平台营业额。在零售企业进入方式上，中国电商企业可考虑加入现有的中非跨境电商平台。由中国人创办的聚焦 B2B 市场的 Amanbo（中外跨境贸易平台）和聚焦 B2C 市场的 Kilimall（非洲电商平台）在非洲电商平台中表现优异。

三是中国企业可积极参与互联互通基础设施建设，进一步降低物流成本。据估计，非洲国家运输成本占出口总价值的 14%，内陆国家更是高达 70%，但这一数字在发达国家中仅为 8.6%。当前，非洲国家的陆路运输成本很高，还有十几个国家没有铁路，而现有的铁路和公路的路况也不容乐观，海路运输的集装箱装卸能力不足，非洲国家之间又普遍没有直航。近年来，许多非洲国家都把新建或改善公路、铁路、机场、码头、供水、供电等基础设施作为振兴经济的优先领域。这些都是中企也可以考虑的投资领域。

找合作伙伴很重要

不过，中企在投资的前期准备方面，要注重加强可行性研究。非洲各国之间存在明显差别，在投资前应充分预估诸如政党更迭带来的政策不连贯等政治风险，以及国内武装冲突导致的安全风险等。在加强对非洲各国政治、经济、社会综合调查研究的基础上，对非洲国家的发展水平、资源状况、生产条件、相关政策、法律法规、市场情况、市场容量等方面进行系统详尽的分析。

在投资方式选择方面，由于中国企业进入非洲的直接投资大多是以合资的形式，所以选择一个合适的非洲合作方就变得异常重要。这需要考察对方的销售渠道、对当地政策以及商务环境的了解程度。而非洲合作方对当地经济环境的了解较中国企业而言，有其天然优势，可以帮助中国投资者更容易融入非洲市场中去，适应当地的风俗习惯等。

如果是打算投资电商领域，也有风险需注意，包括电商平台建设不到位、非现金支付系统覆盖不足、互联网基础设施建设严重滞后等。笔者到非洲几乎每次都遇到断电现象。在调研国际组织在非洲的援助项目时，虽然不止一次听到世界银行和非洲开发银行致力于推动非洲的"No-cash 支付"行动，但近距离观察普通民众，在马里等西非国家连智能手机的普及都非常有限。

同时，网络安全建设的落后、跨境银行网络和金融服务的不完善，也是导致非洲目前在线网点不足全球 1% 的重要原因。因此，中企不妨依托基建支持扩大非洲的信息带宽，降低资费，将更多非洲民众接入互联网；同时，通过建立联通中非的信息高速公路，为人民币支付和结算体系落地非洲打下基础。

（载《环球时报》2019 年 6 月 12 日）

附：案例篇

对外援助领域——坦赞铁路

援建坦赞铁路是冷战期间中国对非战略的重要内容。作为中国对外援助迄今为止最大的成套项目之一，坦赞铁路在 21 世纪依然具有战略意义，仍然符合中非双方的发展诉求。回顾援建坦赞铁路的决策历史不仅有助于厘清冷战期间中国对非洲的战略定位，而且对于分析中非关系的未来走向具有重要意义。

一、坦赞两国求助国际社会援建铁路受挫

在民族解放的浪潮中，坦噶尼喀 1961 年 12 月 9 日宣布独立，后与桑给巴尔合并，于 1964 年 10 月 29 日成立坦桑尼亚联合共和国。赞比亚于 1964 年 10 月 24 日宣布独立，成立赞比亚共和国。两国在独立后都面临着发展经济的任务，而修建一条连接两国的铁路则尤为迫切。

赞比亚之所以坚持修建这条铁路，主要是因为：一是渴望经济独立，不想在铁路运输上受制于殖民主义者统治的国家。赞比亚严重依赖于铜产品出口。其中央省有一条长约 144 公里，宽约 48 公里的铜矿带。据统计，从 1965 年到 1970 年，铜矿产值约占国内生产总值的 45%，占政府财政收入的 60%，出口贸易的 95%。[①] 赞比亚是个内陆国，而当时从赞比亚通往沿海国家的所有铁路线路都由于政治原因被封锁。经东非经济共同体同意，开放坦桑尼亚达累斯萨拉姆市港口为赞比亚的出海口。[②] 赞比亚的铜只能通过大北公路运到达累斯萨拉姆出口，但该公路路况非常差，安全事故频发。二是发展北方省的

---

① Richard L. Sklar, *Corporate Power in an African State: the political impact of multinational mining companies in Zambia* (University of California Press, Berkeley: 1975) p.24.
② 该港口的扩大使用，也给刚刚独立的坦桑尼亚带来了可观的财政收入。

需要。赞比亚既有铁路主要集中在南部地区及铜矿带，北方地区土地贫瘠又缺乏必要的交通，经济十分落后。而且联合独立党的许多重要成员都出生在北方省，他们积极推动在北方修建一条铁路。[1]

而对于坦桑尼亚来说，修建连接赞比亚的铁路的重要意义在于，当铁路建成后，受益的不只是赞比亚，坦桑尼亚也能直接或间接地从可能增长的贸易中获利，而且非洲国家之间的贸易往来将日益便利，从而加速非洲的发展。[2]

从1963年初，坦赞两国领导人开始商谈修建跨国铁路问题。[3] 1964年1月桑给巴尔以革命的方式宣布独立，随后坦噶尼喀爆发军事叛乱被镇压。而这一切并没有动摇赞比亚总统卡翁达修建坦赞铁路的决心。2月，赞比亚总统卡翁达在去达累斯萨拉姆参加"非洲统一组织"大会期间，便安排随他一同前往的交通部长和坦桑尼亚总统尼雷尔在会后商谈坦赞铁路问题。1965年1月，尼雷尔与卡翁达再次会晤，两国总统向世界宣布他们已达成了修建铁路的共识。此时，修建坦赞铁路的主要问题是寻求援助方。

坦赞两国最先向世界银行以及联合国等国际发展机构提出援助请求。世界银行对该项目的可行性调研报告提出，鉴于东非和中非的贸易量甚小，缺乏修建铁路的经济价值。[4] 1964年，联合国组织人员考察，报告结论为修建铁路具有冒险性。[5]

1964年7月，尼雷尔开始通过美国驻坦桑尼亚使馆向美国政府请求援建坦赞铁路。1965年5月，坦桑尼亚正式以官方文件向美国请求援建坦赞铁路，但是美国却给出了与世界银行相似的答复。美国拒绝坦桑的援建请求主要是因为当时美坦关系正处在低谷期。美国将1964年1月发生政变的桑给巴尔视为"非洲的古巴"。1964年12月以及1965年1月，坦桑尼亚两次

---

① Rosalyn J. Rettman，"The Tanzam Rail Link: China's 'Loss-Leader' in Africa"，p.240.

② Julius K. Nyerere, *Freedom and Socialism: A Selection from Writings and Speeches, 1965-1967* (Oxford University Press, New York:1968) pp.232-234.

③ Philip Snow, The Star Raft:China's Encounter with Africa (Weidenfeld&Nicolson, New York: 1988) p.151.

④ Cranford Pratt, *The critical phase in Tanzania, 1945-1968: Nyerere and the emergence of a socialist strategy* (New York : Cambridge University Press, 1976) p.164.

⑤ Thomas Land, "They're working on the Railroad", *Africa Today*, Vol.12, No.7(Aug.-Sep., 1965)p.12.

逮捕了涉嫌参与军事政变推翻尼雷尔政府的美国飞行员，导致坦美两国互撤了使馆。[①]

此时西德和坦桑尼亚的关系正处在最低谷。由于桑给巴尔最先承认了东德，[②] 而在 1964 年 4 月坦噶尼喀与桑给巴尔组成坦桑尼亚后，尼雷尔仍然允许东德在坦桑尼亚设立非官方的使馆。这导致西德宣布立即撤销对坦桑尼亚的军事援助。尼雷尔对这种要挟十分恼火，主动要求西德撤销所有的经济援助，其中包括 400 万美元的经济贷款以及 300 万美元的技术援助。[③] 在这种情况下，西德自然是不会考虑援建。鉴于在西方屡屡遭拒，尼雷尔开始怀疑西方国家的真实动机："我一度跟西方世界的关系很好，那个时期认为它最讲道理。但在建设上我们得到了些什么呢？它们在援助别的国家进行建设的问题上是很少以慈悲为怀的。"[④]

鉴于卡翁达不断通过私人信件向英国首相威尔逊求援，为了缓和双边关系，威尔逊派英国海外发展部部长卡施于 1965 年出访坦赞两国，明确告知英国目前正处于信贷失衡的危机阶段，无法提供大规模援助支持修建铁路。[⑤]

于是坦赞两国又把目光投向了社会主义阵营，但也遭到了苏联的拒绝。[⑥]受东西方冷战因素影响，苏联在非洲更注重军事援助而非发展领域。[⑦] 其对非的策略是直接支持代理人战争。

① William Tordoff, *Government and Politics in Tanzania: A Collection of Essays Covering the Period from September 1960 to July 1966* (Kenya: East African Publishing House, 1975) pp.175-176.

② Catherine Hoskyns, "Foreign Relations: The Case of Tanzania" ,pp.452-453.

③ Julius K. Nyerere, *Freedom and Socialism: A Selection from Writings and Speeches, 1965-1967*,pp.189-190.

④ [英]W.E. 史密斯：《尼雷尔》，上海人民出版社 1975 年版，第 257 页。

⑤ Barbara Castle, *The Castle Diaries 1964-1970* (London: Weidenfeld and Nicolson, 1984)p.18, pp.29-30.

⑥ 《周恩来在国务院第 153 次全体会议上的讲话》(1965 年 2 月 15 日)，载《党的文献》2012 年第 3 期，第 3 页。

⑦ R. A. Akindele, "Africa and the Great Powers, with Particular Reference to the United States, the Soviet Union and China" , *Africa Spectrum, Vol.20, No.2(1985)*, p.135.

二、中国积极回应坦方援建请求

在屡屡碰壁的情况下，尼雷尔开始考虑试探一下中国的态度。这一方面是由于尼雷尔在意识形态上颇具社会主义思想。在留学英国期间，他吸收了英国共产主义者的思想，形成了乌贾马社会主义。[①] 在对华政策上，尼雷尔曾在反对"两个中国"问题上给予中国有力支持。另一方面，中国的对非政策增强了尼雷尔对华求援的信心。

20 世纪 60 年代中期，中苏开始出现意识形态和国家利益分歧。在此情况下，原来向苏联"一边倒"的外交战略难以再适应现实的需要，急需在国际上寻找新的盟友。1955 年召开的亚非万隆会议是中国与非洲国家的首次官方接触。会上，面对许多新独立的非洲国家对中国的不解和敌意，[②] 周恩来总理提出了"求同存异"的外交思想，增进了非洲国家对中国的了解。1956 年 5 月，中国与埃及建立大使级外交关系，拉开了中国与非洲建交的序幕。殖民主义强加的现代化严重扭曲了非洲的政治、经济以及社会结构。[③] 因此，毛泽东主席多次公开表示对非洲独立运动的支持，[④] 使非洲看到了美苏之外的另一种可能。[⑤] 1956 年 10 月底，第二次中东战争爆发后，中国政府对埃及人民反侵略、维护国家主权的斗争不仅在道义上予以支持，也提供了物质上的援助，赠送了 2000 万瑞士法郎。[⑥] 1964 年 1 月，周恩来总理在马里发布了《中国对外经济技术援助八项原则》，并全文写入当日发表的《中国和马里的联合公报》中。这"八项原则"成为指导中国援外的纲领性文件，明确地表达了中国真诚地支持广大非洲国家民族独立解放的政治斗争和经济建设的外交立场

[①] 试图在科学社会主义与资本主义之间寻找出具有非洲传统和特性的独立的思想体系，强调非洲传统社会的价值和宗教意义。

[②] George T, Yu, "China and the Third World", *Asian Survey,* Vol.17.No.11(Nov., 1977) pp.1037-1038.

[③] Catherine Hoskyns, "Foreign Relations: The Case of Tanzania", *International Affairs* Vol.44, No.3(Jul. 1968), p.446.

[④] 中华人民共和国外交部、中共中央文献研究室编：《毛泽东外交文选》，世界知识出版社 1994 年版，第 370 页、408 页。

[⑤] R. A. Akindele, "Africa and the Great Powers, with Particular Reference to the United States, the Soviet Union and China", p.139.

[⑥] 刘宏煊主编：《中国睦邻史》，世界知识出版社 2001 年版，第 312 页。

和政治决心。这对尼雷尔来说无疑具有吸引力。

1964 年 6 月，尼雷尔派总理卡瓦瓦访华。中坦两国签署了第一个经济技术合作协定。协定规定中方向坦方提供 1000 万英镑（合 6896 万元人民币）的无息贷款，用于建设成套项目。同时，双方还签订了提供 300 万美元（合 735 万元人民币）财政援助协议。对于坦方要求援建的纺织厂、农场、农具厂、广播电台等项目，中方迅速派专家进行可行性考察。① 双方于 1964 年 12 月和 1965 年 1 月分别签订了无偿援建一座短波广播电台和在上述贷款项下援建友谊纺织厂、鲁伏农场、乌本戈农具厂的协议。

中国对坦提出的经援要求慷慨承诺并迅速启动，使尼雷尔确信中国对非援助是真诚严肃的。1964 年 12 月 29 日，卡瓦瓦总理向中国驻坦大使何英谈了尼雷尔访华意图。在访华前一周，尼雷尔安排商务部部长巴布来华商签贸易协定。周总理指示驻坦大使何英向其了解尼雷尔访华的设想。巴布说，尼雷尔想修一条铁路，帮助独立的赞比亚突破受殖民主义统治的莫桑比克、津巴布韦、南非的包围，将赞比亚的铜运出来。这条铁路很难修、耗资大，希望中国不要断然拒绝。② 何英将巴布谈话内容写成请示报告。

何英报告引起了中国领导人的高度重视。副总理兼外交部长陈毅立即转呈周总理。随后，周恩来和陈毅迅速邀请对外经济联络委员会主任方毅和铁道部部长吕正操前来，征询其对援建坦桑尼亚境内铁路及整条坦赞铁路的意见。吕正操首先表示，如果真要帮助非洲朋友修铁路，铁道部一定把最好的设计队伍和施工队伍派出去。方毅对该项目的资金规模表示忧虑："用这样大的财力去援建一条铁路，不如用这笔钱去援建一些中小型项目，可以帮助许多非洲国家建设几十个乃至上百个厂矿、场馆、商店。"③

听完吕正操、方毅的发言，周恩来谈了五点意见：第一，修建坦赞铁路确实是坦赞两国的迫切需要。尼雷尔总统亲自来求援，应该满足其要求。第

---

① 叶如根主编：《方毅传》，人民出版社 2008 年版，第 320 页。

② 何英：《援建坦赞铁路的决策过程》，中华人民共和国国史网，http://www.hprc.org.cn/gsyj/wjs/ydssj/200910/t20091009_32392.html。

③ 陈则磊：《中非友谊的丰碑——援建坦赞铁路决策幕后》，载《党史文汇》2010 年第 6 期，第 14 页。

二，在财力和技术上我国可以承担。勘测、设计、施工整个过程将需八九年，平均每年所需费用不过几千万，卡翁达尚未下决心要求中国援建，如只援建坦境路段，费用更不成问题。第三，集中力量援建一个大工程的效果和影响决非多搞一些中小项目所能比拟。第四，建设这样宏大的跨国工程必然会遇到新问题，需事先派出精干的专家组进行考察。第五，我国同意援建势必引起西方的恐慌。它们有可能被迫同意援建，尼雷尔可以用中国作为谈判王牌，反对它们的苛刻条件。①

陈毅、方毅、吕正操都赞同周总理的战略分析。会后，周恩来授意外交部立即给中央写一个请示援建坦赞铁路的报告。毛泽东主席圈阅表示同意。于是援建坦赞的决策就这样初步敲定。

中国高度重视尼雷尔的访华，细致安排接待工作。尼雷尔一行于1965年2月17日上午飞至北京。2月18日下午，中坦两国领导人进行了第一次正式会谈，中国方面出席会谈的有刘少奇、周恩来、陈毅、李先念、方毅、张爱萍、乔冠华以及何英等。双方会谈很久，仍不见尼雷尔提出坦赞铁路问题。于是刘少奇说："请总统阁下坦率地提出需要解决的问题，我们将予以考虑。如果我们有困难，我们就直率地说明。"尼雷尔委婉地阐述了坦赞铁路对于坦赞两国经济发展的重要性，并坦言西方都拒绝支持，最后试探性地说："修建这条铁路所需要的投资很大，而投资的主要部分在坦桑尼亚境内。我坦率地向你们提出，使你们了解这一点，请你们考虑怎么办。"刘少奇回答说："可以考虑，但需要较长时间，第一步是进行勘察……帝国主义不干的事情，我们干，我们一定帮助你们修……坦赞铁路建设与赞比亚有关，你们可以同赞比亚商量，我们也可以同赞比亚商量，不管赞比亚持什么态度，我们将尽快派勘察组在坦桑尼亚境内勘察、选线，然后再进行设计。"②

下午4时，毛泽东在人民大会堂会见了尼雷尔。简短地寒暄之后，毛泽东说："中国人民见到非洲的朋友很高兴。因为是互相帮助，不是谁要剥削

---

① 叶如根主编：《方毅传》，人民出版社2008年版，第322—323页。
② 《刘少奇、周恩来、陈毅等同坦桑尼亚联合共和国总统尼雷尔第一次会谈记录》(1965年2月18日)，载《党的文献》2012年第3期，第3—6页。

谁，都是自己人。我们不想打你们的主意，你们也不想打我们的什么主意。我们都不是帝国主义国家。"① 至此，中国同意对坦赞铁路的援建。

当晚，周恩来又与尼雷尔举行了小范围会谈，只有方毅、张爱萍和坦外交部部长坎博纳参加。双方讨论了援助的有关问题。谈到勘察铁路，周恩来说，同时还要勘察铁路线附近的煤矿，并提到铁路、煤矿建设是长期的。他与尼雷尔商定：确定下来的项目，特别是坦赞铁路，暂不公布。② 随后，铁道部第 12 次部长办公会议决定："援助坦赞铁路事要注意，非洲虽多发展中国家，但有些东西很先进。我们要拿最好的东西去，不能叫朋友失望。"③

尼雷尔访华取得丰硕成果。中坦双方不仅签订了友好条约，宣布加强合作和互信，而且还签订了全方位的经济、贸易、技术合作协议。更重要的是中方原则上对援建坦赞铁路做了肯定的答复。

尼雷尔访华后不久，周总理就应尼雷尔邀请于 1965 年 5 月访问坦桑尼亚。其间，周恩来与尼雷尔就援建铁路一事进行了会谈。当时一些西方大国已开始猜测中国将援建坦赞铁路坦境段，由于害怕中国影响深入非洲，他们在攻击中国和尼雷尔的同时，又做出要援建坦赞铁路的姿态。尼雷尔在会谈中坦诚地表示：他不相信西方国家真有诚意，但他深知中国并不富裕，还要援助许多国家，援建坦赞铁路将是中国沉重的负担。因此，他拟同卡翁达总统一道，在即将举行的英联邦会议上再做一番努力，促使英联邦的富裕国家援建坦赞铁路。周恩来恳切地表示，西方国家果真能修，中国乐观其成。如果他们提出苛刻条件，总统阁下可以用中国援建的条件同他们斗争。如果他们只喊不修，中国照修。如果他们中途停修，中国接着修。为配合总统的斗争，中国将尽快派出考察组赴坦考察。④ 双方还商定，把中国准备援建这条铁路的消息公之于世，以观察西方各种政治势力的反应。随后尼雷尔公开宣布：

---

① 外交部档案馆：《毛泽东主席会见坦桑尼亚总统尼雷尔谈话记录》（未经毛主席审阅）（1965 年 2 月 19 日）。

② 《中华人民共和国坦桑尼亚联合共和国联合公报》，《人民日报》1965 年 2 月 24 日。

③ 《中国土木工程集团公司大事记——铁道部援外办公室前期》，第 3 页。

④ 《周恩来同赞比亚副总统卡曼加第二次会谈记录》（1966 年 8 月 20 日），载《党的文献》2012 年第 3 期，第 6—7 页。

"一定要修建坦赞铁路，无论援助国是西方国家还是共产主义国家。"[①]

会谈后周恩来指示，派铁路考察组进行实地考察，具体研究修建坦赞铁路的可行性。[②] 对外经济联络委员会迅速向李先念副总理和邓小平代总理呈报《关于向坦桑尼亚派水文地质综合考察组的请示》，对外统一以水文地质综合考察组的名义派出。铁道部指定第二设计院承担坦赞铁路勘测设计和踏勘任务。踏勘分两组进行，共 17 人。[③] 1965 年 8 月，中国派出援建坦赞铁路考察组对坦桑尼亚基达杜至通杜马段进行考察。临行前，周恩来指示："未来的坦赞铁路技术标准要略高于坦桑尼亚和赞比亚既有铁路的技术标准。"[④]

考察组于同年 12 月底回到国内，考察历时 4 个月，途径 3 省 11 县，行走 6570 公里，完成约 700 公里的线路考察，并与坦方签署了关于该段铁路基本走向和主要技术标准的会谈纪要。[⑤] 1966 年 4 月，铁道部向对外经委报送《关于坦桑尼亚铁路考察工作报告》并附《坦赞铁路基达杜—通杜马段主要技术条件会谈纪要》。9 月，中国考察组向尼雷尔提交了《关于坦桑尼亚联合共和国拟建坦赞铁路基达杜至通杜马的考察报告》。毛主席在谈到援建坦赞铁路时指出："要下决心干。"[⑥]

三、赞比亚对华求援获得首肯

尼雷尔访华后，卡翁达仍旧寄希望于美国，并不时打出"中国牌"来试图说服美国改变立场。1965 年初，坦赞铁路计划因为南罗得西亚政局动荡[⑦]

① Rosalyn J. Rettman，"The Tanzam Rail Link: China's 'Loss-Leader' in Africa"，p.243.

② 吕正操：《我国援建坦赞铁路的背景》，载《纵横》1998 年第 1 期，第 18 页。

③ 考察组组长由第二铁路设计院副院长黄悦平担任。成员有贾毅、俞伯熙、罗恒福、梁伯仁、沈明德、李焱、高青田、周任坤、张信（以上均为二院人员），钟咸若、陈伴年为从铁道部国际联络局借调的翻译。参见：《中国土木工程集团公司大事记——铁道部援外办公室前期》，第 3 页。

④ 《中国土木工程集团公司大事记——铁道部援外办公室前期》，第 4 页。

⑤ 《中国土木工程集团公司大事记——铁道部援外办公室前期》，第 4 页。

⑥ 吕正操：《我国援建坦赞铁路的背景》，载《纵横》1998 年第 1 期，第 19 页。

⑦ 1965 年 11 月，南罗得西亚以史密斯为首的白人政党宣布脱离英国独立。南罗得西亚的独立不但没有得到英王的授权，而且也引来了大多数非洲国家的反对，因为绝大多数非洲领导人希望黑人政权当政，于是他们一方面声明"抵制"，宣布其为"片面独立"，另一方面呼吁英国出面干预。参见：Donald Rothchild, Rhodesia Rebellion and African Response, African Quarterly Ⅵ(1966)pp.184-196. Julius K. Nyerere, Freedom and Socialism: A Selection from Writings and Speeches, 1965-1967,pp.116-120.

而变得更为紧迫。卡翁达借一次会议之机向美国官员暗示周恩来正准备答应援建坦赞铁路，并请求西方国家抢先提供这种帮助。①

　　东非的政治动荡使美国不得不认真对待坦赞两国提出的铁路计划。从现实主义角度出发，美国在东非有着巨大的政治和经济利益。第一，坦赞两国在非洲有着不容忽视的影响力，是南部非洲民族解放斗争的前哨阵地，在支持地区种族平等、反对少数白人统治的斗争中扮演着重要角色。第二，赞比亚是当时世界上最大的铜出口国之一，铜出口量的减少将对美英及其他铜消费国造成严重影响。第三，坦赞两国都奉行不结盟的外交政策，在联合国、军备控制和越南问题上有重要作用。第四，美国最担心的还是中国会借修建坦赞铁路将势力"渗入"，影响坦赞两国在国际问题上的倾向和未来的发展道路。但是，从经济角度考虑，修建坦赞铁路无利可图。②

　　复杂的政治经济因素使美国决策层陷入激烈的争论。美国负责政治事务的副国务卿哈里曼支持援建坦赞铁路，担心如果中国提供援助将使美国"被隔绝于南部非洲"；而反对者如国务卿腊斯克则认为将修建坦赞铁路等同于中国在非洲的胜利言过其实。③在周恩来访问坦桑尼亚后，有关中国将援建坦赞铁路的传言更加确凿。④美国总统约翰逊开始主张美国应当与英国合作对坦赞铁路展开勘测。但是，国家安全委员会并不认为美国援建坦赞铁路是解决南罗得西亚危机的最佳方案。第一，修建坦赞铁路可能需要10年以上的时间，届时危机已成过去时，而这条花费数百万美元的铁路将成为累赘。第二，当前由赞比亚和南罗得西亚共同拥有的铁路线恰好是阻止双方采取急躁的报复性行动的最好工具。第三，中国政府或许无法为如此庞大的铁路建设工程提供足够的财政支持；第四，与铁路相比，公路更为廉价和合理。⑤

　　于是，美国向坦赞两国提出由一个美国公司修建高速公路的可行性研究，也即后来的大北公路，坦赞两国表示接受。但是美国此举只是为了争取时间，

①　Foreign Relations of United States (FRUS) 1964-1968, Vol.24, No.463.

②　*FRUS* 1964-1968, Vol.24, No. 465.

③　*FRUS* 1964-1968, Vol.24, No.463.

④　*FRUS* 1964-1968, Vol.24, No.465.

⑤　*FRUS* 1964-1968, Vol.24, No.465.

等待南罗得西亚危机结束，迟迟没有采取实质行动。①

在中国宣布派出考察组后，英国力图在 1965 年 6 月的英联邦首脑会议上向坦赞两国施压，阻止中国援建坦赞铁路。英国首相和加拿大总理商定，由两国三家公司共同出资，由英国利费赛·汉德森、马科斯韦尔·斯坦普咨询公司和加拿大航空服务公司联合出资对坦赞铁路进行考察。② 这使得赞比亚再度燃起希望。1965 年 8 月，当中国开始派遣考察组对坦桑尼亚境内拟修建的坦赞铁路进行考察时，赞比亚工作人员警告中国考察组不得越过坦赞边境线。③

赞比亚之所以回避中国，主要有以下几个原因：第一，在政治方面，赞比亚虽然和坦桑尼亚一样实行不结盟与反对种族主义的政策，但是国内民族、种族问题复杂，使得以卡翁达为首的赞比亚政府在独立初期将工作重点放在巩固政权方面。因此，卡翁达担心如果接受共产主义国家的援助，将意味着直接与西方站在了对立面。第二，在经济技术方面，赞比亚既严重依赖铜矿资源又严重依赖殖民主义及其控制下的国家。西方国家不仅是赞比亚铜产品的主要进口国，而且是其主要开发国。第三，英殖民主义者在赞比亚的影响仍然很深。英国不但控制了赞比亚的矿业等经济命脉，而且还在赞党派竞选中扶植代理人。第四，当时中赞关系还十分脆弱。赞比亚对中国缺乏一定的了解。尽管中国政府十分重视发展同赞比亚的外交关系，在 1964 年 10 月 29 日赞比亚独立当天，中国就宣布同赞比亚建交，并旋即在赞比亚设立了大使馆。但是，赞比亚却迟迟不愿派遣驻华大使。④

---

① 直至 1966 年美国才将大北公路计划正式提上了议事日程。美国联合其他国家勉强拼凑起一个"联合道路工程公司"，并于 1967 年 3 月开始注资修建。美国负担 200 万美元的费用，世界银行负担 1000 万美元。但是，这样一条投资有限的公路根本无法解决赞比亚的困境。公路简单翻修后，只在很小程度上缓解了赞比亚进出口的压力，雨季到来时公路则基本派不上用场。资料来源：Rosalyn J. Rettman, "The Tanzam Rail Link: China's 'Loss-Leader' in Africa", *World Affairs, Vol.136. No.3 (Winter 1973-1974)*pp.245-246.

② 英加考察组于 1965 年底至 1966 年 4 月完成考察，8 月提出"英加考察报告"，其正式名称为《赞比亚——东非铁路连接线》。该报告认为修建这条铁路在经济上是可行的。但此后英国并未采取实际的援助行动。

③ Richard Hall and Hugh Peyman, *The Great Uhuru Railway: China's Showpiece in Africa* (Victor Gollancz, London:1976) p.87.

④ Jan Pettman, *Zambia: Security and Conflict* (St. Martin's Press, New York : 1974.)pp.208-209.

然而南罗得西亚的独立迫使赞比亚不得不改变对中国的态度。1965年11月，南罗得西亚以史密斯为首的白人政党宣布脱离英国的统治获得独立。非洲绝大多数国家，尤其是赞比亚、坦桑尼亚、加纳、几内亚与马里等国强烈要求英国派军队对史密斯集团予以镇压，但是英国政府拒绝派出地面部队，声称只需要实行经济制裁的手段就可以在几个月之内让史密斯政权垮台。[①] 在经济制裁方面，英国禁止南罗得西亚的资金在伦敦市场上流通，并宣布禁购糖和烟草等南罗得西亚的主要出口物资；冻结南罗得西亚人在伦敦的资产。此外，英国还在联合国倡议所有国家断绝与南罗得西亚的经济交往，导致赞比亚参与对南罗得西亚的制裁后，面临生产、运输等一系列问题。[②] 但是，由于南非和葡属莫桑比克与安哥拉拒绝参与对南罗得西亚的经济制裁，英国所倡导的经济制裁手段逐渐流于形式，并最终放弃。[③] 西方国家虽然担心共产主义国家借机扩张在非洲的影响力，但更担心强硬政策会引发同南非和葡萄牙政府的对抗，从而影响其在当地的投资与利益。[④] 这使得赞比亚与西方渐行渐远。

于是，赞比亚开始主动和中国拉近距离。1966年8月，卡翁达派副总统卡曼加访华。其间，周恩来总理先后同他进行了三次正式会谈。卡曼加在第一次会谈中对修建铁路只字未提。次日下午，在同卡曼加的第二次正式会谈中，周恩来主动将话题引向铁路问题上。[⑤] 周恩来告知卡曼加："如建你们国家那段铁路，也采取同样的政策：西方愿意修就让他们修，他们修不下去我们还可以接着修……援助的形式是无息贷款，规定期限还款。如果到期还款有困难，可以延长；如果再付不出，还可以进一步延期。关于修建坦赞铁路的问题，如果阁下同意，我们可以简单地签订一个协定。这个协定可以公开，也可不公开，这完全由阁下决定。阁下如果需要，则签；如果认为不适宜，则请代交卡翁达

① Nyerere, *Freedom and Socialism: A Selection from Writings and Speeches, 1965-1967*, pp.124-126.

② Rosalyn J. Rettman，"The Tanzam Rail Link: China's 'Loss-Leader' in Africa"，*World Affairs*, Vol.136. No.3 (Winter 1973-1974)p.236.

③ George T. Yu, *China and Tanzania: A Study in Cooperative Interaction* (Center for Chinese Studies, University of California, Berkeley: 1970) p.54.

④ *FRUS* 1964-1968, Vol.24,No.516.

⑤ 中华人民共和国外交部外交史研究室编：《周恩来外交活动大事记》，世界知识出版社1993年版，第503页。

总统……我们的任何援助和贷款是不附带任何特权和政治条件的。"①卡曼加对此表示感谢，并表明将同卡翁达协商，然后再同中国驻赞大使商谈。

1967 年 6 月，卡翁达总统抵京。6 月 22 日上午，周恩来和卡翁达总统举行第一次正式会谈，卡翁达未提及筑路一事。6 月 23 日傍晚，在人民大会堂，周恩来同卡翁达举行第二次会谈。双方谈论开始主要集中在非洲国家的独立问题以及卡翁达对非洲军人的夺权问题表示忧虑。卡翁达仍未主动提出援建铁路的要求，周总理体谅其自尊与困难，直截了当地提出了修建铁路问题，并反复询问有关情况。卡翁达说，访华之前已向美国和日、英、法三国私人公司提出要求，下个月坦桑尼亚、赞比亚、肯尼亚、马拉维四国要召开财政和交通运输部部长会议进行讨论，做最后决定。因此，想先了解一下中国政府的意见和态度。周总理表示，我们已与尼雷尔总统谈过多次，答应帮助修建，我们是把坦桑和赞比亚一起考虑的。只要两国总统下决心，我们愿意承担投资，并且将把有关设备从海上运去。这是支持非洲的民族独立、反帝反殖的斗争，也是为了帮助你们发展民族经济、巩固民族独立。卡翁达满意地表示："我不可能要求更多的了，在目前阶段，你们愿意帮助我们修，完全满足了我们现在的要求。"②

接下来，在同毛泽东主席的会谈中，卡翁达说："我只不过顺便提到铁路问题。我已和总理先生详谈了这个问题。我回去和尼雷尔总统商谈后就马上通知你们。"毛泽东说："将来非洲国家都独立了，把帝国主义赶走了，就可以发展铁路了。"卡翁达回复说："我们只有通过帮助其他地区的自由战士，使他们获得独立，才能报答你们的帮助。"毛泽东说："这不是什么报答。先独立的国家有义务帮助后独立的国家。"③同毛泽东、周恩来的会谈使卡翁达深深感动。他回国途经坦桑尼亚便与尼雷尔共同商定，很快派政府代表团赴北

① 《周恩来同赞比亚副总统卡曼加第二次会谈记录》(1966 年 8 月 20 日)，载《党的文献》2012 年第 3 期，第 7 页。
② 《周恩来同赞比亚共和国总统卡翁达第二次会谈记录》(1967 年 6 月 23 日)，载《党的文献》2012 年第 3 期，第 8—9 页。
③ 《毛泽东、周恩来等同赞比亚共和国总统卡翁达谈话记录》(1967 年 6 月 24 日)，载《党的文献》2012 年第 3 期，第 10 页。

京同中国商定修建坦赞铁路有关问题。

1967 年 8 月 30 日，李先念副总理在北京钓鱼台国宾馆同坦桑尼亚、赞比亚联合代表团举行第一次会谈。在谈判开始前，坦赞代表就向中方提交了英、加两国于 1966 年 8 月发布的勘测设计报告，并要求中方据此进行施工。对此要求，周恩来凭借多年领导国内铁路建设的经验，初步判断这份报告只是考察报告，而不是设计报告，强调坦赞铁路由中国援建，其考察、勘测、设计、施工都应由中国负责。周恩来叮嘱李先念：要派专家仔细研究报告，并将报告内容向坦赞两国朋友进行详细说明。[①] 在 9 月 1 日，中国国务院副总理兼财政部长李先念与坦桑尼亚和赞比亚两国财政部长分别代表三国政府在北京签订了《关于修建坦桑尼亚—赞比亚铁路的协定》。规定，修建坦赞铁路分三大步骤进行：（一）中国政府先后派出必要数量的专家赴坦桑尼亚和赞比亚，就铁路工程进行考察，其费用由中国负担。（二）中国政府派出必要数量的专家和技术人员，对铁路工程进行勘测，根据考察、勘测的结果，由中国方面进行设计。（三）根据设计结果，由中国政府派遣必要数量的专家和技术人员，帮助坦赞两国政府组织上述铁路工程的施工。[②]

坦桑尼亚《民族主义者报》发表社论赞扬中国援助修建坦桑尼亚—赞比亚铁路。社论说，中国的无息贷款"是本着友好的精神提供的。协定尊重了援助国和受援国双方"。[③] 坦桑尼亚第一副总统卡鲁姆在桑给巴尔对坦噶尼喀全国工人联合会的 18 位负责人说，他听到中国将以无息贷款帮助修建坦桑尼亚—赞比亚铁路，感到高兴。坦桑尼亚—赞比亚铁路将增进坦桑尼亚和赞比亚两国间的合作，发展两国的经济，并大大有利于整个非洲。必须动用一切力量，发扬首创精神，去建设这项最大的工程。[④] 而西方媒体一面惊呼中国通过援建铁路必将把坦赞两国打造成为共产主义的桥头堡，[⑤] 一面又质疑中

[①]　周伯萍：《非常时期的外交生涯》，世界知识出版社 2004 年版，第 135 页。

[②]　《中华人民共和国政府和坦桑尼亚共和国政府、赞比亚共和国政府关于修建坦桑尼亚—赞比亚铁路的协定》（1969 年 9 月 5 日）。资料来源：中国土木工程集团有限公司。

[③]　《坦桑报纸盛赞中国援建坦赞铁路》，《人民日报》1967 年 9 月 11 日。

[④]　《坦桑尼亚第一副总统卡鲁姆赞扬中国帮助修建坦赞铁路》，《人民日报》1967 年 9 月 28 日。

[⑤]　A. K. Essack, "Behind the Dialogue Move", *Economic and Political Weekly*, Vol.6, No.26(Jun. 26,1971) p.1275.

国的技术水平和建设能力。[1] 随着铁路建设的启动，西方国家间又在相互抱怨没有修这条铁路。[2]

四、坦赞精神影响深远

随后中国先后向坦赞派出铁路考察组和勘测设计队，对坦赞铁路进行考察并开展勘测设计，并于 1970 年 6 月提交了《坦赞铁路勘测设计报告》，[3] 报告获得中坦赞三国政府一致好评。[4] 1970 年 7 月 10 日至 12 日，中坦赞三国政府代表团在北京再次就坦赞铁路施工问题、《坦赞铁路勘测设计报告》、贷款金额和偿还办法等举行会谈，签订了《关于修建坦赞铁路贷款金额和偿还办法的议定书》《〈关于修建坦赞铁路贷款金额和偿还办法的议定书〉的账务处理细则》《关于坦赞铁路施工问题的会谈纪要》等协议。[5] 中国援建坦赞铁路工程于 1970 年 10 月正式开工，经过 5 年零 8 个月的艰苦奋战，坦赞铁路正式建成。[6] 移交后，中国又应坦赞两国要求，与坦赞铁路局开展技术合作，帮助其进行管理运营和硬件设备维护更新，并一直持续至今。[7]

中国在自身经济还不十分发达的情况下，做出了援建坦赞铁路的重大决

---

① A. K. Essack, "The Tanzam Railway", *Economic and Political Weekly*, Vol.5, No.24(Jun. 13,1970)p.936.

② 《周恩来等坦桑尼亚新任驻华大使邓布拉谈话记录》（1970 年 2 月 9 日），载《党的文献》2012 年第 3 期，第 12 页。

③ 1969 年 10 月 13 日，铁道部与对外经委联合向国务院业务组提交《坦桑尼亚—赞比亚铁路考察报告》。见《关于向坦、赞两国政府提交"坦桑尼亚—赞比亚铁路考察报告"的请示》。资料来源：中国土木工程集团有限公司。

④ 张德顺：《援建坦赞铁路回忆录》，第 20 页。

⑤ 关于贷款金额，中国政府同意在 1968 年 1 月 1 日至 1977 年 12 月 31 日的 10 年内，给予坦赞两国政府无息贷款共计人民币 9.88 亿元，其中坦桑尼亚 4.94 亿元，赞比亚 4.94 亿元，宽限期 15 年，自 1983 年 1 月 1 日至 2012 年 12 月 31 日的 30 年内，坦赞两国政府分期以可能提供的和中国政府可能接受的出口货物或可自由兑换的货币偿还，每年偿还三十分之一。参见：《赞比亚设计基础资料汇编》编委会：《援外成套项目设计基础资料汇编：赞比亚》（第三篇），第 362 页；李本深、黄金如：《在坦赞铁路修建的日子里》（续），载《郑州文史资料》（第 20 辑），日兴印务有限公司 1999 年版，第 72 页。

⑥ 这条交通大动脉，东起坦桑尼亚的达累斯萨拉姆，西至赞比亚的卡比里姆博希，全线长 1860.5 公里，至今已持续运营 38 年。

⑦ 2012 年中国商务部副部长李金早与坦、赞两国领导人签署了三国间的第十五期技术合作协定。参见：《中华人民共和国政府、坦桑尼亚联合共和国政府和赞比亚共和国政府关于坦赞铁路第十五期经济技术合作的议定书》。资料来源：中国土木公司。

定，无论对于冷战期间中国的外交布局，还是对于冷战后的中非关系都具有重要意义。

第一，从外交角度讲，援建坦赞铁路改善了中国在国际舞台的地位，以此为起点，中国逐渐形成了独立自主的对非战略。尽管以提供大额无息贷款的方式援助坦赞铁路给中国经济造成了一定的负担，但是中国以实际行动展现了支援非洲的反帝反殖斗争、帮助非洲国家经济建设的决心，赢得了非洲各国的认可和信任。这条被称"自由之路"①的铁路，成为中非友谊的历史见证。在1971年10月的联合国大会上，以压倒性优势通过了包括坦桑尼亚和赞比亚在内的26个国家提出的要求恢复中华人民共和国在联合国的一切合法权利的提案，这个提案的发起国和支持国中有相当部分是非洲国家，表现了非洲国家对中国外交的重要意义。②通过援建坦赞铁路，中国对非洲的战略定位开始突破冷战思维，将对非政策纳入第三世界的南南合作范畴。毛泽东主席在接见1974年再次访华的赞比亚总统卡翁达时，明确提出了"三个世界"理论，着重突出了第三世界的重要作用。根据这一战略思想，中国政府明确地把加强同第三世界的团结与合作作为自己外交政策的重要内容。20世纪70年代，中国的对外政策开始逐步调整为强调反对超级大国的霸权主义，从而为推动国际社会的多元化、民主化、进步化贡献了自己的力量。

第二，从经济角度讲，援建坦赞铁路支持了非洲的民族解放和经济建设。坦桑尼亚总统尼雷尔对坦赞铁路高度评价："通过这条铁路运载的货物往返坦桑尼亚与赞比亚之间，它还使我们能够去开发我国那些从未开发的地区。我希望任何人都不要低估这条铁路对我国和整个南部非洲继续起着的重要作用。"③赞比亚总统卡翁达同样表示："坦赞铁路作为一条直达达累斯萨拉姆港的新的国际通道，翻开了我们这个年轻国家历史新的一页，给予了我们新的

---

① 资料来源：坦赞铁路局网站 (Tanzania-Zambia Railway Authority), http://tazarasite.com/?page_id=128。

② R. A. Akindele, "Africa and the Great Powers, with Particular Reference to the United States, the Soviet Union and China", Africa Spectrum, Vol.20, No.2(1985), p.140.

③ 《尼雷尔总统在赵紫阳总理的欢迎宴会上说坦中友谊永远不会变》，《人民日报》1981年3月23日。

希望、骄傲和勇气来面对过去、现在和将来的困难。"[①]非洲殖民时期基础性粮食作物的可持续生产长期遭到忽视，非洲自产的粮食远不能满足非洲人口的需要，粮食过度依赖进口，对百姓福祉造成了严重的负面影响，对国家安全造成了严峻的威胁。坦赞铁路运营带动了周边农业经济的蓬勃发展。与铁路未建前相比，铁路建成后，沿线地区的地貌发生了显著变化。荒无人烟的草地或丛林变成为农场。汇集在坦赞铁路各个车站附近的丛林、土地，变成了水稻田、玉米地和香蕉园等小农经济区域。坦赞铁路促进了商品的流通。除了铜产品出口受限问题得到有效解决以外，坦赞铁路也活跃了城乡贸易，方便了百姓出行，将民众需要的日用轻工产品在各地间输送，打开了新的售货渠道。

第三，从社会和文化的角度看，援建坦赞铁路加深了中非之间的彼此认知，扩大了中国在非洲社会的影响力，并给中非关系带来了较为长久的示范效应。坦赞铁路修建以前，坦赞对中国不了解。尼雷尔第一次访华时曾表示："我们对中国本来了解的少，但是听了些歪曲的报道。"[②]随着援建项目的推进，尼雷尔逐渐被中国的坦诚和大度所感染，对中国的认识有了进一步的变化。[③]卡翁达在访华前对发展中赞关系也是持有很多顾虑的。直到坦赞铁路援建一事得到中国政府当面许诺，卡翁达才终将中国誉为赞比亚"可信赖的全天候朋友"。[④]在援建坦赞铁路的过程中，中国十分重视现代技术如何融入当地发展，为坦赞两国培训管理技术人才，进行铁路硬件之外的相关软件建设，包

---

① 《卡翁达在庆祝坦赞铁路运营十周年国宴上说坦赞铁路是友谊团结的纪念碑》，《人民日报》1986年8月17日。

② 外交部档案馆：《毛泽东主席会见坦桑尼亚总统尼雷尔谈话记录》（未经毛主席审阅）（1965年2月19日）。

③ 中国独立自主建设社会主义的发展模式给尼雷尔留下了深刻的印象，使他对社会主义的认知发生了巨大的转变。1962年初，尼雷尔在谈到社会主义时，认为"这只是一种观念"。而在向中国求援的过程中，尼的思想逐渐转变，于1967年签署《阿鲁沙宣言》，宣布公有制、社会主义以及独立自主。参见：William Tordoff and Ali A. Mazrui, "The Left and Super Left in Tanzania", *The Journal of Modern African Studies*, Vol.10, No.3(Oct. 1972), p.429-445. 另见：Catherine Hoskyns, "Foreign Relations: The Case of Tanzania", *International Affairs (Royal Institute of International Affairs 1944-)*, Vol.44, No.3(Jul. 1968), p.459. George T, Yu, "China and the Third World", *Asian Survey*, Vol.17. No.11(Nov., 1977)p.1043.

④ *New York Times*, June 20th, 1967, p.2.

括在中国培养两国留学生，在当地建设铁路技术学校，培养技术人员，为铁路建成后两国独自运营和管理铁路积极创造条件，① 从而与过去西方在非洲推行的与当地社会发展隔膜的外来现代化模式形成明显的区别，这不仅对于中非关系的发展，而且对于多元化的现代化发展和建设途径的形成，都有着积极的意义。

然而，中国对坦赞铁路的援助决定也存在着一定的局限。从援助方来看，援建坦赞铁路给中国造成了一定的经济负担。1970 年，中国 GDP 总量仅为 2261.3 亿人民币，② 却为坦赞两国提供了近 10 亿元人民币无息贷款用于修建坦赞铁路，协议规定偿还期为 30 年。规定限期到了如果偿还有困难，还可以延期。③ 坦赞铁路建成后，由于运力逐渐趋于下降、坦赞两国的经济下滑以及运营中的种种困难等因素，铁路收益不足以还债。④ 为此，中国不得不于 1993 年对无息贷款债务进行重组。从受援国角度讲，20 世纪 90 年代以来，随着南部非洲政治形势的改善，赞比亚货物出口通道增多，导致货源分流严重；坦赞铁路建成后，由坦赞两国共管，不仅管理机制不顺，而且双方只重使用，不重维护和投入，机车等设备完好率持续降低，导致运营能力和效率下降；坦赞铁路管理局实行不切实际的高福利政策，使铁路运营成本不断上升。三方面因素将坦赞铁路推向了"破产的边缘"。这也在一定程度上折射出中国对外援助工程的一些积弊：往往是在建成交付使用后，后续经营难以为继。

坦赞铁路的建设过程显示，中国、坦桑尼亚、赞比亚三方对于铁路的修建，都有基于各自利益的认知和追求。中国援建这条铁路，有支援非洲国家反帝反殖斗争的革命理念追求，也有打开中国外交局面、争取政治盟友的国家利益考量。坦赞两国提出修建这条铁路，是为了打破当时对外交通通道的

---

① 《周恩来会见坦桑尼亚政府代表团、赞比亚政府代表团谈话记录》(1970 年 7 月 9 日)，载《党的文献》2012 年第 3 期，第 12 页。

② 数据来源：中华人民共和国国家统计局网站，http://data.stats.gov.cn/search/keywordlist2;jsessionid=0E84162C3C8CDED7D3D174C072CFF5C3?keyword=1970%20gdp。

③ 《周恩来等同坦桑尼亚联合共和国总统尼雷尔第二次会谈记录》(1968 年 6 月 21 日)，载《党的文献》2012 年第 3 期，第 11 页。

④ John Briggs, "The Tanzania-Zambia Railway: review and prospects", *Geography, Vol. 77, No.3*(July,1992)pp.266-267.

困窘局面，在经济上追求民族独立的完整性，而两国由向西方求援转而向中国求援，则是 20 世纪 60 年代特定国际关系演进的结果。中坦赞三国的接近和合作，在当时具有互利共赢的特质，也为发展中国家在美苏两强相争、东西阵营对抗的国际格局下，争取自身的独立发展及相应的国际地位提供了有意义的多元化选择途径。但是，也正是由于当时中坦赞三国的合作，更多的是基于特定环境下的政治考量，而对未来国际环境可能发生的变化缺乏长时段的预判，尤其是对经济和管理方面的种种因素缺乏可靠而合理的评估，从而也为日后坦赞铁路的商业化运营和可持续发展埋下了危机。而无论是铁路修建的成功，还是铁路运营管理的问题，都还有待未来进行更多的研究。

发展贷款领域——安哥拉模式

安哥拉位于西非沿海，地处南大西洋和印度洋航道的要冲。由于经济潜力大，安哥拉也被外界认为很有可能成为非洲未来最富裕的一个国家。据IMF统计，2001—2010 年安哥拉经济年均增长率为 11.1%，居全球第一。在飞机上俯瞰安哥拉首都罗安达，房屋鳞次栉比，公路四通八达，非一般非洲国家可比。这一发展成就的取得应主要归功于中国与安哥拉的贷款合作——"安哥拉模式"。

一、何为"安哥拉模式"

"安哥拉模式"是指以东道国的资源出口为担保向中国申请贷款用于支持当地的基础设施建设，借款国以资源出口用于偿还贷款。这可以简单理解为以"资源换基础设施"。

2002 年，安哥拉内战结束后经济凋敝，原本作为优势产业的石油化工也遭受了重创。安哥拉先后向不同援助机构申请资金重建经济，但都因附带的政治条件而没有进展下去。中国经过 40 年的改革开放，取得了举世瞩目的成就，但能源和资源的缺乏是中国经济进一步发展的瓶颈。中国也急需在世界范围内开发新的能源市场，满足国内巨大的能源需求。中国拥有出色的基础设施建设能力和大量的资金储备。安哥拉国内的石油发展具有前景，但缺少资金、技术和人才的支持。在这样的情况下，中国于 2004 年开始了对安哥拉的一揽子援助，使得"安哥拉模式"应运而生。中国和安哥拉签署了两期共45 亿美元的协议，"安哥拉模式"的项目超过 100 个，涉及电力、供水、卫生、教育、通信、公共工程等领域。"安哥拉模式"解决了安哥拉融资的问题，又保障了中方贷款的安全，使中国获得了稳定的石油进口渠道。

安哥拉是非洲石油资源最为丰富的国家。在与中国方面签订石油贷款协议前一年，安哥拉反政府武装"争取安哥拉彻底独立全国联盟"领导人若纳斯·萨文比战死，标志着安哥拉内战的结束。此后，安哥拉先是寻求以国际货币基金组织为代表的西方世界资金援助，但国际货币基金组织开出了减少政府开支、提高进口税、将海关管理权移交西方公司监管、国企私有化等一系列附加条件。在这种情况下，安哥拉政府又试图从国际私人金融市场融资，但融资利率成本较高，一般是伦敦同业拆借利率基础上上浮 2.5%，还款期 5年。最终，安哥拉政府转向了中国的官方发展援助，中方提供的第一笔优惠贷款利率为伦敦同业拆借利率上浮 1.5%，还款期长达 17 年。安哥拉在获取贷款后将资金投入了医院、学校和交通设施的建设中，一跃成为非洲增长最为迅速的国家之一，该模式也因此成为中国与非洲其他国家合作的典范。随着安哥拉模式的成功，中国相继设立中非发展基金、中非产能合作基金等合作平台助力对非政策性融资，中国对非贷款额度开始显著增长。

"安哥拉模式"的出台，在很大程度上借鉴了日本对中国的经济援助模式。随着中国改革开放走上发展市场经济的道路，与西方的政治经济交往迅速发展起来，希望借助中国对抗苏联阵营的西方国家开始大规模援助中国，其中尤以日本的援助影响最为显著。早在 20 世纪 70 年代中日关系正常化之后，中日两国就在经贸领域尤其是能源领域展开了积极合作，日本给予中国大量无息和低息贷款用于中国基础设施建设，而作为借款方的中国则可以通过石油偿还。

这种合作方式日后普遍见之于中非合作中，即非洲国家以油气等自然资源作为抵押品向中方获取优惠贷款，非洲国家日后可以通过出口油气等资源还款。这种援助模式最早来自 2003 年中国进出口银行向安哥拉提供的石油担保贷款，因此也被称为"安哥拉模式"。

二、"安哥拉模式"的积极影响及潜在风险

整体上而言，"安哥拉模式"推动了安哥拉的社会恢复，促进了经济快速发展。在安哥拉向西方传统援助国和国际组织寻求贷款受挫的情况下，中国

无附带条件的高额援助为安哥拉提供了新的机遇。

中国进出口银行为安哥拉提供的优惠性质贷款条件较为宽松，允许贷款国以石油资源为担保、以石油出口创汇为偿还。这种模式极大地保障了安哥拉政府发展的主导权，为其经济发展奠定了基础。2002 年内战结束时，GDP仅仅 114 亿美元。随后中国与安哥拉援助框架协议的签订，使其经济逐步恢复。从 2004 年到 2008 年，其 GDP 年增长率均保持在 10% 以上，截至 2009年底 GDP 已猛增至 350 亿美元。安哥拉的主要经济支柱石油日产量由 2002年的不到 90 万桶增至 2008 年的 200 万桶。至 2011 年，安哥拉人均国民收入达到 3750 美元，已经属于较低中等收入国家水平，成为非洲第四大经济体。[①]

中国的发展支持极大地改善了安哥拉人民生活环境。其中，在基础设施建设方面，中安合作快速改善了安哥拉社会硬件环境。如 2002 年，位于罗安达市郊的经济住房项目竣工，这批由中国江苏国际集团承建的"中国村"被多斯桑托斯总统高度赞扬为缓解了当地居民住房困难的民居工程；2004 年 7月开工，2005 年 11 月移交安方，2006 年 2 月正式开业的罗安达总医院由中国海外工程总公司承建，建筑面积达 8000 平方米，安总统出席开业仪式；2007 年 1 月，中国政府向安哥拉外交部赠送了大量的办公设备，包括电脑、空调、复印机等，极大地改善了安外交部的办公条件。[②]在职业技术培训领域，中信建设有限责任公司于 2014 年 4 月在安哥拉全资捐建"中信百年职校"，面向当地招收有学习能力的青年贫困女性，免费提供培训并推荐就业。学员毕业后颁发安哥拉国家认可的职业资格证书。根据安哥拉的市场需求，学校开设酒店服务、计算机等专业，培养具有集体意识和合作精神、具有独立生活能力和城市文明习惯、积极参与社会公益事业活动的合格学员。截至 2018年，中信百年职校已累计培养学生 200 余名并帮助其实现就业，得到了中安两国政府及社会各界的一致好评。[③]

中国的发展支持还增加了安哥拉与其他国际发展机构的议价能力。中国

---

① 世界银行数据库，world bank data. https://data.worldbank.org/country/angola?view=chart。
② 李昭洁：《浅析中国对非援助的"安哥拉模式"》，外交学院硕士学位论文。
③ 访谈中信建设有限责任公司负责人，2018 年 3 月 4 日。

灵活的贷款条件使得传统援助国和援助组织不再是安哥拉获得援助的唯一途径。因此，安哥拉在与 IMF 进行贷款谈判的过程中，IMF 提出了一系列改革条件，包括提升石油收入透明度等，被安哥拉拒绝。在德国等 DAC 国家的斡旋下，IMF 逐步调整了针对安哥拉苛刻的贷款条件。

此外，中安合作也使得安哥拉成为中国在非洲仅次于南非的第二大贸易伙伴。一方面，"安哥拉模式"进一步加强了中国的能源安全。通过"基础设施换石油"，中国的石油进口来源地进一步优化，能源风险有所下降，对非的能源依赖则将长期持续。安哥拉市场已成为中国重要的原油进口国，从 2005 年的 13.7% 上升为 2009 年的 15.8%，安哥拉原油占中国石油进口总量的比重呈上升趋势。[①] 另一方面，中安合作也加快了中国企业参与安哥拉国家重建的步伐。通过石油担保，中国进出口银行贷款支持了大批项目，而中国企业作为这些项目的实施方，以此为依托走进了安哥拉市场。除了中信、中水电、中石油等大型国有企业外，华为和中兴等私营企业也积极拓展百业待兴的安哥拉市场，并逐渐超越爱立信成为当地通信行业的主要运营商。

然而，"安哥拉模式"的风险也不容忽视。由于长期以来石油换贷款，安哥拉发展经济多元化的内生动力不足，经济结构过于单一，经济基础十分薄弱。时至今日，石油开采和出口仍然是安哥拉支柱产业，然而这种出口仅指原油出口，安哥拉本国并没有形成石油加工的全产业链。石油的炼制和加工由法国道达尔（Total）和英荷壳牌（Shell）所控制。同时，其他行业发展严重滞后，成了典型的被"资源诅咒"的国家。当前，安哥拉政府越来越注重发展经济多样化，试图摆脱国家长期依赖资源出口的状况。

专栏 26——中非产能合作应超越安哥拉模式

中非能源合作具有坚实的历史基础和丰富的实践经验，形成了以原料出口为偿还方式的"安哥拉模式"，推动了双方合作的可持续发展。以

---

① 国家海关总署网站，http://www.customs.gov.cn/publish/portal0/。

此为蓝本，中国对外能源合作迅速发展。

但"安哥拉模式"当前在全球经济治理框架下存在潜在风险。一是安全风险，在能源领域接受中国贷款最多的20个国家中，有13个被OECD评级为存在巨大风险。二是偿还风险，以商品出口为偿还条件的贷款方式，不仅可能影响到非洲国家的宏观经济发展，而且随着国际原材料价格的波动，导致了巨大的不良贷款风险。三是环境风险，中国在能源领域的投资主要集中于化石燃料开采以及建设水电站，可能给受援国造成环境风险。四是社会风险，中国的投资一方面遭到当地利益相关方的抵制，另一方面也面临国际体系的规制。

为顺畅推动中非产能合作，笔者建议在解决非洲融资可持续性方面，尝试突破"安哥拉模式"。

首先，创新项目筹资方式。一是对接主权财富基金。埃及等一些西亚北非国家拥有相当规模的主权财富基金，用于支持公共设施投入。中国可探索将援助资金与受援国自有的主权财富基金进行对接。二是扩大混合贷款比重。应积极探索商业融资、公私伙伴关系融资等多种模式，通过市场化、社会化等多种渠道筹集资金，与我援助资金进行配比，分担我优惠贷款风险。

其次，发挥优势产能技术优势。一方面，加强对太阳能、风能、核能等清洁能源的支持力度，推动有创新能力的企业加入中非产能合作，实现我优势产能顺利落地；另一方面，灵活开展与发达国家的三方合作，尝试与美国的"电力非洲"计划、荷兰的"非洲沼气伙伴项目"等进行协调统筹，既可避免援助项目的重复浪费，也可在良性互动中提升我技术能力，实现向优势产能的转化。

最后，加强贷款前期评估。一是建立风险指标体系。借鉴国际评级标准和模型设置方法，选择适合中国战略需要的评估参数，做好大数据搜集与处理，构建针对合作国的、实时的动态评估数据库。二是加大前期论证力度。采取公开招标方式，选取第三方评估机构，确保其专业性、独立性和客观性。支持评估机构开展针对所有利益相关方的实地调研，重视对潜在项目的软环境评估，对未来风险进行反复、科学的对策论证，不急于上马。

（载《环球时报》2016 年 10 月 9 日）

三、挖掘投资机遇是"安哥拉模式"的出路

由于长期内战，安哥拉直至 2002 年才实现全面和平。中国企业以承包工程的形式积极参与安哥拉战后重建，为安哥拉的基础设施建设贡献力量。然而，在国际大宗商品价格低迷的形势下，安哥拉急需吸引外部商业资金、盘活经济。原油出口一直是安哥拉国民经济的支柱产业。2008 年国际金融危机爆发后，受国际市场原油价格下跌影响，安政府财政收入和外国对安投资减少，多个大型基础设施建设项目被迫停工。据联合国开发计划署驻安哥拉负责人的介绍，各国发展机构已经帮助安哥拉政府起草国家经济发展规划，推动经济多元化。该计划于 2018 年上半年出台。同时，政府债务过高，使得外资成为实现经济多元化的最重要推手。

鉴于安哥拉当前过于依靠原油出口的经济发展现状，其多个经济领域都处于起步阶段，市场进入成本低，收益可期。目前安哥拉最迫切发展以下四个产业：

原油深加工。目前在安哥拉的石油产业从勘探、开采到炼油等各个环节均被法国道达尔、英国石油公司等西方公司控制，安哥拉政府只作为股东，参与利益分成。当前安哥拉政府已经意识到在本国发展原油深加工的必要性和紧迫性。因此，在安哥拉开展油品加工投资会获得政府支持。

矿业急需投资。安哥拉主要矿产有钻石、铁、磷酸盐、铜、锰等。其中，钻石是安哥拉第二大矿产资源，总储量约 10 亿克拉，其中 50% 属于宝石级钻石。据中信建设负责人介绍，中信建设已经在安哥拉投资建设铝合金厂，于 2018 年下半年投产运营，预计年产 1 万吨，可为当地提供 500 余个就业岗位。

农业生产需要恢复。安哥拉土地肥沃，河流密布，发展农业的自然条件

良好。独立前，安哥拉粮食不仅自给自足，还大量出口，被誉为"南部非洲粮仓"。但长达数十年的内战给安哥拉农业生产体系造成严重破坏，近一半粮食供给依赖进口或援助。有鉴于此，一些中国私人企业已经开始探索大规模种植甘蔗，生产红糖，也有企业利用当地木薯粉制作休闲食品等。

大力发展制造业。2012年，安哥拉启动"安哥拉制造计划"，大力推进经济多元化，逐步降低国民经济对石油产业的依赖度。随后几年，围绕这项计划，安哥拉通过《私人投资法》等政策，对在食品加工业、纺织业、建材生产、电子设备制造及其他制造加工业进行的投资给予鼓励。另据安哥拉工业发展协会负责人介绍，与大多数非洲国家相比，安哥拉政府制定最低工资标准为30美元每月，该标准极大降低了当地用工成本。

但是，相对于市场准入门槛低，安哥拉也存在不容忽视的投资风险。主要集中表现为以下几方面：

第一，融资环境不佳。尽管外国企业在当地银行融资不受限制，与安哥拉企业享有同等待遇，但是当地融资成本过高。2015年，银行贷款利率为16.88%，导致中资企业基本没有可能获得当地银行贷款。

第二，利润难汇回。安哥拉实行严格外汇管制，在当地注册的外资企业，经批准可开设银行账户，外汇进入不受限制，外汇汇出需提交相关文件。利润汇出控制较严，除需缴纳35%营业税外，还有配额限制。外国人出境时，18岁以上成人携带外汇不得超过5000美元。而2016年安哥拉通货膨胀率为42%，波动很大。笔者调研期间，官方汇率为100美元兑2万宽扎（安哥拉货币），黑市价格为100美元兑4万宽扎，持有当地货币存在巨大不确定性。

第三，电力缺口较大。包括首都在内的很多地方，均不能确保日常正常用电。笔者抵达当日就遇到机场停电，导致几万旅客滞留机场，行李堆积如山。

第四，政策落实不到位。尽管有世界银行等西方发展机构积极帮助安哥拉制定发展战略，但上百页文件宣布后，随即尘封，落实与问责更是无从谈起。以位于安哥拉首都罗安达市郊和本戈省交界处的罗安达·本格工业园（ZEE）为例，该园区是安哥拉设立的第一个特殊经济区，但目前园区由于资金短缺，仍未按照规划完成建设。世界银行《2017 年营商环境报告》显示，安哥拉在全球 190 个经济体中营商环境排名第 182 位。

第五，存在安全风险。近年来，安哥拉首都罗安达社会治安状况有所恶化，刑事案件频繁发生，也曾发生多起针对中国公民的武装抢劫案件，造成人员、财物严重损失。此外，安哥拉还是登革热、黄热病和霍乱等传染病疫区。

基于此，对于有意投资安哥拉的企业提出如下建议：在合作模式上，可以尝试以公私合营模式（PPP）切入，寻求与安哥拉政府、国际和当地金融机构合作。其次，加大职业培训力度，当地劳动力价格虽便宜，但熟练技术工人极为短缺。此外，企业需要通过多种方式增加与当地民众关系，开展与"安哥拉工业协会"等非政府组织的联系，获得行业发展动态，推广企业形象。

专栏 27——八大行动为投资安哥拉创造新机遇

安哥拉总统洛伦索日前对中国进行国事访问，他也是 9 月中非合作论坛北京峰会后首位访华的非洲国家元首。中安两国领导人会面时提到，要落实北京峰会成果，推动"八大行动"有关举措早日落地，促进安哥拉工业化和经济多元化进程。那么，何为"八大行动"？相关措施落地能为两国带来怎样的发展机遇？

今年 9 月，中非合作论坛北京峰会宣布了产业促进、设施联通、贸易便利、绿色发展、能力建设、健康卫生、人文交流、和平安全等八项行动，为中国与安哥拉经贸合作注入了新的活力，为双方企业创造了新的机遇。

制造业。"贸易便利行动"提出，扩大进口非洲的非资源类产品，加强中国与非洲的生产标准对接。对于中国制造企业来说，可借此机会，直接投资助推安哥拉的工业化进程。当前，非洲最不发达国家多种产品享有零关税进入中国市场的优惠贸易待遇，但由于非洲国家的生产能力有限，造成对华出口不畅。为此，安哥拉等非洲国家都在其国家发展规划中将吸引外商直接投资助推本国制造业发展作为重中之重。基于此，中国企业可积极借助中国扩大对非进口的优惠政策，加大在安哥拉的直接投资力度，建设一批生产性项目，提升安哥拉的制造业水平。

电子商务相关产业。"贸易便利行动"提出，中方将与非洲有关国家探讨建立中非电子商务合作机制，中方还将鼓励中国电子商务企业开拓非洲国家市场，利用电子商务推动中非各自优质和特色产品贸易发展。相对于其他非洲国家，安哥拉的网络普及率较高，目前安哥拉有2家移动运营商和3家固网运营商，中国的中兴、华为等公司已进入安哥拉电信设备市场开展业务，这为电商发展打下了良好基础。中国电商应抓住这一"蓝海市场"提供的机遇，从家居、3C品类入手，借助Jumia、Kilimall、Kaymu等非洲消费者日益认可的电商平台，做线上推广。但是也应该注意，虽然安哥拉消费市场存在商品匮乏、产量单一的问题，但是网购的消费人群属于尖端人群，更讲究商品的信优价好，要质量、信誉有保障。

酒店及旅游业。"设施联通行动"提出，中国支持中非航空企业按照市场化原则开通更多中非直航航班，为双方人员流动和贸易往来等提供更多便利。相信随着中非直航的开通，中国与安哥拉的经贸往来将更加密切，将有更多的中国商旅赴安，因此对酒店及旅游相关基础设施的需求必将上升。当前安哥拉政府对大于或者等于100万美元、针对基础设施建设的外国投资给予鼓励，保障其土地及其他专有资源的产权和使用权等。因此，中国投资者可以在安哥拉投资酒店及相关旅游设施的建设。但是在经营方面，根据安哥拉最近通过的《私人投资法》，在安哥拉的外国投资参与旅游及酒店业经营，须同安哥拉公民、公共或私人企业合资，安哥拉企业须持股不少于35%且根据股东协议有效参与管理，中国投资方可考虑聘用当地专业的酒店管理公司进行经营。

安哥拉也有其投资短板，需要引起重视。比如治安状况不佳。安哥拉首都地区治安案件时有发生，持枪抢劫事件也屡见不鲜，已发生多起持枪抢劫致人死亡事件。另外，该国金融环境不稳。一是通货膨胀率极高，安哥拉现行法定货币名称为"宽扎"，目前还不能与人民币进行直接兑换。

2018 年 10 月 12 日，宽扎对欧元汇率为 345∶1，非官方汇率为 440∶1。二是安哥拉实行外汇管制。企业利润汇出控制严格，除需缴纳 35% 营业税外，还有配额限制；外国人出境时携带外汇不得超过 5000 美元。

（载《环球时报》2018 年 10 月 24 日）

直接投资领域——赞比亚中国经济贸易合作区

早在 20 世纪 80 年代末，赞比亚总统卡翁达在访华期间就高度赞扬中国的改革开放政策，认为经济特区是一项伟大的试验，并已取得极大成功值得学习。[①] 因此，赞比亚也积极借鉴中国的发展经验，在本国探索建立经贸合作区。同时，中非合作论坛的建立极大地拉动了中国企业赴非投资的热情。在赞中两国政府的积极支持下，"赞比亚中国经济贸易合作区"成为中国在非洲设立的第一个境外经贸合作园区。

一、"园区"主要解决什么问题

"境外经贸合作园区"（以下简称"园区"）是指在中华人民共和国境内（不含香港、澳门和台湾地区）注册、具有独立法人资格的中资控股企业，通过在境外设立的中资控股的独立法人机构，投资建设的基础设施完备、主导产业明确、公共服务功能健全、具有集聚和辐射效应的产业园区。[②] "园区"以企业为主体，以商业运作为基础，以促进互利共赢为目的，主要由投资主体根据市场情况、东道国投资环境和引资政策等多方面因素进行决策。投资主体通过建设合作区，吸引更多的企业到东道国投资建厂，增加东道国就业和税收，扩大出口创汇，提升技术水平，促进经济共同发展。[③]

"园区"旨在解决非洲营商环境的短板。由于非洲自冷战结束后爆发了大规模的动乱，投资环境不佳。第一，政府更迭。据统计，仅从 1990 年初至

---

① 田曾佩：《改革开放以来的中国外交》，世界知识出版社 1993 年版，第 145 页。
② 商务部合作司网站，http://fec.mofcom.gov.cn/article/jwjmhzq/article02.shtml。
③ 《中国境外经贸合作区投资促进工作机制》，中国境外经贸合作区网站，http://www.cocz.org/news/content-243519.aspx。

1993 年 4 月底非洲大陆有 15 个国家的政权发生变化。其中，利比里亚、乍得、索马里、马里、埃塞俄比亚、阿尔及利亚、塞拉利昂等 7 国领导人，不是在反对派的武力威胁下被迫下台，就是在军人压迫下交了权。[①] 这种恶化的安全环境难以吸引外商投资。第二，政策连续性不足。与政权更迭伴生的是国内政策的大幅变更。一些西方势力支持的政治派别更倾向于西方的自由经济体制，而军方势力则喜欢高度集中的计划经济。政权的频繁交替导致政策和预期的高度不确定，严重抑制了外商投资的兴趣。第三，法律法规缺失。由于非洲各国经济发展起步较晚，国内经济法律建设"交叉"和"空白"现象并存。这对于有兴趣开发非洲市场的外国投资者来说，基本上是毫无头绪。

上述问题对于中国的中小型民营企业的消极影响尤为突出，而"园区"的模式正好为中国民营企业出海发展打造了良好的平台。"园区"为拟入驻的中资企业提供了全方位的软性服务，包括政策法律咨询、投资和工作许可、企业注册和有关登记、报关报税、商检、仓储运输、商务会展、与当地政府和机构协调中介服务以及安全保卫等。其中，"园区"提供的"一站式"服务大大提高了中国中小民营企业走进非洲的信心和决心。此外，"园区"的产业集聚效应和产业链运营，也有效助力"走出去"企业扎根当地市场，开拓国际市场。

二、赞中园区的运营模式

在 2006 年中非合作论坛北京峰会上，中国承诺"今后 3 年内在非洲国家建立 3—5 个境外经济贸易合作区"。赞比亚中国经济贸易合作区是中国在非洲设立的第一个境外经贸合作区，也是赞比亚政府宣布设立的第一个多功能经济区，由中国有色集团负责园区的开发、建设、运营和管理。

赞中经贸合作区的起点为一座矿山，即谦比希铜矿，后经中国有色矿业集团的良好经营，在谦比希铜矿的基础上开始着手建立中国有色工业园。2006 年的中非合作论坛北京峰会之后，中国有色工业园的建设上升到国家层

---

① 朱崇贵：《冷战后非洲局势为何格外动荡》，载《现代国际关系》1993 年第 3 期，第 29 页。

面，并更名为赞中经贸合作区，即谦比希园区。2009 年在国际金融危机的背景下，赞中经贸合作区开始启动建设卢萨卡园区，赞方表示：将与中方一道，积极支持合作区的开发建设，进一步深化双边经贸合作。至此赞中经贸合作区形成了"一园两区"的结构。2010 年 2 月 25 日，时任国家主席胡锦涛与赞比亚总统班达在人民大会堂共同出席了赞中合作区卢萨卡园区建设协议签字仪式。

近年来，中赞两国领导人交往密切，政治互信不断加强。双方先后签署了一系列文件协定，如《中华人民共和国国土资源部和赞比亚共和国矿业与矿产发展部在地质和矿业领域的合作谅解备忘录》《赞比亚中国经贸合作区卢萨卡分区建设合作备忘录》《赞比亚中国经济贸易合作区投资促进与保护协议》《对所得避免双重征税和防止偷漏税的协定》等，使得两国关系得到进一步发展与深化，为双方开展经贸园区合作奠定了坚实的基础。

截至 2018 年底，位于赞比亚铜带省的谦比希园区首期规划面积为 11.49 平方公里，已开发面积 5.26 平方公里，中心配套区已建成厂房、办公区等设施近 5 万平方米；位于首都卢萨卡国际机场的卢萨卡园区总规划面积 5.7 平方公里，已开发面积 0.3 平方公里。经贸合作区基础设施投资累计超过 1.9 亿美元，已有 65 家企业入驻，吸引投资近 20 亿美元，实际完成投资超过 16 亿美元。[①]

谦比希园区的功能定位为"一心、两区、四组团"。"一心"是指具备办公、商贸、展示、培训等功能的产业配套中心，"两区"是指以贯穿经贸合作区的赞比亚国家公路为界的东部工业区、西部工业区，"四组团"是指四个功能组团，即铜加工及电子、轻工产业组团，有色金属冶炼及衍生产业组团，有色金属矿冶及配套产业组团，加工贸易组团。谦比希园区的产业定位以铜钴开采为基础，以铜钴冶炼为核心，发展有色金属矿冶产业群。并以资源优势为依托，产业延伸至以型材、电线电缆生产为主的有色金属加工产业群，以化工、贵金属为主的有色金属衍生产业群，以及以机械、建材加工为

---

① 赞比亚中国经济贸易合作区官网，http://zccz.cnmc.com.cn/outlineitem.jsp?outlinetype=2&column_no=070202。

主的有色金属配套产业群。此外，为了满足采矿业和制造业的需要，发展运输、仓储等生产性服务业和以服装、食品、家电等为主的轻工产业群。谦比希园区内的中赞友谊医院常年为市民提供综合性医疗服务。中赞友谊医院的前身是20世纪30年代设立的恩卡纳矿山医院，于2000年前后被中国有色矿业集团收购，并以中赞友谊医院的名称正式投入使用。医院会集了来自中国、赞比亚、印度和斯里兰卡等国的数十名医务工作者，在当地急救、艾滋病和结核病防治、疫苗接种、宣传推广医药卫生知识方面起到了龙头作用，享有极高声誉。①

卢萨卡园区立足于赞比亚地处南部非洲"心脏地带"的战略区位，充分发挥卢萨卡在南部非洲交通枢纽的优势，以首都卢萨卡及国际机场为依托，面向赞比亚和南部非洲市场，重点发展商贸、物流、加工、房地产等产业，至2030年，把卢萨卡园区建设成为基础设施完善，生态环境优美，以自由贸易区为主要功能的现代空港产业园区。截至2017年7月，入园企业涉及领域包括酿酒、建材、鞋业、农业、制药等。②

除了硬件设施外，"赞中园区"还为入园企业提供一系列软性服务。包括：提供赞比亚的法律法规、产业规划和市场信息的咨询服务；受托或协助从事在赞比亚投资项目的可行性研究论证；受托或协助办理企业注册阶段的各种手续，如公司登记、银行开户、税务登记；受托或协助办理企业建设阶段的各种手续，如环境影响评估、规划设计审批、进口设备清关；受托或协助办理生产经营过程中需要的各种执照和许可证的申请事宜；提供入区企业与赞比亚政府部门和相关机构的沟通和协调服务；组织入区企业参加赞比亚境内外的相关展览（销）会；协助投资者融资贷款等。③

自成立以来，两个园区共有注册企业65家，累计完成产业投资额约20亿美元，入区企业累计实现销售收入总额超过157亿美元，纳税超过5亿美

① 王志芳、杨莹等：《中国境外经贸合作区的发展与挑战——以赞比亚中国经济贸易合作区为例》，载《国际经济合作》2018年第10期，第84页。
② 2017年7月赴赞比亚首都卢萨卡访谈。
③ 昝宝森：《赞中经贸合作区建设：平台作用与发展前景》，载《国际经济合作》2013年第12期，第20页。

元，带动赞比亚就业超过8900人。[①]从合作区自身的运营角度看，尚未建立完善的盈利模式，直接投入的1.9亿美元资金尚未收回。目前，赞中合作区主要依靠入区企业缴纳租赁物业、水电费，以及中赞友谊医院经营收费等获取收入，来源较为单一。由于合作区前期大规模的基础设施投入，短期内很难实现有效的资金回笼。

专栏28——赞比亚三行业商机值得深挖

由于营商环境不断改善，非洲南部国家赞比亚，近些年吸引着越来越多投资者的目光。论经济发展水平，赞比亚在非洲大陆并不突出，但是治安环境却相对较好。加上赞比亚具有优良的资源禀赋和不断改善的政策环境，使其颇受外资青睐。笔者近日对赞比亚进行调研，在这片投资热土上，诸多商机值得深挖。

三大板块吸引外资

来到赞比亚，笔者最大的感受就是当地人十分诚实守信，与他们沟通和交往亲切感和安全感油然而生。在非洲南部国家投资的中资企业也对笔者反馈，相比之下，在赞比亚投资更安全一些。总体来说，赞比亚的制造业、农业、旅游业三大板块都是吸引外资的重点。

英国《金融时报》报道，越来越多的跨国公司，将制造业从东南亚国家搬到赞比亚等非洲国家。2017年6月，赞比亚颁布第七个国家发展规划，明确提出鼓励外资在本地建立制造工厂。结合现行市场环境，笔者认为，赞比亚制药业和制衣业具有明显发展潜力。这是因为，当前制药行业在赞比亚只是一个"概念"，95%药品需要进口，其中70%以上来自印度。中国企业在赞投资制药，既可满足当地市场的庞大需求，也可销往其他英联邦国家。例如，中国企业投资3000万美元建设的赞比亚凯夫制药有限公司，为当地创造就业岗位200余个，正逐渐跻身为南部非

---

① 《中国有色集团2018年可持续发展报告》，http://www.cnmc.com.cn/upload/attachment/1565344309177a.pdf. http://www.cnmc.com.cn/detail.jsp?article_millseconds=1545632950828&column_no=010101。

洲最先进的现代化综合制药厂行列。此外，中国在赞比亚投资制衣，既可依托中国原料价格优势，又可以帮助当地解决大批就业。

农业是赞国民经济的重要部门，2015年产值约占国内生产总值的8.6%。全国约2/3人口从事农业。赞比亚土地肥沃，气候温和，适合多种农作物生长。但目前开发的可耕地面积只占全部可耕地的14%，耕地普遍缺乏灌溉系统，农作物抗灾能力较弱。因此，赞比亚在吸引外资发展农业时，制定具体优惠政策，包括农业企业的机器设备等在头两年享受每年50%的折旧抵减，以及农业所得分红在企业营业的前5年免税等。此外，赞比亚非工厂用地价格低廉，以首都卢萨卡为例，2017年每月每平方米土地租金仅3美元，基特韦、恩多拉也仅为2美元。中国投资者可以投资大型农场，支持多种作物种植、加强技术推广和农产品深加工等。中国援助的赞比亚农业技术示范中心，主要进行玉米、小麦、大豆等作物的科研育种，将种子低价出售给农户，起到示范推广的作用。

旅游业也是赞比亚一张"名牌"。据《赞比亚每日邮报》报道，赞旅游与艺术部部长查尔斯·班达日前表示，该国2017年的游客数量达到116万人次，较2015年增长21%。赞比亚有世界著名的维多利亚瀑布和19个国家级野生动物园。但是，当前旅游设施基础薄弱、产业上下游环节缺失，导致赞比亚旅游业发展远逊于邻国津巴布韦。为此，赞比亚政府鼓励旅游业发展，给予酒店业在第一年享受10%的折旧抵减等优惠政策。

中企投资可依托"合作区"

和周边国家相比，在赞比亚投资有一定优势。赞比亚在非洲区域市场辐射范围大。该国是世界贸易组织创始成员国，也是东南非共同市场和南部非洲发展共同体的成员国，可为企业涉足将近3.8亿人口的市场，提供成员国之间的自由贸易及关税等方面的优惠政策。

在赞比亚投资，还可以享受上千种产品免税或无配额进入发达国家市场的便利条件。2000年美国通过的《非洲增长与机遇法案》（AGOA）于2015年9月到期，随后奥巴马政府又将其延长10年。该法案给予包括赞比亚在内的非洲受益国 6000 多种商品免税进入美国的待遇。此外，赞比亚也是欧盟《科托努协定》的签约国，该协定致力实现欧盟与非洲、加勒比海和太平洋地区国家间的自由贸易安排。因此，中资如果在赞比亚投资，产品能突破贸易与非贸易壁垒，打入欧美市场。

对于中企来说，投资该国可依托赞比亚中国经济贸易合作区（简称"合作区"）。该合作区是中国在非洲设立的第一个境外经贸合作区，分为谦比希和卢萨卡两个园区。根据赞比亚《发展署法》的规定，在合作区投资 50 万美元以上，符合赞比亚《发展署法》规定的优先行业或产品，除了享受普通优惠政策外，还可以享受公司所得税、增值税和关税等优惠待遇，具体如下：（1）所得税方面，公司运营头 5 年免缴公司所得税和利润所得税；（2）关税方面，入区公司进口原材料、资本性货物和机器设备，5 年免关税；（3）增值税方面，用于合作区建设或优先行业投资的进口机器设备，可享受零税率。

（载《环球时报》2019 年 6 月 13 日）

三、遇到的问题及解决途径

正如赞中园区负责人所言："困难比国内肯定要翻倍。"[1] 具体而言：

第一，落后的基础设施。区内由于企业的投资与建设形成了较为完善的基础设施，而区外由于赞比亚政府投资少，落后的基础设施已成为制约"园区"经济和社会发展的瓶颈。[2] 赞比亚交通运输设施老化，国内交通成本居高不下。由于该国属于内陆国家，无海岸线，进出口需要通过铁路或公路经由坦桑尼亚的达累斯萨拉姆或南非的德班港转口完成，进出口周期长、费用高、物流不畅。电力设施也十分薄弱，对其建设提高了企业运营成本，阻碍了合

---

① 2017 年 7 月赴赞比亚首都卢萨卡访谈。
② 孟广文、隋娜娜：《赞比亚—中国经贸合作区建设与发展》，载《热带地理》2017 年第 2 期，第 252 页。

作区的发展。由于迟迟无法接入赞比亚电力网络，卢萨卡园区在2009年开工后的3年中建设进展缓慢。此外，还导致卢萨卡园区的赞比亚吉海农业有限公司生产的蘑菇腐烂。

第二，赞比亚政府行政效率低下，部门间的互相推诿也制约企业投资。一方面，赞比亚税收政策经常随经济变化而变化，税法变动非常大。例如，从20世纪90年代起，有关矿业企业税种和税率一直变化，如矿区使用税率在2008年由1995年的0.6%增至3%，于2012年增加至6%；另一方面，赞比亚实行多党制，政府实行总统内阁制，每5年实行一次大选，政府的更迭很有可能引起现有法律和政策的变动。在实践中，新任政府很可能出于政治需求否认前任政府给予外国投资者的各种优惠，导致投资面临着不确定风险。

第三，投资当地，企业还要面临用工压力与资金压力。赞比亚移民局规定，为外资企业颁发一个工作签证，必须至少解决当地8个人的就业。这类工作签证期限为3年，一般不会续签。因此，中资企业必须雇用大量当地劳工。但是，赞比亚的教育水平低下，当地劳工的技术能力普遍不足。此外，当地环保组织的力量强大，导致政府被其牵制掣肘。以制衣行业为例，有可能对河流产生污染风险，政府慑于环保组织的压力，审批环节严格。因此，中企在进行该领域投资时需要细致、谨慎地做好环境评估。资金是保证经贸合作区正常运营的条件之一，而境外经贸合作区的建设具有初期投资大和直接回收慢的特点，因此多数境外经贸合作区都面临着不同程度的资金压力，赞中经贸合作区就是其中之一。园区配套设施的建筑成本是国内的2—3倍，仅仅依靠企业缴纳的费用，根本无法达到中国国务院国有资产监督管理委员会对园区保值增值的要求。

第四，不确定的政治风险。赞比亚是南部非洲第一个与中国建立外交的国家，但赞比亚曾一度成为西方对中国舆论攻击的风暴中心。2012年，哈佛历史学家尼尔·弗格森抨击中国在赞比亚的铜矿开采是"新殖民主义"。这导致赞比亚在全国大选中出现旗帜鲜明的反华言论。虽然时过境迁，中企仍需引以为戒，在赞比亚投资时兼顾企业社会责任，与当地媒体及民间社会加强沟通。

第五，健康安全问题。赞比亚卫生问题突出，例如，艾滋病、疟疾、结核、腹泻、霍乱、痢疾、麻疹等疾病发病率高。加之赞比亚每年降水较多，光照条件好，增加了疾病传播的速度。许多疾病如疟疾和结核很难预防，给在赞比亚工作人员的生命安全选成了严重威胁。

第六，国际环境。西方不断在赞比亚煽动"新殖民主义""资源掠夺论""漠视人权论"以及"中国威胁论"等，将中国人的小问题无限放大，将中国企业置于舆论风暴的中心。

针对上述六个问题，中国政府应加大沟通和引导力度，利用双边高层协调、资金支持以及人力资源开发多种途径，推动中非经贸合作园区的可持续发展。

首先，加强政府间沟通。中国政府可以从政府层面，敦促"园区"东道国政府落实承诺，推动优惠政策和配套基础设施到位。

其次，加强资金引导。一是利用新设立的中非产能合作基金，支持经济特区的建立、管理和宣传。中非产能合作基金应支持非洲政府建立、管理和宣传经济特区。该资金可克服前期基础设施的融资瓶颈，通过财政支持为特区管理提供帮助，有效宣传已建立的开发区。二是利用对外援助资金帮助建设"园区"外的配套基础设施。

再次，扩大人力资源培训。一是启动非洲政府代表和经济特区管理者培训交流项目，为非洲政府和经济特区管理者制定综合、泛非洲的经济特区培训交流项目，促使他们转变发展理念，充分发挥政府对经济的宏观指导作用。二是向经济特区的重点行业提供技术教育和培训。中国政府可在中非合作论坛框架下，根据经济特区的行业要求向非洲政府提供教育培训服务，以满足入园企业的用工需求。

对外贸易领域——中非经贸博览会

举办中非经贸博览会是 2018 年 9 月在中非合作论坛北京峰会上提出的对非合作"八大行动"的第一大行动。2019 年 6 月，第一届中国—非洲经贸博览会在湖南长沙举办，这不仅仅是对北京峰会成果的落实，更重要的是，此次博览会是在全球贸易保护主义蔓延、美国强势加征关税保护本国市场的背景下召开的，充分体现了中国坚持多边主义、支持南南合作的决心。

一、推动北京峰会"八大行动"成果落实

在召开经贸博览会前夕，中国政府与莅临博览会的非洲官员先行在北京召开"中非合作论坛北京峰会成果落实协调人峰会"，进行"八大行动"落实情况的检验和协调。在当前复杂的国际形势下，此次协调人会议的召开，一方面可以就中非合作论坛北京峰会成果落实进行对接，引领中非合作高质量、可持续发展方向，推动峰会成果更多、更好造福中非人民；另一方面，也是向国际社会彰显双方加强团结合作、坚持多边主义、推动构建更加紧密的中非命运共同体的强烈意愿和坚定决心。

截至目前，"八大行动"已实现早期收获。截至"中非合作论坛北京峰会成果落实协调人峰会"召开前，非洲最大悬索桥莫桑比克马普托大桥、几内亚苏阿皮蒂水电站等一批重大项目相继建成或正在抓紧推进；中国企业在非洲投资建设经贸合作区新增投资近 5 亿美元，新入园企业超过 100 家；中方就埃塞俄比亚大豆、肯尼亚甜叶菊、苏丹脱壳花生、南非苜蓿草等农产品输华与非方签署检疫议定书，非洲国家已有超过 350 种农产品食品可对华开展贸易；非洲首家"鲁班工坊"已在吉布提投入运营等。

此次峰会由中方和论坛 54 个非方成员负责峰会成果落实的部级官员出

席，中国国家主席习近平致贺信。习近平主席指出："去年9月中非合作论坛北京峰会成功举行，在中非关系史上具有里程碑意义。中非领导人一致决定推动中非共建'一带一路'同非洲联盟《2063年议程》、非洲各国发展战略深入对接，携手构建责任共担、合作共赢、幸福共享、文化共兴、安全共筑、和谐共生的中非命运共同体，共同实施中非合作'八大行动'，为中非关系向更高水平发展绘制了新的蓝图。我高兴地看到，中非双方同心协力，积极推进峰会成果落实工作，形成一批可喜的早期收获，给中非人民带来实实在在的好处。"①习近平强调，当今世界面临百年未有之大变局，发展中国家整体性崛起势头强劲。中非双方携手合作、共同发展，将为壮大发展中国家力量、建设新型国际关系和构建人类命运共同体做出重要贡献。希望中非双方以此次协调人会议为新的契机，秉持共商共建共享原则，加强沟通对接，深化团结合作，扎实推进论坛北京峰会成果落实和中非共建"一带一路"，不断增进中非26亿人民福祉，为构建更加紧密的中非命运共同体而不懈努力。

　　峰会达成了《联合声明》。非方赞赏中国在对非合作中秉持"真、实、亲、诚"理念和正确义利观，认为中方在论坛北京峰会上提出的发展对非关系的"四个坚持"和"五不"原则，充分体现了中非团结合作的本质特征，引领了国际对非合作的正确方向。中方赞赏非方致力于推进基于相互信任和合作共赢的更加紧密的中非关系。双方愿秉承上述政策理念，在坚持"共同发展、集约发展、绿色发展、安全发展、开放发展"五大合作理念基础上，加强战略引领，做好政策、机制协调和具体合作对接：以构建更加紧密的中非命运共同体为战略引领。深入落实论坛北京峰会期间双方领导人达成的战略共识，保持高层交往势头，加强战略沟通，深化治国理政经验交流，不断提升中非全面战略合作伙伴关系水平；加强双多边政策协调和机制协调。就落实论坛北京峰会成果不断完善政策措施，制定和推进国别规划，为共同实施好"八大行动"和《中非合作论坛—北京行动计划（2019—2021年）》做好政策保障。加强中非合作论坛机制建设，继续发挥论坛中方后续行动委员会作用，欢迎非方在今后

---

① 《习近平向首届中国—非洲经贸博览会致贺信》，人民网，2019年6月27日，http://politics.people.com.cn/n1/2019/0627/c1024-31199300.html。

一段时间建立健全后续行动落实机制，共同确保峰会成果高效、务实、顺畅落实；在市场开发、项目合作和智力支撑方面深入对接。中方愿将资金、技术、装备、产能等优势同非洲人口红利、市场潜力、能源资源等优势加强对接，支持非洲自贸区、经济特区和工业园区建设，以及贸易、工业化、中小企业和创业、数字时代高质量数据能力发展，鼓励实力强、资质好的中国企业赴非投资兴业，包括通过合资企业和与非洲私营部门合作等方式加强伙伴关系，也鼓励非方企业赴华投资。鼓励双方企业按照市场化原则，以经济社会效益为导向，根据非洲国家实际能力，加强项目对接，强化责任管理，各负其责。进一步推动双方政府、议会、政党以及青年、妇女、智库、非政府组织等交流往来，为中非友好合作营造良好环境。中方愿进一步加强技术转让，加大培训力度，鼓励创新合作和地区价值链发展，支持非洲国家培养更多技术、产业和管理人才，发展以人为本、可持续的中非伙伴关系。双方愿在北京峰会成果落实中关注小岛屿国家的特殊性和脆弱性。

二、促进中国地方政府与企业参与

随后，首届中国—非洲经贸博览会在湖南省长沙市召开，由中华人民共和国商务部和湖南省人民政府共同主办。该博览会是落实中非合作论坛经贸举措的新平台，也是地方对非经贸合作的新窗口。

博览会以"合作共赢，务实推进中非经贸关系"为主题，以支持非洲培育内生增长能力为重点，聚焦贸易、农业、投融资、合作园区、基础设施等领域，设有八大展区，共计48000平方米的展览面积。

第一届中非经贸博览会引发中非社会各界和有关国际组织的高度关注，吸引外宾1600余名、内宾5000余名，以及3500余名境内外参展商、采购商和专业观众，规模突破1万人。实现了53个建交的非洲国家和国内31个省市区、新疆生产建设兵团的全覆盖。联合国工发组织、世界贸易组织等十余个国际组织和机构、8家金融机构、150余家一级央企及其子公司、近800家国内行业重点企业代表踊跃参会。14场活动、5大板块展览展示，展会人气火爆，观展人数突破10万人次，非洲商品被"一抢而空"。

展览会开设六大展区吸引了大量的企业和市民参与。一是非洲国家展区。主要展示非洲国家及地区整体形象、文化旅游及非洲企业产品。二是中非经贸合作成果展区。主要展示近年来中非在产能合作、制造加工、双边贸易、农业技术、经贸园区、文化旅游、能源电力、基础设施等领域取得的经贸合作成果和成就。三是合作案例方案展区（含境外合作区）。主要展示对非经贸合作项目的成功案例，以及符合非洲国家经济发展实际和中非产能合作需求的务实解决方案。四是中国省区市展区。主要展示参展中国各省区市整体形象、文化旅游及重点企业、特色产品。五是中国企业展区。主要展示中国对非合作重点企业的形象及产品，按农业及农产品加工、电子信息和智能制造、能源电力、轻纺建材、工程机械等行业分类展示。六是网上博览会。

中非经贸博览会还包括一系列研讨和经贸洽谈活动。其中，专题研讨活动主要包括：中非农业合作发展研讨会、中非基础设施和融资合作对话会、中非双边贸易促进研讨会、中非经贸合作区发展研讨会。此外，博览会还提供了经贸磋商的平台，开展了一系列经贸洽谈活动：非洲国家投资合作推介会、中国省区市对非经贸合作推介会、中非经贸合作磋商会。

博览会取得了丰硕的成果。会议期间，中非地方政府、国有及民营企业、金融机构、商协会，以及非政府组织，坚持共商共建共享原则，共同签署了84项合作文件，涉及非洲安哥拉、科特迪瓦、塞内加尔、坦桑尼亚、乌干达等20多个国家，涵盖贸易、投资、基础设施、农业、制造业、航空、旅游、友城等领域，总计金额208亿美元。一系列项目和协议的签署，充分表明中非各界以经贸为桥，携手共建更加紧密的中非命运共同体的美好意愿；也标志着中非经贸的合作水平、合作层次、合作深度迈上了新的台阶。

专栏29——中国在非洲互联网行业中探索新机遇

中国公司美团点评最近投资了尼日利亚，再次将国际互联网行业的注意力引向了进军非洲的中国公司。非洲的互联网产业发展迅速，释放了本地市场的巨大潜力，这也为中国的互联网企业带来了前所未有的机遇。

国际风险投资机构积极关注非洲。对他们而言，尽管非洲的科技创业企业仍然处于孵化阶段，但风险投资家已经设立了特殊的投资基金来押注其期货。越来越多的项目吸引了技术人员和专业人员。

互联网业也有利于推动非洲实现"联合国可持续发展目标"和非盟《2063年议程》，更容易获得发展融资。互联网在非洲经济社会各领域的延伸发展，创造了新的支付方式、交易模式乃至新型业态。一方面互联网助推数字货币和移动支付的拓展，跨境支付业务，另一方面互联网的发展也使得电子商务与物流整合成为新趋势、线上电子商务平台与线下物流相结合，从而优化商品供应链、推动商业发展。基于对非洲现代化发展的重要作用，该领域成为中非发展合作的重要内容。同时，非洲作为一个新兴的市场对中国互联网企业来说自然存在特殊的风险与挑战。尽管像阿里巴巴、百度和腾讯这样的中国科技巨头已经采取行动，将业务扩展到全球，非洲互联网用户更习惯于西方公司的产品和服务。中国公司面临的另一个挑战是非洲的主要互联网基础设施相对薄弱。农村地区的互联网覆盖率仍然不好。互联网安全风险也是对市场参与者的威胁。非洲的网络安全治理水平相对较低，其法律体系尚未达到国际标准。

综合考虑非洲互联网市场存在的机遇和风险，中国互联网企业在进军非洲市场前要做到精准分析，并做好投资和保障措施。

项目选择要提高精准化。建议有意向的中国互联网企业理性定位市场、深度本土化，找准目标客户、探索多元化。以在非洲创造销售企业的传音手机为例，该品牌在中国并不知名，为避开竞争激烈的国内及欧美市场，主攻新兴的非洲市场，将中低端市场定为重点，通过密集铺开涂墙广告等宣传，与本地供应商和代理商合作，建立多重销售渠道，逐渐从诺基亚等强劲先行者中突破并占领市场。

但是，随着非洲新兴市场互联网产业的崛起，多家国际手机巨头也纷纷布局非洲市场，面对激烈的市场竞争，传音也及时做出了多层次、多品牌的战略调整，从而在非洲互联网市场独占鳌头。因此，中国互联网企业要想在新兴的非洲市场获得竞争优势，必须充分洞察非洲政治、经济、文化、风土人情、行为习惯等，深耕本土化，紧贴用户需求，找到不同文化背景的契合点，以极致的用户体验来获得市场和用户的认可。

探索多元化的融资方式。当前，在新兴市场的竞争已经越来越聚焦于投融资策略的竞争。如何将政府提供的发展性质的贷款、政策性银行提供的发展融资以及商业贷款进行高效、有机的结合，最终决定了一个孵化项目是否能够在发展中国家取得成功。在此背景下，各主要发达国家都在探索混合融资的途径，以政府资金为引导，在全球范围内充分动员其他资金，以盘活发展项目、帮助发展中国家实现有效的可持续发展。建议中国互联网企业可以大胆探索资金组合模式，创新风险和利润分层方式，从而实现既说服中国政府注入发展资金支持，又动员非洲当地资金加入，为非洲数字化的可持续发展创造动能。

加强互联网技术培训。除了商业活动之外，中国互联网企业也需注重非洲的能力建设，从而为自身的发展储备人才、达到主动塑造发展环境的作用。建议中国企业积极与非洲当地政府合作开展互联网技术培训，帮助更多年轻学生了解、拥抱数字经济，从而将中国的数字化发展经验转移到非洲，帮助非洲进行跳跃式发展，加速将其打造为适合互联网发展的沃土。

非洲互联网版块属于新兴市场中的"新兴行业"，与其他地区市场和行业相比充斥着更多的发展机遇和挑战。这就要求有意向的中国互联网企业更加锐意创新，担当更多的社会和发展责任，在加速帮助非洲国家实现数字化的转变的过程中实现自身的发展与升华。

（载《环球时报（英文版）》2019 年 11 月 26 日）

三、升级中非经贸合作区

优势互补、互利共赢一直都是中非经贸合作的主线，而除了规模持续扩大，中非经贸结构也在不断优化。2018 年，机电产品、高新技术产品对非出口金额占中国对非出口总额的 56%。与此同时，中国自非洲进口同比增长 32%，其中非资源类产品进口显著增加。除了深受中国消费者喜爱的咖啡、可可等农副产品，非洲的钢材、铜材、化肥等工业制成品也陆续打入中国市场。在"一带一路"倡议下，大量中国企业走进非洲，中国对非投资"井喷式"增长。截至 2018 年底，中国在非洲设立的各类企业超过 3700 家，对非全行业直接投资存量超过 460 亿美元。建设了 25 个经贸合作区，创造了 4 万多个就业岗位，为东道国纳税近 11 亿美元。一个日益紧密的中非命运共同体正在成型。

表3 中非经贸合作区一览

国家	园区名称	实施企业
阿尔及利亚	中国江铃经济贸易合作区	江西省江铃汽车集团公司
埃及	埃及苏伊士经贸合作区	中非泰达投资股份有限公司
埃塞俄比亚	埃塞俄比亚东方工业园	江苏永元投资有限公司
埃塞俄比亚	埃塞中交工业园区	中国交建集团
埃塞俄比亚	埃塞俄比亚—湖南工业园	埃塞俄比亚湖南工业园运营管理公司
吉布提	吉布提国际自贸区	中国招商局集团
毛里求斯	毛里求斯晋非经贸合作区	山西晋非投资有限公司
南非	海信南非开普敦亚特兰蒂斯工业园区	青岛海信中非控股股份有限公司
尼日利亚	越美（尼日利亚）纺织工业园	越美集团有限公司
尼日利亚	尼日利亚宁波工业园区	宁波中策动力机电集团
尼日利亚	尼日利亚卡拉巴汇鸿开发区	江苏汇鸿国际集团
尼日利亚	莱基自由贸易区	中非莱基投资有限公司（北京）
尼日利亚	尼日利亚广东经贸合作区	中富工业园管理有限公司
莫桑比克	莫桑比克万宝产业园	湖北万宝粮油股份有限公司
莫桑比克	莫桑比克贝拉经济特区	鼎盛国际投资有限公司

续表

国家	园区名称	实施企业
苏丹	中苏农业开发区	山东国际经济技术合作公司
塞拉利昂	塞拉利昂农业产业园	海南橡胶集团
坦桑尼亚	坦桑尼亚巴加莫约经济特区	中国招商局集团
坦桑尼亚	江苏—新阳嘎农工贸现代产业园	中国招商局集团
津巴布韦	中津经贸合作区	皖津农业发展有限公司
乌干达	乌干达辽沈工业园	辽宁忠大集团
乌干达	非洲（乌干达）山东工业园	昌邑德明进出口有限公司
赞比亚	中垦非洲农业产业园	中垦集团
赞比亚	赞比亚中国经济贸易合作区	中国有色矿业集团有限公司（北京）
赞比亚	中材赞比亚建材工业园	中材集团

数据来源：中国对外投资。

http://www.fdi.gov.cn/CorpSvc/Temp/T3/Product.aspx?idInfo=10000041&idCorp=1200000103。

近年来，境外合作区已经成为中国对非投资的重要依托，成为推动"一带一路"建设、深化国际产能合作、推动双方合作共赢的重要平台和抓手。截至 2018 年底，中国在非洲设立的各类企业超过了 3700 家，对非全行业直接投资存量超过 460 亿美元。截至 2019 年 6 月底，经商务部备案的 25 个在非经贸合作区吸引了超过 430 家企业入园，累计投资超过 66 亿美元，雇用外籍员工 4 万人，累计上缴东道国各种税费近 10 亿美元。入驻企业不仅填补了当地产业空白，相当一部分还成了当地的行业龙头企业，带动了东道国的工业经济发展。

然而，当前不少非洲工业园区存在投资环境差、当地政府支持力度弱以及开发商能力不足等问题，亟须提质升级。为此，中国政府将与非洲东道国政府一道优化"园区"建设。在首届中非经贸博览会期间，中国宣布将对在非洲现有的 25 个境外经贸合作区进行升级改造，包括基础设施建设、投资环境、污水处理、职业培训、环境保护等方面，推动他们发挥更大的作用。同时，还将根据非洲国家发展的意愿新建设一批经贸合作区，并着手制定政策以更好地支持境外经贸合作区发展。为了吸引更多中国企业前来投资，参与博览会的多个非洲国家纷纷表示，将出台政策创造更好的投资环境。佛得角副总理科雷亚表示，为共同建设佛得角圣文森特海洋经济区，佛得角将进一步改善营商环境，提高基础设施质量，努力为外资流入创造有利条件；安哥拉农林部国务秘书表示，安哥拉已经出台新版《投资法》，旨在营造良好的投资环境；贝宁投资署长表示，贝宁政府已经邀请中方专家设计本国改革计划，正与中国投资者协商签署园区投资建设协议，贝宁还修订了《公司法》《投资法》和税收制度等，为"园区"建设和企业投资提供法律保障。

专栏 30——埃航空难折射非洲工业化困境

埃塞俄比亚航空公司坠机事故发生后，一些针对埃塞航空和非洲航空运输的舆论评价比较悲观，甚至有人说"再也不冒着生命危险去非洲了"。这从一定程度上反映出公共舆论对非洲的了解尚浅。

事实上，埃塞航空是非洲最好的航空公司之一，拥有良好的安全记录和非洲大陆最新的飞机机队，可以说踏上过非洲大陆的人都乘坐过埃塞航空。但是，埃塞航空的业绩无法掩盖发展中国家在面对发达国家航空工业时的整体弱势。

在国际航空市场上，发达国家公司掌控着技术的绝对话语权，发展中国家不但没有议价能力，甚至连能否正确使用产品都非常被动。不少发展中国家交通基础设施保养意识淡薄、人员维护培训不足。2008 年金融危机后，发达国家通过大型航空公司之间的并购重组，进一步提高了市场垄断，甚至在一些国家的市场集中度已超过 80%。此外，他们还通过航空公司联盟体内或跨盟的航线联营与股权合作，在大部分航线上占据"实质支配地位"。

另一方面，发达国家将老旧飞机转卖给非洲、南太等欠发达国家，也造成了安全隐患。因此，发达国家的老牌航空公司将老旧飞机大量转移给发展中国家市场、超龄服役的现象不容忽视。这种情况在南太平洋岛国地区比较严重。笔者赴汤加和萨摩亚调研时，发现新西兰航空服役半个世纪以上的飞机正垄断着岛国航线。而新航、澳航不惜以当地居民的生命安全为筹码打压竞争对手，舆论也大肆渲染中国的"新舟60"和"运12"飞机不符合适航要求。

与波音等公司经常忽视发展中国家市场特点相比，中国企业从自身发展经历出发，在这一点上走在了前面。过去几年里，中国的"新舟60"和"运12"飞机不仅联通了广袤的非洲大陆，而且为非洲带去培训与管理支持，帮助他们提升能力，稳定运营。除了向非洲国家援助飞机外，中国航空企业还帮助非洲国家维修保养配套基础设施。例如，2016年12月埃塞航空维修喷漆机库项目交付使用，该机库由中国航空企业承建，是非洲唯一的喷漆维修一体机库。

从避免悲剧再次发生的角度来看，支持非洲本土工业化发展是必由之路。非洲国家自身的发展经历使其充分认知西方国家的"宗主国做派"，逐渐降低了对西方外部支持的预期，主动探索本土工业化的发展路径。2015年，非洲联盟首脑会议制定并且颁布了《2063年愿景》宣布："非洲国家可以通过自然资源的选择、增加附加值，推动经济转型、经济增长和实现工业化。"2018年中非合作论坛北京峰会上，非洲国家纷纷提出将《2063年愿景》对接"一带一路"倡议。毫无疑问，中非发展合作为非洲国家的工业化和现代化发展创造了前所未有的机遇，而埃塞俄比亚是"21世纪海上丝绸之路"的节点国家之一，在"一带一路"倡议下，埃塞航空在中埃经贸合作中扮演着重要角色。因此，我们有理由提振对埃塞航空的信心，继续推动中非间在互联互通领域的合作，加强人员和资金的往来，支持非洲本土工业化的发展。

（载《环球时报》2019年3月13日）

参考文献

1. 中文文献

艾周昌、沐涛主编：《中非关系史》，华东师范大学出版社 1996 年版。

安春英：《非洲的贫困与反贫困问题研究》，中国社会科学出版社 2010 年版。

高晋元：《英国—非洲关系史略》，中国社会科学出版社 2008 年版。

郭伟伟：《当代中国外交研究》，北京理工大学出版社 2011 年版。

吉佩定主编：《中非合作论坛——北京 2000 年部长级会议文件汇编》，世界知识出版社 2001 年版。

李红杰：《改革开放三十年的中国外交》，当代世界出版社 2008 年版。

梁根成：《美国与非洲——第二次世界大战结束至 80 年代后期美国对非洲的政策》，北京大学出版社 1991 年版。

孟庆栽、殷勤主编：《非洲国家经济发展与改革》，时事出版社 1992 年版。

欧高墩：《非洲：经济增长的新大陆》，经济科学出版社 2010 年版。

齐鹏飞：《中国共产党与当代中国外交》，中共党史出版社 2010 年版。

田曾佩：《改革开放以来的中国外交》，世界知识出版社 2008 年版。

王泰平：《中华人民共和国外交史》，世界知识出版社 1998 年版。

王逸舟主编：《中国对外关系转型 30 年》，社会科学文献出版社 2008 年版。

谢益显主编：《中国当代外交史（1949—2009）》，中国青年出版社 2009 年版。

颜声毅：《当代中国外交》，复旦大学出版社 2009 年版。

杨光主编：《中东非洲发展报告（1998—1999）》，社会科学文献出版社 1999 年版。

杨光主编：《中东非洲发展报告（2003—2004）》，社会科学文献出版社 2004 年版。

杨光主编：《中东非洲发展报告（2005—2006）》，社会科学文献出版社 2007 年版。

杨光主编：《中东非洲发展报告（2006—2007）》，社会科学文献出版社 2007 年版。

张历历：《当代中国外交简史》，上海人民出版社 2009 年版。

张同铸主编：《非洲经济社会发展战略问题研究》，人民出版社 1991 年版。

赵淑慧：《非洲问题研究》，法律出版社 1993 年版。

周弘：《中国援外 60 年》，社会科学文献出版社 2013 年版。

中国社会科学院国际研究学部：《中国对外关系：回顾与思考》，社会科学文献出版社 2009 年版。

2. 中文译著

［法］勒内·杜蒙、玛丽·弗朗斯·摩坦著，隽永等译：《被卡住脖子的非洲》，世界知识出版社 1983 年版。

［赞比亚］丹比萨·莫约著，王涛等译，刘鸿武校：《援助的死亡》，世界知识出版社 2010 年版。

3. 英文专著

Adar, Korwa G., and Peter J. Schraeder, eds. *Globalization and Emerging Trends in African Foreign Policy: A Comparative Perspective of Eastern Africa*. Lanham: University Press of America, 2007.

Adeleya, Ifedapo, Lyal White, and Nathaniel Boso, eds. *Africa-to Africa Internationalization: Key Issues and Outcomes*. Basingstoke: Palgrave Macmillan, 2016.

Ake, Claude. *A Political Economy of Africa.* New York: Longman Inc., 1981.

April, Raphiou, L. *The Eagle vs. the Dragon in Africa: A Content Analysis of Economic News Frames in Nigeria and Kenya on the U.S. and China's Economic Pursuits.* University of North Carolina at Chapel Hill, ProQuest Dissertations Publishing, 2015.

Barbara Castle. *The Castle Diaries 1964-1970.* Weidenfeld and Nicolson, London, 1984.

Bekoe, Dorina Akosua Oduraa, ed. *East Africa and the Horn: Confronting Challenges to Good Governance.* Boulder: Lynne Rienner Publishers, 2006.

Biermann, Werner. *African Crisis Response Initiative: the New U.S. Africa Policy.* Hamburg: Verlag LIT., 1999.

Brautigam, Deborah. *Will Africa Feed China?* Oxford: Oxford University Press, 2015.

Brinkerhoff, Derick W., ed. *Governance in Post-Conflict Societies: Rebuilding Fragile States.* New York: Routledge, 2007.

Campbell, Horace G. *The U.S. Security Doctrine and the Africa Crisis Response Initiative.* Pretoria: Africa Institute of South Africa, 2000.

Clough, Michael. *Free at Last? U.S. Policy towards Africa and the End of the Cold War.* New York: Council on Foreign Relations Press, 1992.

Cohen, Herman J. *Intervening in Africa: Superpower Peacemaking in a TroubledContinent.* New York: St. Martin's Press, 2000.

Copson, Raymond W. *The United States in Africa: Bush Policy and Beyond.* London: Zed Books, 2007.

Cranford Pratt. *The critical phase in Tanzania, 1945-1968: Nyerere and the emergence of a socialist strategy.* Cambridge University Press, New York, 1976.

Deegan, Heather. *Africa Today: Culture, economics, religion, security.* New York: Routledge, 2009.

Djoumessi，Didier T. *The Political Impact of the Sino-U.S. Oil Competition in Africa: An International Political Explanation of the Resource Curse in African Petro-States.* London: Adonis& Abbey Publisher, 2009.

Engel, Ulf, and Gorm Rye Olsen, eds. *Africa and the North: Between globalization and marginalization.* London: Routledge, 2005.

Forest, James J. F., and Matthew V. Sousa.*Oil and Terrorism in the New Gulf: Framing U.S. Energy and Security Policies for the Gulf of Guinea.* Lanham: Rowman& Littlefield Publishers, 2006.

Gebrewold, Belachew, ed. *Africa and Fortress Europe: Threats and Opportunities.* Aldershot: Ashgate Publishing Limited, 2007.

George T. Yu. *China and Tanzania: A Study in Cooperative Interaction.* Center for Chinese Studies, University of California, Berkeley, 1970.

Go, Delfin S., and John Page, eds. *Africa at a Turning Point? Growth, Aid, and External*

Shocks. Washington D.C.: The World Bank, 2008.

Guerrero, Dorothy-Grace, and Firoze Manji, eds. *China's New Role in Africa and the South: A search for a new perspective*. Oxford: Fahamu, 2008.

Handley, Antoinette.*Business and the State in Africa: Economic Policy-Making in the Neo-Liberal Era*. Cambridge: Cambridge University Press, 2008.

Henson, Spencer, and Fiona Yap. *The Power of the Chinese Dragon: Implications for African Development and Economic Growth*. Basingstoke: Palgrave Macmillan, 2016.

Jackson, Steven F. *Chinas Regional Relations in Comparative Perspective from Harmonious Neighbours to Strategic Partners*. London: Routledge, 2018.

Jalloh, Alusine, and Toyin Falola, eds. *The United States and West Africa: Interactions and Relations*. New York: University of Rochester Press, 2008.

Jan Pettman. *Zambia: Security and Conflict*. St. Martin's Press, New York, 1974.

Julius K. Nyerere. *Freedom and Socialism: A Selection from Writings and Speeches*, 1965-1967. Oxford University Press, New York, 1968.

Kansteiner Ⅲ, Walter H. and J. Stephen Morrison. *Rising U.S. Stakes in Africa: Seven Proposals to strengthen U.S.-Africa Policy*. Washington D.C.: The CSIS Press, 2004.

Keenan, Jeremy. *The Dark Sahara: America's War on Terror in Africa*. London: Pluto Press, 2009.

Kitissou, Marcel, ed. *Africa in China's Global Strategy*. London: Adonis & Abbey Publishers Ltd, 2007.

Kwaaprah, Kwesi, ed. *Afro-Chinese Relations: Past, Present& Future*. Cape Town: Sed Printing Solutions, 2007.

Le Sage, Andre, ed. *African Counterterrorism Cooperation: Assessing Regional and Sub-regional Initiatives*. Dulles: Potomac Books, 2007.

Lulat, Y. G-M. *United States Relations with South Africa: A Critical Overview from the Colonial Period to the Present*. New York：Peter Lang Publishing Inc., 2001.

Lyman, Princeton N. *Partner to History: The U.S. Role in South Africa's Transition to Democracy*. Washington D.C.: United States Institute of Peace Press, 2002.

Lyman, Princeton N, J. Stephen Morrison. *More than Humanitarianism: A Strategic U.S. Approach Toward Africa.* New York: Council on Foreign Relations, 2006.

Makhan, Vijay S. *Economic Recovery in Africa: The Paradox of Financial Flows.* New York: Palgrave Macmillan, 2002.

Merwe, Justin van der, Ian Taylor and Alexandra Arkhangelskaya eds., *Emerging Powers in Africa: A New Wave in the Relationship?* Basingstoke: Palgrave Macmillan, 2016.

Morikawa, Jun. *Japan and Africa: Big Business and Diplomacy.* London: C. Hurst& Co. Ltd., 1997.

Morrison, J. Stephen, and Jennifer G. Cooke, eds. *Africa Policy in the Clinton Years: Critical Choices for the Bush Administration.* Washington D.C.: The CSIS Press, 2001.

Ncube, Mthuli, Issa Faye and Audrey Verdier-Chouchane, eds. *Regional Integration and Trade in Africa.* Basingstoke: Palgrave Macmillan, 2016.

Ndulu, Benno J. *Challenges of African Growth: Opportunities, Constraints, and Strategic Directions.* Washington D.C.: The World Bank, 2007.

Oyebade, Adebayo, and Abiodun Alao, eds. *Africa After the Cold War.* Trenton: Africa World Press, 1998.

Philip Snow. *The Star Raft:China's Encounter with Africa.* Weidenfeld&Nicolson, New York, 1988.

Pigato, Miria, and Wenxia Tang. *China and Africa: Expanding Economic Ties in an Evolving Global Context.* Washington: World Bank, 2015.

Porteous, Tom. *Britain in Africa.* London: Zed Books, 2008.

Prahalad, C. K. *The Fortune at the Bottom of the Pyramid: Eradicating Poverty Through Profits.* Upper Saddle River, NJ: Prentice Hall, 2014.

Raine, Sarah, ed. *China's African Challenges.* London: Routledge, 2009.

Ravenhill, John, ed. *Africa in Economic Crisis.* London: Macmillan Press, 1986.

Redclift, Michael. *Exploited Earth: Britain's Aid and the Environment.* T. Hayter, Earthscan Publications Ltd., London and New York, 1989.

Richard Hall and Hugh Peyman. *The Great Uhuru Railway: China's Showpiece in Africa.*

Victor Gollancz, London, 1976.

Richard L. Sklar. *Corporate Power in an African State: the political impact of multinational mining companies in Zambia*. University of California Press, Berkeley, 1975.

Rossiter,Caleb. *The Bureaucratic Struggle for Control of U.S. Foreign Aid: Diplomacy vs. Development in Southern Africa*. Boulder: Westview Press, 1985.

Rotberg, Robert I, ed. *Africa in the 1990s and Beyond: U.S. Policy Opportunities and Choices*. Algonac: Reference Publications Inc., 1988.

Rothchild, Donald, and Edmond J. Keller, eds. *Africa-US Relations: Strategic Encounters*. Boulder: Lynne Rienner Publisher, 2006.

Sampath, Padmashree Gehl. "Sustainable Industrialization in Africa: Toward a New Development Agenda." *Sustainable Industrialization in Africa*. Palgrave Macmillan, London, 2016.

Taylor, Ian, and Paul Williams, eds. *Africa in International Politics: External Involvement on the Continent*. New York: Routledge, 2004.

West, Harry G., ed. *Conflict and Its Resolution in Contemporary Africa*. Lanham: University Press of America, 1997.

William Tordoff. *Government and Politics in Tanzania: A Collection of Essays Covering the Period from September 1960 to July 1966*. East African Publishing House, Kenya, 1975.

Woodward, Peter. *US Foreign Policy and the Horn of Africa*. Aldershot: Ashgate Publishing Limited, 2006.

Zack-Williams, Tunde, Diane Frost and Alex Thomson, eds. *Africa in Crisis: New Challenges and Possibilities*. London: Pluto Press, 2002.

4. 英文论文

A. K. Essack. 1970. "The Tanzam Railway." Economic and Political Weekly 5 (24): 936. http://search.ebscohost.com/login.aspx?direct=true&db=edsjsr&AN=edsjsr.4360106&lang=zh-cn&site=eds-live.

Catherine Hoskyns. 1968. "Africa's Foreign Relations: The Case of Tanzania."

International Affairs (Royal Institute of International Affairs 1944-) 44 (3): 446. doi:10.2307/2615025.

Esfahani, Hadi Salehi. "Foreign Aid and Economic Development in the Middle East: Egypt, Syria, and Jordan, by Victor Lavy & Eliezer Sheffer. 163 Pages, Foreword by Zvi Sussman, Tables, References, Index. New York: Praeger Publishers, 1991. $39.95 (Cloth) ISBN 0-275-93827-1." *Middle East Studies Association Bulletin* 27, no. 1 (1993): 74–75. https://doi.org/10.1017/s0026318400026833.

Girod, Desha M. "Effective Foreign Aid Following Civil War: The Nonstrategic-Desperation Hypothesis." *American Journal of Political Science* 56, no. 1 (2011): 188–201. https://doi.org/10.1111/j.1540-5907.2011.00552.x.

George T. Yu. 1977. "China and the Third World." Asian Survey 17 (11): 1036. doi:10.2307/2643352.

Huntington, Samuel P. "Foreign Aid for What and for Whom." *Foreign Policy,* no. 1 (1970): 161. https://doi.org/10.2307/1147894.

John Briggs. 1992. "The Tanzania-Zambia Railway: Review and Prospects." Geography 77 (3): 264. http://search.ebscohost.com/login.aspx?direct=true&db=edsjsr&AN=edsjsr.40572197&lang=zh-cn&site=eds-live.

Maxwell, Simon, and Roger Riddell. "Conditionality or Contract: Perspectives on Partnership for Development." *Journal of International Development* 10, no. 2 (1998): 257–68. https://doi.org/10.1002/(sici)1099-1328(199803/04)10:2<257::aid-jid527>3.3.co;2-j.

Morgenthau, Hans. "A Political Theory of Foreign Aid." *American Political Science Review* 56, no. 2 (1962): 301–9. https://doi.org/10.2307/1952366.

R. A. Akindele. 1985. "Africa and the Great Powers, with Particular Reference to the United States, the Soviet Union and China." Africa Spectrum 20 (2): 125. http://search.ebscohost.com/login.aspx?direct=true&db=edsjsr&AN=edsjsr.40174201&lang=zh-cn&site=eds-live.

Rosalyn J. Rettman. 1973. "The Tanzam Rail Link: China's 'Loss-Leader' in Africa." World Affairs 136 (3): 232. http://search.ebscohost.com/login.aspx?direct=true&db=edsjsr&AN=edsjsr.20671520&lang=zh-cn&site=eds-live.

Thomas Land. 1965. "They're Working on the Railroad." Africa Today 12 (7): 11. http://
search.ebscohost.com/login.aspx?direct=true&db=edsjsr&AN=edsjsr.4184649&lang=zh-
cn&site=eds-live.

Tordoff, William, and Ali A. Mazrui. "The Left and the Super-Left in Tanzania." *The
Journal of Modern African Studies* 10, no. 3 (1972): 427–45. https://doi.org/10.1017/
s0022278x00022643.

5. 新闻网站

中华人民共和国国务院新闻办公室

http://www.scio.gov.cn/

中华人民共和国外交部

https://www.fmprc.gov.cn/

中华人民共和国商务部

http://www.mofcom.gov.cn/

中华人民共和国海关总署

www.customs.gov.cn

赞比亚中国经济贸易合作区

http://zccz.cnmc.com.cn/

中国一带一路网

https://www.yidaiyilu.gov.cn/

中非合作论坛

https://www.focac.org/chn/

中国—非洲经贸博览会

https://www.caetexpo.org.cn/

世界银行

https://www.worldbank.org/

国际货币基金组织

https://www.imf.org/

非洲联盟

https://au.int/en

经济合作与发展组织

http://www.oecd.org/

新华网

http://www.xinhuanet.com/

后 记

　　2020年是"中非合作论坛"成立二十周年，也是非洲独立六十周年，对于中非双方来说意义非凡。中非关系走过了半个多世纪，起始于双方都刚刚获得独立之初。当时，新中国刚刚结束百年被殖民被压迫的历史，急需在两强争霸的冷战格局下为自己拓展外交空间，获得更多的国际支持。而非洲国家则利用传统宗主国被第二次世界大战集体削弱之机，积极争取民族解放和国家独立，中国的支持和帮助是非洲的不二之选。2020年初，新冠疫情席卷全球，非洲作为脆弱国家行为体最集中的大陆深陷公共卫生治理危机。在此背景下，中非携手抗击新冠疫情，为打造更加紧密的人类命运共同体打上了浓墨重彩的注脚。

　　于我个人而言，2020年是我从事非洲研究的第十四个年头。时光流转到2006年"中非合作论坛"北京峰会召开，彼时我正在外交学院读书，时任院长吴建民大使请来了赴北京参会的非洲某国国王，由于时间过去太久太久了，我已经不记得他究竟来自哪国，但是随行而来的原始音乐和宗教仪式却给我留下了深刻的印象，这应该是我与"中非合作论坛"以及非洲神奇的文化第一次近距离的接触。后来，我读了博士，导师熊志勇教授曾作为高级外交官在中国驻坦桑尼亚使馆长期工作。一次，他对我说，"说非洲人'懒'和'慢'都是殖民者的定义"。还记得在美国哥伦比亚大学非洲研究院读书时，系里的海报贴着："讲座下午两点开始，注意'不是非洲时间'！"这两次经历共同启发了我对"现代化"这一概念的反思。如果非洲不是被西方世界强行拉入"现代"和"文明"，也许仍然是田园牧歌式的图景。因此，每次到非洲调研油然而生的复杂情感，就像影后梅丽尔·斯特里普在电影《走出非洲》中表现出的淡淡感伤和怀念一样难以言说。

之所以碎碎念地写下了这段与非洲的不解之缘，是想以一种意识流的形态将对非洲的认知展现给读者。从学者角度来讲，非洲是我从事多年的研究对象，而对它的认识也需要经历一个相对漫长而循序渐进的过程，这其中不夹杂个人的情怀是不可能的，因为完全靠理性坚持的事情确实难以持久。对于中非关系的建构来讲也是如此，除去现实主义的国际交往原则，中非双方都饱含着后发国家的革命激进主义和浪漫主义情怀。在近代以前的漫长历史长河中，我们习惯的国家间关系定位是"朝贡体系"。构建现代意义上的、以平等互利为基本特征的国际关系则是列强坚船利炮的"结果"。伴随着血与火的现代化进程使得中国最终以东方大国身份重返国际社会，而在发展和崛起的过程中，对于国家间关系的认知也在逐级升华——实现共赢才是国家间关系发展的高级阶段。而非洲国家则是在经历了被欧洲列强殖民、被一系列援助机构救助和改造之后，对于"平等"尤为珍视。这正是中非之间能构建现代意义的国际关系的根本原因。

"中非合作论坛"的建立也正是基于互利共赢的考虑。我们以论坛的形式建立了以中国为圆心、放射状的双边关系，既消除了层级化，又保持了非洲集体议价的能力。尽管每次中非合作论坛召开期间中国都会宣布一揽子援助举措，但是中国对非援助并非如外界非议，是单方面的赠予，而是平等的发展合作关系；中国也不是"全球撒币"的始作俑者，而是中非命运共同体的缔造者。

当然，如同世间万物一样，中非关系的建构同样是一个不断纠错、优化和学习的过程。伴随着中国对自身和世界认知的演化和调整，中国对非洲发展诉求的响应以及对中非发展合作模式的设定也不断地改进，以期精准对接非洲国家的发展规划，积极推动非洲的减贫和现代化进程。从官方发展援助到扩大民间参与再到动员私营部门、扩大混合发展筹资规模，中国对非援助正在一步步探索适合非洲自身特点的发展路径。同时，随着信息公开的扩大，中国对非援助也赢得了非洲和国际发展援助界的认可，以及中国国内民众的理解。

本书是我十几年来研究非洲发展与中非关系的心得，包括了我走访多个非洲国家的调研报告以及在相关领域发表的文章。根据论述主题的需要，分为理论篇、政策篇、展望篇三部分。除此之外，在论述中针对当前中非合作存在的具体问题以及国际舆论焦点，进行时事锐评，使本书兼具时效性和知识普及性；在附录部分，基于中非共建"一带一路"的四个主要合作领域，分别选择了具有广泛关注和颇具争论的案例进行具体论述，以期增强本书的针对性和可读性。

最后，希望本书既能对当前非洲研究界存在争议的议题做出理论贡献，也能针对中非关系中的焦点问题为社会大众提供解答和知识普及。这也是学者枯坐书斋中最大的志趣和满足。

宋微

商务部国际贸易经济合作研究院 国际发展合作研究所副主任、副研究员

2020 年 3 月 26 日于北京